Der Grundsatz der Individualbesteuerung
im Einkommensteuerrecht

Europäische Hochschulschriften
Publications Universitaires Européennes
European University Studies

Reihe II
Rechtswissenschaft

Série II Series II
Droit
Law

Bd./Vol. 3293

PETER LANG
Frankfurt am Main · Berlin · Bern · Bruxelles · New York · Oxford · Wien

Ragnar W. Könemann

Der Grundsatz der Individualbesteuerung im Einkommensteuerrecht

Unter besonderer Berücksichtigung der Übertragung von Abschreibungen bei Wirtschaftsgütern des Privatvermögens

PETER LANG
Europäischer Verlag der Wissenschaften

Die Deutsche Bibliothek - CIP-Einheitsaufnahme

Könemann, Ragnar W.:

Der Grundsatz der Individualbesteuerung im Einkommensteuerrecht : unter besonderer Berücksichtigung der Übertragung von Abschreibungen bei Wirtschaftsgütern des Privatvermögens / Ragnar W. Könemann. - Frankfurt am Main ; Berlin ; Bern ; Bruxelles ; New York ; Oxford ; Wien : Lang, 2001
(Europäische Hochschulschriften : Reihe 2, Rechtswissenschaft ; Bd. 3293)
Zugl.: Passau, Univ., Diss., 2001
ISBN 3-631-38735-0

D 739
ISSN 0531-7312
ISBN 3-631-38735-0

www.peterlang.de

Meinen Eltern

Danksagung

Mein besonderer Dank gilt Herrn Prof. Dr. Söhn, der diese Dissertation betreut und mir bei der Themenwahl und bei der Bearbeitung viele wertvolle Anregungen gegeben hat. Bedanken möchte ich mich auch bei Herrn Prof. Dr. Bethge für die Zweitkorrektur und beim Freistaat Bayern für die Gewährung eines Promotionsstipendiums, mit dessen Hilfe ich mich auf das Schreiben dieser Arbeit konzentrieren konnte.

Inhaltsverzeichnis

Abkürzungsverzeichnis

a. A.	andere(r) Ansicht
a. E.	am Ende
abl.	ablehnend
Abs.	Absatz
AcP	Archiv für die civilistische Praxis
AfA	Absetzung(en) für Abnutzung
AK	Anschaffungskosten
AktG	Aktiengesetz
Anm.	Anmerkung
AO	Abgabenordnung
AöR	Archiv für öffentliches Recht
Aufl.	Auflage
BB	Betriebsberater
Bd.	Band
BFH	Bundesfinanzhof
BFH/NV	Sammlung amtlich nicht veröffentlichter Entscheidungen des Bundesfinanzhofs, zit. nach Jahrgang und Seite
BFHE	Sammlung der Entscheidungen des Bundesfinanzhofs, zit. nach Band und Seite
BGB	Bürgerliches Gesetzbuch
BGBl.	Bundesgesetzblatt
BR-Drs.	Bundesrats-Drucksache
BStBl.	Bundessteuerblatt
BT-Drs.	Bundestags-Drucksache
BVerfG	Bundesverfassungsgericht
BVerfGE	Amtliche Sammlung von Entscheidungen des Bundesverfassungsgerichts, zit. nach Band und Seite
DB	Der Betrieb

DöV	Die öffentliche Verwaltung
DStJG	Veröffentlichungen der Deutschen Steuerjuristischen Gesellschaft e. V., zit. nach Band und Erscheinungsjahr
DStR	Deutsches Steuerrecht
DStZ	Deutsche Steuer-Zeitung, seit 1980
DStZ/A	Deutsche Steuerzeitung, Ausgabe A (bis 1979)
Einl.	Einleitung
Einf.	Einführung
ErbStG	Erbschaftsteuergesetz
Erg.-Lfg.	Ergänzungslieferung
EStDV	Einkommensteuer-Durchführungsverordnung
EStG	Einkommensteuergesetz
f., ff.	folgende
Fin. Arch. N. F.	Finanzarchiv Neue Folge
Fn.	Fußnote
FR	Finanz-Rundschau
FuR	Familie und Recht
GewStG	Gewerbesteuergesetz
GG	Grundgesetz
gl. A.	gleiche(r) Ansicht
GrS	Großer Senat
GVBl.	Gesetz- und Verordnungsblatt
HK	Herstellungskosten
HMFAS	Hessisches Ministerium für Frauen, Arbeit und Sozialordnung
Hrsg.	Herausgeber
HwStR	Handwörterbuch des Steuerrechts
i. E.	im Ergebnis
Inf	Die Information über Steuer und Wirtschaft

JA	Juristische Arbeitsblätter
JR	Juristische Rundschau
JZ	Juristenzeitung
KiStG	Kirchensteuergesetz
KStG	Körperschaftsteuergesetz
lat.	lateinisch
NJW	Neue Juristische Wochenschrift
NVwZ	Neue Zeitschrift für Verwaltungsrccht
NWB	Neue Wirtschafts-Briefe
OVGSt	Entscheidungen des Königlich Preußischen Oberverwaltungsgerichts in Staatssteuersachen, zit. nach Band und Seite
PrGS	Preußische Gesetzessammlung
PrOVG/St	Königlich Preußisches Oberverwaltungsgericht in Staatssteuersachen
Rdnr.	Randnummer
RFH	Reichsfinanzhof
RFHE	Sammlung der Entscheidungen und Gutachten des Reichsfinanzhofs, zit. nach Band und Seite.
RGBl.	Reichsgesetzblatt
RStBl.	Reichssteuerblatt
Rz.	Randziffer
S.	Seite, Satz
s.	sichc
SolZG	Solidaritätszuschlaggesetz
Sp.	Spalte
StB	Der Steuerberater
Stbg	Die Steuerberatung
StbJb	Steuerberater-Jahrbuch
StbKongrRep	Steuerberaterkongreß-Report

StRK	Steuerrechtsprechnung in Karteiform
StuW	Steuer und Wirtschaft
u. a.	und andere
UStG	Umsatzsteuergesetz
v.	vom, von
vgl.	vergleiche
VSSR	Vierteljahresschrift für Sozialrecht
VVDStRL	Veröffentlichungen der Vereinigung der Deutschen Staatsrechtslehrer, zit. nach Band und Erscheinungsjahr
z. B.	zum Beispiel
ZgS	Zeitschrift für die gesamte Staatswissenschaft
ZHR	Zeitschrift für das gesamte Handels- und Wirtschaftsrecht
zit.	zitiert
ZRP	Zeitschrift für Rechtspolitik

A. Einleitung und Ausgangspunkt der Untersuchung

I. Einleitung

Aus Sicht des Steuerzahlers präsentiert sich der Fiskus oft als anonymer, undurchschaubarer Gegner. Einer Massenverwaltung und einer Flut von Gesetzen, Verordnungen und Verwaltungsvorschriften, die selbst Fachleute kaum noch durchschauen, steht der einzelne Mensch hilflos gegenüber. Anzeichen für eine solche Hilflosigkeit sind Vereinigungen (Lohnsteuerhilfevereine, Bund der Steuerzahler etc.), in denen sich Individuen zusammenschließen, um die Waffengleichheit wenigstens teilweise wiederherzustellen. Sowohl Gesetzgeber als auch Rechtsanwender müssen der Stellung des Individuums im Steuerrecht Aufmerksamkeit schenken, wenn sie verhindern wollen, daß der Einzelne sich noch mehr als bisher von einer konstruktiven Zusammenarbeit mit den Steuerbehörden abwendet.

Einkommensteuer wird von natürlichen Personen erhoben (§ 1 Abs. 1 S. 1 EStG). Daß es sich hier nur um *einzelne* natürliche Personen handeln darf, ergibt sich aus dem Grundsatz der Individualbesteuerung, der – so die steuerrechtliche Literatur – dem Einkommensteuerrecht zugrunde liegt. Woraus sich der Grundsatz der Individualbesteuerung genau herleitet, wie er möglicherweise in der Verfassung verankert ist und welche konkreten Schlußfolgerungen er für die Anwendung des Einkommensteuerrechts auslöst, wurde bislang in der Literatur noch nicht ausführlich untersucht. Diese Fragen zu beantworten, ist das Ziel dieser Arbeit (Teil B).

Die Thesen, die bei den Ausführungen zum Individualbesteuerungsgrundsatz und zu seinen Ausprägungen im Einkommensteuerrecht aufgestellt werden, sollen in einem weiteren Abschnitt (Teil C) auf einen konkreten, auch für die Praxis relevanten Problemkreis angewandt werden. Untersucht werden soll hier, ob die Fortsetzung von Abschreibungswerten bei Wirtschaftsgütern des Privatvermögens mit dem Grundsatz der Individualbesteuerung vereinbar ist, sowie die Frage, ob – und gegebenenfalls wie – die gegenwärtige Rechtslage (insb. § 11 d EStDV) verbessert werden sollte.

II. Definition des Begriffs „Individualbesteuerung" im Sinne dieser Untersuchung

1. Methode der Inhaltsbestimmung

Ziel des ersten Abschnitts ist es, den Grundsatz der Individualbesteuerung im Einkommensteuerrecht in seinen einzelnen Ausprägungen zusammen mit seiner Herleitung aus dem Verfassungsrecht zu untersuchen. Hierfür muß zunächst festgelegt werden, was genau unter dem Begriff „Individualbesteuerung" zu verstehen ist. Es existieren mehrere Definitionsmöglichkeiten:

2. Ausgangspunkt: Bestimmung des Inhalts nach dem Wortsinn

a. Einzelsteuergesetz

„Individuum"[1] hat nach dem heutigen allgemeinen Sprachgebrauch die Bedeutung „Einzelwesen", „der einzelne Mensch"[2]. Individualbesteuerung heißt danach nichts anderes als die Besteuerung des einzelnen Menschen. Auch dieser Begriff kann aber wiederum verschieden interpretiert werden[3].

Möglich wäre zunächst einmal die Interpretation des Begriffs „Individualbesteuerung" als die Regelung der Besteuerung durch ein Gesetz, das sich nur an eine einzelne Person richtet[4]. Es erscheint allerdings zweifelhaft, ob ein solches Gesetz einer verfassungsrechtlichen Überprüfung standhielte. Gemessen werden müßte ein Einzelsteuergesetz insbesondere am Gewaltenteilungsprinzip (denn die Festlegung der Steuerhöhe für eine konkrete Einzelperson fällt grundsätzlich in den Zuständigkeitsbereich der Exekutive[5]), an Art. 3 Abs. 1 GG und an Art 19

---

[1] Lat. individuum = das Unteilbare, vgl. PFEIFER (Hrsg.), Etymologisches Wörterbuch², 1993, S. 578.

[2] PFEIFER (Hrsg.), Etymologisches Wörterbuch², 1993, S. 578; DUDEN, Universalwörterbuch², 1989, S. 759; im verfassungsrechtlichen Zusammenhang definieren v. MANGOLDT/KLEIN, Grundgesetz I², 1966, S. 59, das Individuum als „menschliche Einzelpersönlichkeit".

[3] BECKER, Individualbesteuerung, 1970, S. 4 ff.

[4] BECKER, Individualbesteuerung, 1970, S. 6.

[5] HERZOG, in: MAUNZ/DÜRIG, Grundgesetz, Art. 20 Rdnr. 83: „faktisches Vollzugsmonopol der Exekutive"; zur Kernbereichslehre des BVerfG siehe BVerfG v. 18. 12. 53 - 1 BvL 106/53 -, BVerfGE 3, 224 (247); BVerfG v. 28. 11. 57 - 2 BvL 11/56, BVerfGE 7, 183 (188); BVerfG v. 27. 4. 59 - 2 BvF 2/58 -, BVerfGE 9, 268 (279); BVerfG v. 10. 10. 72 - 2 BvL 51/69 -, BVerfGE 34, 52 (59).

Abs. 1 Satz 1 GG (als unzulässiges Einzelpersonengesetz[6]). Eine eingehende Untersuchung dieser Art von Gesetzen kann hier jedoch unterbleiben, weil das deutsche Steuerrecht kein Einzelpersonengesetz kennt[7].

b. Individualisierte Besteuerung

aa. Bedeutung

„Individualbesteuerung" kann auch bedeuten, daß bei der Besteuerung die individuellen Umstände für jeden einzelnen Steuerpflichtigen möglichst genau ermittelt werden[8]. Hauptbeispiel ist heute die Einkommensteuer als die „persönlichste Personalsteuer"[9]. Bei dieser Steuer wird in der Bemessungsgrundlage und beim Tarif ein hohes Maß an persönlichen Gegebenheiten berücksichtigt[10]. Anders liegt es bei den indirekten Steuern: Die Umsatzsteuer beispielsweise nimmt – jedenfalls bezogen auf den einzelnen steuerbaren Vorgang – keine Rücksicht auf die individuellen Verhältnisse des Steuerzahlers[11]. Durch die Fähigkeit zum Erwerb eines steuerbelasteten Gutes drückt sich zwar auch steuerliche Leistungsfähigkeit aus[12] („vermutete"[13] Leistungsfähigkeit). Mit diesem „Gradmesser" kann

---

6 HERZOG in: MAUNZ/DÜRIG, Grundgesetz, Art. 19 Rdnr. 35.

7 Dies gilt jedoch nur für die Rechtslage auf der Basis des Grundgesetzes – in der Weimarer Republik und im Dritten Reich existierten durchaus Steuergesetze, die auf Einzelpersonen bezogen waren, vgl. das Gesetz über die Befreiung des Reichspräsidenten von Hindenburg von Reichs- und Landessteuern für das Rittergut Neudeck vom 27. 8. 1933 (RGBl. I S. 595); siehe auch STERN, Staatsrecht III/2, 1994, § 83 II.

8 BECKER, Individualbesteuerung, 1970, S. 7 f.; vgl. die Rechtsansicht des Beschwerdeführers im BVerfG-Beschluß v. 3. 12. 58 – 1 BvR 488/57 -, BVerfGE 9, 3 (5 f.).

9 NEUMARK, Einkommensbesteuerung, 1947, S. 31; zum Begriff Personalsteuer s. auch LEHNER/WALDHOFF, in: KIRCHHOF/SÖHN, EStG, § 1 Rdnr. A 77 f.

10 ANDEL, in: NEUMARK (Hrsg.), Handbuch der Finanzwissenschaft II[3], 1980, S. 331 (333); NEUMARK, Einkommensbesteuerung, 1947, S. 32; TIPKE/LANG, Steuerrecht[16], 1998, § 9 Rz. 1.

11 KIRCHHOF, in: ISENSEE/KIRCHHOF (Hrsg.), Handbuch des Staatsrechts IV, 1990, § 88 Rz. 120; DERS., in: P. FISCHER (Hrsg.), DStJG 21 (1998), 9 (21); REIß, in: TIPKE/LANG, Steuerrecht[16], 1998, § 13 Rdnr. 1; K. SCHMIDT, in: NEUMARK (Hrsg.), Handbuch der Finanzwissenschaft II[3], 1980, S. 119 (144).

12 SÖHN, in: BURMEISTER (Hrsg.), STERN-Festschrift, 1997, S. 587 (594); TIPKE, Steuerrechtsordnung II, 1993, S. 903; TIPKE/LANG, Steuerrecht[16], 1998, § 3 Rz. 33; ähnlich auch BVerfG v. 7. 5. 63 – 2 BvL 8, 10/61 -, BVerfGE 16,64 (74); BVerfGE v. 12. 10. 78 – 2 BvR 154/74 -, BVerfGE 49, 343 (354).

13 KIRCHHOF, in: ISENSEE/KIRCHHOF (Hrsg.), Handbuch des Staatsrechts IV, 1990, § 88 Rdnr. 120.

die Leistungsfähigkeit jedoch nur in bezug auf eine Vielzahl von Erwerbsvorgängen, also nur „mittelbar" festgestellt werden[14]. Über die reale Leistungsfähigkeit eines Individuums beim Erwerb eines bestimmten Gutes sagt die Umsatzsteuer nichts aus[15].

Extrembeispiel einer Pauschalbesteuerung, die die persönlichen Verhältnisse nicht berücksichtigt, wäre eine Kopfsteuer, nach der jeder Bürger einen gleichen Steuerbetrag zu zahlen hätte[16]. Die Einkommensteuer kann hingegen das Prinzip der Besteuerung nach der Leistungsfähigkeit besser verwirklichen als die anderen Steuerarten. Sie wird deshalb oft als gerechteste Steuer angesehen[17].

bb. Besteuerung nach der individuellen Leistungsfähigkeit - historische Entwicklung

Erste Bemühungen um eine möglichst genaue Erfassung der individuellen Leistungsfähigkeit sind bereits bei der Sollertragsteuer des 19. Jahrhunderts zu finden[18]. Die Leistungsfähigkeit des Steuerpflichtigen wurde hier an der Ertragsfähigkeit seiner Grundstücke gemessen. Während zunächst nur die Größe des Grundbesitzes für die zu zahlende Steuer ausschlaggebend war, kamen nach und nach differenzierende Kriterien wie die Bodengüte (schwarz, rot, mager, fett etc.) und die Art der Kultur (Wald, Wiese, Acker etc.) hinzu[19]. Freilich handelte es sich hier noch um eine Besteuerung der *Soll*-Leistungsfähigkeit. Das heutige

---

14 BVerfG v. 6. 12. 83 – 2 BvR 1275/79 -, BVerfGE 65, 325 (347 f.); SÖHN, in: BURMEISTER (Hrsg.), STERN-Festschrift, 1997, S. 587 (594).

15 KIRCHHOF, in: ISENSEE/KIRCHHOF (Hrsg.), Handbuch des Staatsrechts IV, 1990, § 88 Rz. 122.

16 Im deutschen Steuerrecht gibt es keine Kopfsteuer; oft zitiertes Beispiel für eine (allerdings nicht reine) Kopfsteuer ist die britische Gemeindekopfsteuer (Community Charge, auch Poll Tax genannt), die schon nach kurzer Zeit wieder aufgehoben wurde, s. dazu TIPKE, Steuerrechtsordnung I^2, 2000, S. 473 ff.

17 LANG, FR 1993, 661 (662); POPITZ, in: Handwörterbuch der Staatswissenschaften, Band 3^4, 1926, S. 400 (402); RAUPACH, in: RAUPACH/TIPKE/UELNER, Niedergang oder Neuordnung, 1985, S. 15 (18); SCHUMPETER, in: STOLPER/SEIDL (Hrsg.), SCHUMPETER-Aufsätze, 1985, S. 123 (129 f.); TIPKE/LANG, $Steuerrecht^{16}$, 1998, § 9 Rz. 1, § 8 Rz. 17.

18 KIRCHHOF, in: P. FISCHER (Hrsg.), DStJG 21, 1998, 9 (21); s. dazu auch TIPKE, Steuergerechtigkeit, 1981, S. 33.

19 VOCKE, Abgaben, Auflagen und Steuer, 1887, S. 231; die heutige Grundsteuer ist als reine Merkmalsbesteuerung ein Relikt aus jener Zeit, vgl. BALKE, in: TIPKE/LANG, $Steuerrecht^{16}$, 1998, § 12 Rz. 182; TIPKE, Steuerrechtsordnung II, 1993, S. 817.

Steuerrecht nimmt dagegen grundsätzlich die *Ist*-Leistungsfähigkeit zum Anknüpfungspunkt[20]. Wichtigstes Beispiel ist die Einkommensteuer.

cc. Grenzen der Individualbesteuerung

Eine Grenze findet das Streben nach möglichst genauer Erfassung der individuellen Leistungsfähigkeit im Praktikabilitätsprinzip[21]. Die Erhebung der Einkommensteuer stellt z. B. einen erheblichen Verwaltungsaufwand dar. Dieser Aufwand wird durch den Steuerwiderstand bei spürbaren direkten Steuern noch verstärkt[22]. Eine Massenfall-Verwaltung kann daher nur funktionsfähig bleiben, wenn ihr Typisierungen und Pauschalierungen (in Form von Durchschnittssätzen, Vereinfachungsbefreiungen, Pauschbeträgen und Freigrenzen) zur Verfügung stehen[23].

---

20 BIRK, Leistungsfähigkeitsprinzip, 1983, S. 167; LANG, Bemessungsgrundlage, 1981/88, S. 97 ff.; LEHNER/WALDHOFF, in: KIRCHHOF/SÖHN, EStG, § 1 Rdnr. A 142, 150, 153; KIRCHHOF, StuW 85, 319 (324 f.); DERS., in: KIRCHHOF/SÖHN, § 2 Rdnr. A 91 f.; SÖHN, FR 1996, 81 (85); DERS., in: LANG (Hrsg.), TIPKE-Festschrift, 1995, S. 343 ff.; DERS., Fin. Arch. N. F. 46 (1988), 154 (155 f.); DERS., Fin. Arch. N. F. 51 (1994), 372 ff.; TIPKE, Steuerrechtsordnung II, S. 568; DERS., in: KLEY/SÜNNER/WILLEMSEN (Hrsg.), RITTER-Festschrift, 1997, S. 587 (591); VOGEL/WALDHOFF, in: DOLZER/VOGEL (Hrsg.), Bonner Kommentar, Vorb. Art. 104a-115 GG, Rdnr. 525; aus der Rechtsprechung des BVerfG vgl. nur BVerfG v. 22. 6. 95 - 2 BvL 37/91 -, BVerfGE 93,121 (135) - Vermögensteuerbeschluß -.

Kritisch zum Leistungsfähigkeitsprinzip als Begründung für eine progressive Einkommensteuer: K. LITTMANN, in: HALLER u. a. (Hrsg.), NEUMARK-Festschrift, 1970, S. 113 ff.; DERS., Fin. Arch. N. F. Bd. 27 (1968), 174 (177 f.); SCHMOLLER, ZgS 1863, 1 (57); WALZ, Steuergerechtigkeit, 1980, S. 116 ff.

21 ARNDT, Praktikabilität und Effizienz, 1983; JAKOB, Abgabenordnung[2], 1996, § 6 Rz. 7; MODEREGGER, Familienschutz, 1991, S. 73; RUPPE, in: HERRMANN/HEUER/RAUPACH, Einf. EStG, Anm. 676; SÖHN, in: HÜBSCHMANN/HEPP/SPITALER, AO, § 88 Rz. 60 ff; TIPKE/LANG, Steuerrecht[16], 1998, § 4 Rz. 130; TIPKE, Steuerrechtsordnung I[2], 2000, S. 347 ff.; kritisch zur Sachaufklärung der Finanzbehörden: TIPKE, Steuerrechtsordnung III, 1993, S. 1218.

22 Bereits ADAM SMITH, Wohlstand der Nationen, 1974 (1776), S. 704, hatte den Steuerwiderstand in seine Überlegungen einbezogen, als er seine Besteuerungsgrundsätze aufstellte: Eine „bequeme" Steuer soll das Ausweichverhalten des Bürgers minimieren; zum „Steuerdruck" bei der Einkommensteuer: WAGNER, Finanzwissenschaft II[2], 1890, S. 312; TIPKE/LANG, Steuerrecht[16], 1998, § 8 Rz. 11, sprechen hier von einem circulus vitiosus: Der Steuerwiderstand bricht Lücken in die Besteuerung (durch den Gesetzgeber, durch Steuergestaltung und durch -hinterziehung); dadurch wird das Steueraufkommen geringer, so daß der Tarif zu erhöhen ist, worauf sich wiederum der Steuerwiderstand erhöht.

23 Zur Typisierung von Abzugstatbeständen: KIRCHHOF, Juristentag-Gutachten, 1988, S. 47 ff.; allgemein zur Typisierung: OSTERLOH, Gesetzesbindung und Typisierungsspiel-

Der Verzicht auf eine individualisierte Betrachtungsweise aus Gründen der Verwaltungsvereinfachung wird vom Bundesverfassungsgericht ausdrücklich gebilligt[24]. Die Frage, in welchem Umfang die Einzelfallgerechtigkeit dem Praktikabilitätsgrundsatz weichen sollte, war bereits vielfach Gegenstand der steuerrechtlichen und rechtspolitischen Diskussion (Stichwort: „Steuergerechtigkeit durch Steuervereinfachung")[25].

Die Bezeichnung „Individualbesteuerung" für die oben beschriebene – möglichst genaue – Erfassung der individuellen Leistungsfähigkeit hat sich jedenfalls bis jetzt nicht durchsetzen können. Im Rahmen der vorliegenden Untersuchung soll daher nicht näher auf diese Problematik eingegangen werden.

c. Die Einzelperson als Besteuerungseinheit

Individualbesteuerung kann schließlich auch heißen, daß Zurechnungseinheit der Einkommensteuer (sog. „tax-paying unit"[26]) die Einzelperson ist. Diese Auslegungsvariante ist in der Literatur am häufigsten zu finden: Bemessungsgrundlage und Tarif müssen sich auf die einzelne natürliche Person beziehen[27].

---

räume, 1992, insb. S. 73 ff.; s. auch ARNDT, Praktikabilität und Effizienz, 1983, S. 7 ff.; BIRK, in: HÜBSCHMANN/HEPP/SPITALER, AO, § 4 Rz. 490 ff.; RUPPE, in: HERRMANN/HEUER/RAUPACH, Einf. EStG, Anm. 675; WEBER-GRELLET, StuW 1999, 311 (319).

24 BVerfG v. 10. 4. 97 - 2 BvL 77/92 -, BVerfGE 96, 1 (9): „Der Gleichheitssatz fordert .. nicht, daß der Gesetzgeber stets den gewillkürten Aufwand berücksichtigen müsse; der materiellen Gleichheit kann es auch genügen, wenn der Gesetzgeber für bestimmte Arten von Aufwendungen nur den Abzug eines typisiert festgelegten Betrages gestattet"; vgl. auch BVerfG v. 3.12.58 - 1 BvR 488/57 -, BVerfGE 9, 3 (13); BVerfG v. 6. 12. 1983 - 2 BvR 1275/79 -, BVerfGE 65, 325 (354); BVerfG v. 6. 11. 85 - 1 BvL 47/83 -, BVerfGE 71, 146 (157); BVerfG v. 8. 4. 87 - 2 BvR 909, .../82, 64/83 u. 142/84 -, BVerfGE 75, 108 (162); BVerfG v. 29. 5. 90 - 1 BvL 20, 26, 184 und 4/86 -, BVerfGE 82, 60 (91 ff.); BVerfG v. 9. 4. 92 - 2 BvE 2/89 -, BVerfGE 85, 264 (317); BVerfG v. 25. 9. 92 - 2 BvL 5, 8, 14/91 -, BVerfGE 87, 153 (172).

25 Zu dieser Diskussion vgl. ISENSEE, StuW 94, 3 ff.; MEYDING, in: KLEY/SÜNNER/WILLEMSEN (Hrsg.), RITTER-Festschrift, 1997, S. 547 ff.; SÖHN, ZRP 88, 344 ff.; TIPKE, Steuerrechtsordnung I[2], 2000, S. 347 ff.; TIPKE/LANG, Steuerrecht[16], 1998, § 4 Rz. 130 ff.; WEBER-GRELLET, StuW 1999, 311 (318); ferner P. FISCHER (Hrsg.), DStJG 21, 1998, und BÜHLER u. a. (Hrsg.), MEYDING-Festschrift, 1994, mit jeweils zahlreichen Beiträgen zu dieser Thematik.

26 MUSGRAVE, Public Finance, 1959, S. 171.

27 HANDZIK/HELLWIG, in: LITTMANN/BITZ/HELLWIG, EStG, § 2 Rz. 73; MODEREGGER, Familienschutz, 1991, S. 69; SCHMITT, Übertragung stiller Reserven, 1993, S. 43; TIPKE/LANG, Steuerrecht[16], 1998, § 9 Rz. 22.

Dies bedeutet zum einen, daß bei mehreren Personen, die *nebeneinander* an einem steuerlichen Vorgang beteiligt sind (z. B. Ehegatten/Familie, Gesellschafter einer Personengesellschaft), die Einzelperson als Besteuerungseinheit anzusehen ist. Andererseits heißt das aber auch, daß zwischen zwei Einkommensteuersubjekten, die *nacheinander* an einer Einkunftsquelle beteiligt sind (z. B. Gesamtrechtsnachfolge, Übertragung von Einkünften), genau zu differenzieren ist. Man könnte hier von einem horizontalen und einem vertikalen Aspekt der Individualbesteuerung sprechen.

3. Auslegung durch Rechtsprechung und Literatur

a. Das Bundesverfassungsgericht

Das Bundesverfassungsgericht hat in seinem Beschluß zur Ehegattenbesteuerung vom 17. Januar 1957 den Grundsatz der Individualbesteuerung erstmalig in den Vordergrund der steuerrechtlichen Debatte gebracht[28]. Das Bundesverfassungsgericht stellte fest, daß dem deutschen Einkommensteuerrecht der Grundsatz der (progressiven) Individualbesteuerung zugrunde liege. In mehreren späteren Entscheidungen hat das Bundesverfassungsgericht auf diesen Beschluß Bezug genommen[29].

Gegenstand des Verfahrens war § 26 EStG 1951[30]: Nach dieser Vorschrift waren die Einkünfte von Ehegatten zusammenzuzählen und sodann nach dem auch für Einzelpersonen geltenden Tarif zu versteuern[31]. Das Bundesverfassungsgericht sah hierin einen Verstoß gegen Art. 6 GG, denn durch die Progressionswirkung des Tarifs seien Ehepaare gegenüber individuell veranlagten unverheirateten Personen benachteiligt. Aus einer Gesamtbetrachtung der Entscheidungsgründe ergibt sich, daß die Richter „Individualbesteuerung" als Gegenbegriff zur „Haushaltsbesteuerung" ansahen[32]. In einer späteren Entscheidung stellte derselbe Se-

---

28 BVerfG v. 17. 1. 57 - 1 BvL 4/54 -, BVerfGE 6, 55 (67).

29 BVerfG v. 14. 4. 59 - 1 BvL 23, 34/57 -, BVerfGE 9, 237 (242 ff.); BVerfG v. 3. 4. 62 - 1 BvL 35/57 -, BVerfGE 14, 34 (38 ff.); BVerfG v. 30. 6. 64 - 1 BvL 16-25/62 -, BVerfGE 18, 97 (103).

30 BGBl. I 1952, 33 (43).

31 § 26 EStG 1951 lautete:

(1) [1]Ehegatten werden zusammen veranlagt, solange beide unbeschränkt steuerpflichtig sind und nicht dauernd getrennt leben. [2]Diese Voraussetzungen müssen im Veranlagungszeitraum mindestens vier Monate bestanden haben.

(2) Bei der Zusammenveranlagung sind die Einkünfte der Ehegatten zusammenzurechnen.

32 BVerfG v. 17. 1. 57 - 1 BvL 4/54 -, BVerfGE 6, 55 (69).

nat fest, daß unter Individualbesteuerung keinesfalls eine „individualisierte Besteuerung" zu verstehen sei[33]. Damit stellt das Bundesverfassungsgericht zwar auf die einzelne Person als Besteuerungseinheit ab, begrenzt den Grundsatz der Individualbesteuerung aber auf das Problemfeld der Ehegattenbesteuerung.

b. Die Literatur zum Einkommensteuerrecht

Die steuerrechtliche Literatur hat diese Terminologie zunächst aufgegriffen[34]. Neben der Diskussion um die Ehegatten- / Familienbesteuerung werden unter dem Stichwort „Individualbesteuerungsgrundsatz" inzwischen aber auch Fragen der Rechtsnachfolge („vertikaler Aspekt") und der Zurechnung von Gesellschaftereinkünften behandelt[35]. HANDZIK/HELLWIG gehen sogar noch einen Schritt weiter: Der Satz „Jeder ist mit seinem Einkommen steuerpflichtig" habe auch zum Inhalt, daß es keine subjektive Steuerbefreiung gebe[36]. Hier ist jedoch das Universalitätsprinzip[37] angesprochen, das mit dem Individualbesteuerungsprinzip wenig zu tun hat.

4. Ergebnis

Im Rahmen dieser Arbeit soll unter „Individualbesteuerung" im Einklang mit dem größten Teil der Literatur eine Besteuerung verstanden werden, die die einzelne natürliche Person als Besteuerungseinheit ansieht. Dies soll sowohl für den Fragenkreis der Ehegatten- / Familienbesteuerung als auch für das Verhältnis Rechtsvorgänger – Rechtsnachfolger gelten. Denn beide Fallkonstellationen sind nur zwei Varianten derselben Problematik: In beiden Fällen geht es darum, jedem einzelnen Menschen die (und nur die) Steuerlast aufzubürden, die seiner eigenen Leistungsfähigkeit entspricht.

---

33 BVerfG v. 3. 12. 58 - 1 BvR 488/57 -, BVerfGE 9, 3 (12 f.).

34 BECKER, Individualbesteuerung, 1970, S. 169 f. nennt aber den Begriff „Individualbesteuerung" unnötig; vgl. auch GLÖGGLER, DB 1958, S. 413 f.

35 SCHMITT, Übertragung stiller Reserven, 1993, S. 43, HANDZIK/ HELLWIG, in: LITTMANN/BITZ/HELLWIG, EStG, § 2 Rz. 73; RAUPACH/ SCHENCKING, in: HERRMANN/HEUER/RAUPACH, EStG, § 2 Anm. 159.

36 HANDZIK/HELLWIG, in: LITTMANN/BITZ/HELLWIG, EStG, § 2 Rz. 73.

37 Vgl. hierzu LANG, Bemessungsgrundlage, 1981/88, S. 167; zum Teil wird das Universalitätsprinzip auch subjektive Universalität genannt, s. RUPPE, in: HERRMANN/ HEUER/RAUPACH, Einf. EStG, Anm. 2; zur Unausweichlichkeit der Steuer für jedermann vgl. TIPKE, Steuergerechtigkeit, 1981, S. 52; im heutigen Einkommensteuerrecht ist das Universalitätsprinzip konsequent verwirklicht; im Dritten Reich gab es dagegen noch Steuerbefreiungen für Adolf Hitler, vgl. PAUSCH, DStZ/A 1970, 182.

B. Der Grundsatz der Individualbesteuerung im Einkommensteuerrecht

I. Gibt es einen „Grundsatz der Individualbesteuerung"?

Es stellt sich die Frage, ob es im deutschen Einkommensteuerrecht überhaupt einen Grundsatz der Individualbesteuerung gibt. Im Text des Einkommensteuergesetzes und auch in der Abgabenordnung, dem „allgemeinen Steuerrecht"[38], finden sich keine Hinweise auf einen solchen Grundsatz. Es soll daher zunächst der Frage nachgegangen werden, ob die Besteuerung (nur) des Individuums in der Verfassung einen Rückhalt findet oder möglicherweise vom Grundgesetz sogar ausdrücklich gefordert wird.

II. Verfassungsrechtliche Verankerung

1. Einbettung des Steuerrechts in das Verfassungsrecht

Der Rechtsstaat nach dem Bild des Grundgesetzes ist Steuerstaat[39]. Das folgt notwendigerweise aus der Tatsache, daß das Verfassungsrecht die Privatnützigkeit des Eigentums grundsätzlich anerkennt und der Staat in Abgrenzung zu diesem Eigentum auf eigene finanzielle Mittel angewiesen ist[40]. Insofern sind Steuern ein Indikator für eine am Privateigentum orientierte Wirtschaftsordnung eines Landes[41].

Die Rechtsstaatlichkeit erfordert aber im Gegenzug, daß sich jede Steuer in die verfassungsmäßige Rechtsordnung einordnen läßt[42]. Die große Zahl von Entscheidungen des Bundesverfassungsgerichts zum Steuerrecht zeigt, daß sich

---

38 SEER, in: TIPKE/KRUSE, Einf. AO, Rdnr. 2.

39 FORSTHOFF, VVDStRL 12 (1954), 8 (31); FRIAUF, DStJG 12 (1989), 3; DERS., StbJB 1977/78, 39 (42); DERS., DStZ/A, 359 (360); LANG, Bemessungsgrundlage, 1981/88, S. 130; LEHNER/WALDHOFF, in: KIRCHHOF/SÖHN, EStG, § 1 Rdnr. A 32; VOGEL, in: ISENSEE/KIRCHHOF (Hrsg.), Handbuch des Staatsrechts I, 1987, § 27 Rdnr. 69 ff.; VOGEL/WALDHOFF, in: DOLZER/VOGEL (Hrsg.), Bonner Kommentar, Vorb. Art. 104a-115 GG, Rz. 327 ff.

40 BETHGE, JA 1985, 249 (257); FRIAUF, StbJb 1977/78, 39 (43); KIRCHHOF, in: KIRCHHOF/SÖHN, EStG, § 2 Rdnr. A 156; DERS., in: ISENSEE/KIRCHHOF (Hrsg.), Handbuch des Staatsrechts IV, 1990, § 88 Rz. 92; zur Sozialpflichtigkeit des Eigentums als Legitimation der Einkommensteuer: KIRCHHOF, in: KIRCHHOF/SÖHN, EStG, § 2 Rdnr. A 123; BVerfGE v. 19. 12. 1978 - 1 BvR 335, 427, 811/76 -, BVerfGE 50, 57 (106).

41 TIPKE/LANG, Steuerrecht[16], 1998, § 1 Rz. 5.

42 FRIAUF, StbJb 1977/78, 39 (43); WACKE, StbJb 1966/67, 75 (103).

die Erhebung von Steuern in einem grundrechtssensiblen Bereich abspielt. Das Steuerrecht liefert einerseits die finanzielle Grundlage für einen formellen und materiellen Rechtsstaat, es muß sich aber andererseits selbst an dessen verfassungsrechtliche Grundsätze halten. Steuerrecht und Verfassungsrecht sind somit eng miteinander verzahnt.

2. Besteuerung als Grundrechtseingriff

Verfassungsrechtlich ist jede Besteuerung als Grundrechtseingriff einzuordnen[43]. Es soll an dieser Stelle nicht auf die Frage eingegangen werden, ob und in welchem Umfang die Erhebung von Steuern die Eigentumsgarantie (Art. 14 Abs. 1 GG) oder die Berufsfreiheit (Art. 12 Abs. 1 GG) berührt[44]. Fest steht jedoch, daß der Gesetzgeber durch die Auferlegung einer Steuer zumindest in Art. 2 Abs. 1 GG als Auffanggrundrecht[45] eingreift[46]. Das von WACKE in die Diskussion ge-

---

43 KIRCHHOF, Besteuerungsgewalt und Grundgesetz, 1973, S. 13; VOGEL, in: ISENSEE/KIRCHHOF (Hrsg.), Handbuch des Staatsrechts I, 1987, § 27 Rz. 64; BVerfG v. 25. 9. 92 - 2 BvL 5, 8, 14/91 -, BVerfGE 87, 153 (169).

44 Aus dem umfangreichen **Schrifttum** zu dieser Frage vgl. nur V. ARNIM, VVDStRL 39 (1981), 286 ff.; FRIAUF, DStJG 12 (1989), S. 3 (19 ff.); KIRCHHOF, VVDStRL 39 (1981), 213 ff.; DERS., Besteuerungsgewalt und Grundgesetz, 1973, S. 20 ff.; KLEIN, StuW 1966, Sp. 433 ff.; DERS., DöV 1980, S. 481 ff.; DERS., StuW 1977, S. 59 ff.; PAPIER, Gesetzesvorbehalte und Demokratieprinzip, 1973, S. 45 ff.; DERS., in: MAUNZ/DÜRIG, Grundgesetz, Art. 14 Rdnr. 160; SCHMIDT-BLEIBTREU/SCHÄFER, DöV 1980, 489 ff.; VOGEL/WALDHOFF, in: DOLZER/VOGEL (Hrsg.), Bonner Kommentar, Vorb. Art. 104a-115 GG, Rdnr. 532; WEBER-GRELLET, StuW 1993, 97 (101); TIPKE, Steuerrechtsordnung I[2], 2000, S. 438 ff.; WENDT, NJW 1980, 2111 ff.

wichtige Urteile des **BVerfG**: BVerfG v. 30. 10. 61 - 1 BvR 833/59 -, BVerfGE 13, 181 (186); BVerfG v. 11. 10. 77 - 1 BvR 343/73, 83/74, 183 und 428/75 -, BVerfGE 47, 1 (21); BVerfG v. 25. 9. 92 - 2 BvL 5, 8, 14/91 -, BVerfGE 87, 153 (169) – zu **Art. 12 Abs. 1 GG** -;

BVerfG v. 20. 7. 54 - 1 BvR 459, ..., 801/52, 5, 9/53, 96, 114/54 -, BVerfGE 4, 7 (17); BVerfG v. 12. 11. 58 - 2 BvL 4, 26, 40/54, 1, 7/57 -, BVerfGE 8, 274 (330); BVerfG v. 24. 7. 62 - 2 BvL 15, 16/61 -, BVerfGE 14, 221 (241); BVerfG v. 25. 9. 92 - 2 BvL 5, 8, 14/91 -, BVerfGE 87, 153 (169); BVerfG v. 22. 6. 95 - 2 BvL 37/91 -, BVerfGE 93, 121 (136 ff.); - zu **Art. 14 Abs. 1 GG** -.

45 Zum Schutzbereich des Art. 2 Abs. 1 GG grundlegend **BVerfG** v. 16. 1. 57 - 1 BvR 253/56 -, BVerfGE 6, 32 (36 ff.); ferner BVerfG v. 23. 5. 80 - 2 BvR 854/79 -, BVerfGE 54, 143 (146); BVerfG v. 26. 1. 82 - BvR 1295/80, 201, 881, 1074, 1319/81 -, BVerfGE 59, 275 (278); BVerfG v. 6. 6. 89 - 1 BvR 921/85 -, BVerfGE 80, 137 (152 ff., mit abw. Meinung GRIMM, S. 164 ff.); aus der **Literatur** vgl. z. B. DÜRIG, in: MAUNZ/DÜRIG, Grundgesetz, Art. 2 Abs. 1 Rdnr. 6 ff.; STARCK, in: v. MANGOLDT/KLEIN/STARCK, Grundgesetz[4], 1999, Art. 2 Rdnr. 13; andere Interpretation: HESSE, Grundzüge[20], 1995, Rdnr. 428.

brachte „Grundrecht auf Steuerfreiheit"[47] ist auf Kritik[48] gestoßen, der insofern zu folgen ist, als dieser Begriff nicht als politisches Schlagwort benutzt werden sollte. Die dogmatische Kernaussage stimmt jedoch: In einer freiheitlich-marktwirtschaftlichen Rechtsordnung muß der „Normalzustand" die freie Verfügungsmacht des Bürgers sein (Schutzbereich des Art. 2 Abs. 1 GG). In diese Freiheit kann der Steuergesetzgeber wegen der im Steuerstaat gegebenen Finanzierungsnotwendigkeit eingreifen, allerdings nur, wenn er sich an die verfassungsrechtlichen Vorgaben hält.

3. Das Individuum als Zurechnungsbasis der Grundrechte

Das Grundgesetz ist zu einer Zeit entstanden, als das deutsche Volk die Folgen des nationalsozialistischen Kollektivismus noch deutlich vor Augen hatte. Im Mittelpunkt der neuen Wertordnung sollte daher der einzelne Mensch als mit Menschenwürde ausgestattete Persönlichkeit stehen[49]. Zum Schutz des Individuums vor staatlichen Eingriffen beginnt das Grundgesetz mit einem Katalog von Grundrechten, die „in erster Linie individuelle Rechte [sind], Menschen- und Bürgerrechte, die den Schutz konkreter, besonders gefährdeter Bereiche menschlicher Freiheit zum Gegenstand haben"[50].

Dieser individualistische Ansatz[51] ist nicht im Sinne eines ungezügelten Individualismus („jeder gegen jeden") zu verstehen[52]. DÜRIG nennt diesen Mittelweg zwischen Individualismus und Kollektivismus, den das Grundgesetz eingeschlagen habe, „Personalismus"[53]. Auch das Bundesverfassungsgericht geht nicht von einem uneingeschränkten Individualismus aus:

---

46 KIRCHHOF, in: ISENSEE/KIRCHHOF (Hrsg.), Handbuch des Staatsrechts IV, 1990, § 88 Rz. 87.

47 WACKE, StbJb 1966/67, 75 (107).

48 TIPKE, Steuerrechtsordnung I[1], 1993, S. 158.

49 DÜRIG, in: MAUNZ/DÜRIG, Grundgesetz, Art. 1 Rdnr. 46: Der Mensch als Maß allen Rechts werde vom Grundgesetz vorausgesetzt.

50 BVerfG v. 1. 3. 79 - 1 BvR 532, 533/77, 419/78 und 1 BvL 21/78 -, BVerfGE 50, 290 (337).

51 KIRCHHOF, in: P. FISCHER (Hrsg.), DStJG 21 (1998), 9 (21), erwähnt eine „individualisierende Tendenz" der Freiheitsrechte, die den Gesetzgeber zur Achtung von Individualität und Besonderheit des Einzelfalls verpflichte.

52 STARCK, in: V. MANGOLDT/KLEIN/STARCK, Grundgesetz I[4], 1999, Art. 1 Rdnr. 10; STERN, Staatsrecht III/2, 1994, § 82 IV 4 a.

53 DÜRIG, in: MAUNZ/DÜRIG, Grundgesetz, Art. 1 Rdnr. 46.

„Das Menschenbild des Grundgesetzes ist nicht das eines isolierten souveränen Individuums; das Grundgesetz hat vielmehr die Spannung Individuum – Gemeinschaft im Sinne der Gemeinschaftsbezogenheit und Gemeinschaftsgebundenheit der Person entschieden, ohne dabei deren Eigenwert anzutasten."[54]

Kristallisationspunkt für Rechte und Pflichten – und damit auch für die Grundrechte – ist jedoch zunächst immer die menschliche Einzelperson. STERN führt hierzu aus: „Die ... Sonderstellung des Menschen kommt jedem einzelnen Individuum und nur diesem zu, nicht etwa Gesamtheiten, Gemeinschaften oder gar der Menschheit an sich."[55] STARCK spricht von einer „Vorordnung des individualrechtlichen Aspekts"[56]. Wenn also jede Steuer in Grundrechte der Steuerpflichtigen eingreift, erscheint es angesichts der individuellen Schutzrichtung dieser Rechte selbstverständlich, daß die grundlegende Besteuerungseinheit der einzelne Mensch ist[57].

Diese Feststellungen gelten grundsätzlich für alle Steuern. Besonders wichtig ist die Blickrichtung auf das Individuum jedoch bei der Einkommensteuer, weil diese Steuer zum einen – mit der Umsatzsteuer – die meisten Individuen in ihren Grundrechten betrifft und zum anderen eine genaue Zuordnung besser als alle anderen Steuern ermöglicht[58] (Besteuerung nach der *individuellen* Leistungsfähigkeit[59]).

---

[54] BVerfG v. 20. 7. 54 - 1 BvR 459, .../52, 5, 9/53, 96, 114/54 -, BVerfGE 4, 7 (15); diese Kompromißformel hat das Bundesverfassungsgericht in vielen späteren Entscheidungen zitiert, vgl. BVerfG v.12. 11. 58 - 2 BvL 4, 26, 40/56, 1, 7/57 -, BVerfGE 8, 274 (329); BVerfG v. 24. 2. 71 - BvR 435/68 -, BVerfGE 30, 173 (193); BVerfG v. 18. 07. 72 - BvL 32/70, 25/71 -, BVerfGE 33, 303 (334); BVerfG v. 17. 1. 79 - 1 BvR 241/77 -, BVerfGE 50, 166 (175).

[55] STERN, Staatsrecht III/1, 1988, S. 11.

[56] STARCK, in: V. MANGOLDT/KLEIN/STARCK, Grundgesetz I[4], 1999, Art. 1 Rdnr. 175.

[57] VOGEL/WALDHOFF, in: DOLZER/VOGEL (Hrsg.), Bonner Kommentar, Vorb. Art. 104a-115 GG, Rdnr. 525: „Maßgebend ist nicht eine irgendwie abstrakte, kollektive, sondern die konkrete individuelle wirtschaftliche Leistungsfähigkeit"; siehe auch VOLLMER, Ehegattensplitting, 1998, S. 63.

[58] LEHNER/WALDHOFF, in: KIRCHHOF/SÖHN, EStG, § 1 Rdnr. A 6: Die personale Anküpfung fordere und ermögliche die Beachtung der zentralen verfassungsrechtlichen Vorgabe der Besteuerung nach dem Leistungsfähigkeitsprinzip.

[59] KIRCHHOF, StuW 1985, 319 (324); MODEREGGER, Familienschutz, 1991, S. 69; SÖHN, FR 1996, 81 (91); BVerfG v. 3. 11. 82 - 1 BvR 620/78, 1335/78, 1104/79 und 363/80 -, BVerfGE 61, 319 (344); BVerfG v. 29. 5. 90 - 1 BvL 20,26/84, 4/86 -, BVerfGE 82, 60 (86).

4. Modifikationen durch Grundrechte mit Kollektivbezug

Das verfassungsrechtliche Postulat einer Besteuerung (ausschließlich) des Individuums kann jedoch nicht uneingeschränkt verwirklicht werden. Aus anderen Wertentscheidungen der Verfassung und aus kollidierenden Grundrechten ergeben sich Modifikationen dieser Verpflichtung. Bei einigen Grundrechten ist ein kollektiver Bezug durch den Verfassungstext und die Interpretation des Bundesverfassungsgerichts vorgegeben. Art. 9 Abs. 1 GG schützt bespielsweise nicht nur die Vereinigungsfreiheit des Einzelnen, sondern auch die Vereinigung selbst[60]. Dieser Kollektivbezug kann Einfluß auf die Besteuerung haben und somit der Individualbesteuerung entgegenstehen. So ist es zum Beispiel denkbar, daß Art. 6 Abs. 1 GG ein Verbot enthält, die für die individuelle Steuerzuteilung notwendigen Besteuerungsgrundlagen zu ermitteln, falls dies einen unverhältnismäßigen Eingriff in den geschützten Bereich der Familie bedeutete[61].

Ob und inwiefern die Grundrechte mit Kollektivbezug in der Lage sind, den Grundsatz der Individualbesteuerung einzuschränken, kann allerdings nicht pauschal festgestellt werden. Wann immer diese Frage auftaucht, muß anhand der Wertungen des Grundgesetzes im Einzelfall überprüft werden, welchem Rechtsgedanken der Vorrang einzuräumen ist. Es handelt sich um einen Fall der „unechten Grundrechtskollision"[62]: Das geschützte Rechtsgut, z. B. die Privatsphäre der Familie, tritt in Konkurrenz zum verfassungsrechtlich verankerten Auftrag der Individualbesteuerung.

---

60 BVerfG v. 18. 10. 61 - 1 BvR 730/57 -, BVerfGE 13, 174 (175); BVerfG v. 1. 3. 79 - 1 BvR 52, 533/77, 419/78 und 1 BvL 21/78 -, BVerfGE 50, 290 (354); BVerfG v. 9. 10. 91 - 1 BvR 397/87 -, BVerfGE 84, 372 (378); **a. A.** KEMPER, in: v. MANGOLDT/KLEIN/STARCK, Grundgesetz I[4], 1999, Art. 9 Rdnr. 137.

61 Das Bundesverfassungsgericht hat hier den Begriff der „Freiheit der spezifischen Privatsphäre für Ehe und Familie" geprägt, BVerfG v. 17. 1. 57 - 1 BvL 4/54 -, BVerfGE 6, 55 (81); zur Bedeutung des Art. 6 Abs. 1 GG bei der Familienbesteuerung vgl. außerdem KIRCHHOF, Essener Gespräche, S. 117 (141); LINGEMANN, Familienbesteuerung, 1994, S. 42 ff.; MODEREGGER, Familienschutz, 1991, S. 28; RIEGER, Widrigkeiten, 1992, insb. S. 67 ff.

62 „Unechte" Grundrechtskollision, weil hier nicht ein Grundrechtsberechtigter bei der Wahrnehmung eines Grundrechts auf die Grundrechtsposition eines anderen stößt, sondern ein Grundrecht mit einem anderen Verfassungsrechtsgut kollidiert; siehe STERN, Staatsrecht III/2, 1994, § 82 IV 1; grundlegend zur Problematik von Grundrechtskollisionen: BETHGE, Grundrechtskollisionen, 1977.

5. Art. 14 GG als Grundlage – der Ansatz von KIRCHHOF

KIRCHHOF wählt zur Herleitung des Grundsatzes der Individualbesteuerung aus dem Verfassungsrecht einen etwas anderen Ansatz. Die Grundlage liege allein in der Schutzwirkung des Art. 14 Abs. 1 GG:

> „Das Verfassungsrecht qualifiziert jedes erworbene Einkommen als Privateigentum, schützt es also als ökonomische Grundlage individueller Freiheit und macht es in der Zurechnung zu dem oder den Verfügungs- und Nutzungsberechtigten sozialpflichtig. Dabei ordnet das Grundrecht die geschützten Rechtsgüter prinzipiell einzelnen Berechtigten zu. Auch die Steuerbarkeit muß deshalb auf die Einzelperson abgestimmt werden."[63]

KIRCHHOF kommt zu dem Ergebnis, daß bei der Ausgestaltung der Steuerpflicht die Individualbesteuerung nicht ohne Ausnahme durchgehalten werden kann. Es müßten vielmehr Erwerbs- und Bedarfsgemeinschaften (u. a. auch im Hinblick auf Art. 6 Abs. 1 GG) berücksichtigt werden[64]. Jedenfalls ergibt sich sich auch hiernach ein „Grundsatz der Individualbesteuerung" direkt aus dem Grundgesetz, der jedoch durch entgegenstehende Wertungen der Verfassung eingeschränkt werden kann[65].

6. Ergebnis

Der Gesetzgeber ist aus verfassungsrechtlichen Gründen verpflichtet, bei der Erhebung der Einkommensteuer den einzelnen Menschen in den Vordergrund zu rücken. Es ist daher folgerichtig, von einem verfassungsrechtlichen „Grundsatz der Individualbesteuerung" zu sprechen, der zumindest für die Einkommensteuer gilt. Es handelt sich um ein in der Verfassung verankertes Prinzip des Einkommensteuerrechts.

---

63 KIRCHHOF, Juristentag-Gutachten, 1988, S. F 68 f.

64 KIRCHHOF, in: KIRCHHOF/SÖHN, EStG, § 2 Rdnr. A 84 ff.; DERS., Juristentag-Gutachten, 1988, S. F 69.

65 So auch LEHNER/WALDHOFF, in: KIRCHHOF/SÖHN, EStG, § 1 Rdnr. A 91.

III. Inhalt und allgemeine Auswirkungen des Grundsatzes der Individualbesteuerung auf die Einkommensbesteuerung

1. Inhalt

Nach dem Grundsatz der Individualbesteuerung ist jede natürliche Person mit ihren Einkünften gesondert zur Einkommensteuer heranzuziehen[66]. Dieser Satz enthält die steuerrechtliche Variante des Prinzips „suum cuique" und damit einen Beitrag zur Verwirklichung von Steuergerechtigkeit[67]. Einkünfte sind nach diesem Grundsatz jeweils einer Einzelperson zuzurechnen und von dieser zu versteuern; jeder muß seine Einkommensteuer unabhängig von der Besteuerung anderer Personen zahlen. Im Falle eines progressiven Steuertarifs[68] muß die Grundlage für die Progression ebenfalls für nur eine Person berechnet werden[69].

Die Analyse des Individualbesteuerungsprinzips ergibt zwei Teilaspekte: Zum einen – beim sogenannten horizonatalen Aspekt der Individualbesteuerung – stellt sich die Frage nach der Größe der Besteuerungseinheit („tax-paying unit"). Mehrere Steuerpflichtige stehen hier nebeneinander als mögliche Zurechnungssubjekte zur Verfügung. Bemessungsgrundlage und Tarif müssen jedoch auf die einzelne Person bezogen sein[70]. Diese Variante ist angesprochen, wenn es um dic

66 CHARLIER, StbJb 1979/80, 479 (481); HANDZIK/HELLWIG, in: LITTMANN/BITZ/HELLWIG, EStG, § 2 Rdnr. 73; KIRCHHOF, in: KIRCHHOF/SÖHN, EStG, § 2 Rdnr. A 84; DERS., Juristentag-Gutachten, 1988, S. F 68; DERS., StuW 1985, 319 (327); DERS., Essener Gespräche, 1986, S. 117 (122); LEHNER, Einkommensteuerrecht und Sozialhilferecht, 1992, S. 156; LEHNER/WALDHOFF, in: KIRCHHOF/SÖHN, EStG, § 1 Rdnr. A 89; MODEREGGER, Familienschutz, 1991, S. 68 f.; RAUPACH/SCHENCKING, in: HERRMANN/ HEUER/RAUPACH, § 2 EStG Anm. 14; SCHMITT, Übertragung stiller Reserven, 1993, S. 43; TIPKE/LANG, Steuerrecht[16], 1998, § 9 Rz. 22; vgl. auch BFH v. 28. 2. 1958 - III 125/57 S -, BStBl. III 1958, 191 (192): Die Einkommensteuer sei „ihrem Wesen nach und im allgemeinen auf Einzelpersonen zugeschnitten".

67 ULPIANS Definition der Gerechtigkeit: „Iustitia est constans et perpetua voluntas ius suum cuique tribuendi" (D I, I, 10 pr); vgl. dazu auch ONDRACEK, in: KLEY/SÜNNER/ WILLEMSEN (Hrsg.), RITTER-Festschrift, 1997, S. 227; TIPKE, Steuergerechtigkeit, 1981, S. 9 ff.; DERS., in: KLEY/SÜNNER/WILLEMSEN (Hrsg.), RITTER-Festschrift, 1997, S. 587 ff.

68 Ob der progressive Tarif aus dem Leistungsfähigkeitsprinzip herzuleiten ist, wird kontrovers diskutiert, vgl. hierzu nur TIPKE, Steuerrechtsordnung I[2], 2000, S. 403 ff.; TIPKE/ LANG, Steuerrecht[16], 1998, § 9 Rz. 740 ff.

69 Das Bundesverfassungsgericht kritisierte in der Entscheidung v. 17. 1. 57 – 1 BvL 4/54 -, BVerfGE 6, 55 (66 ff.) insbesondere die Versteuerung der gesamten Ehegatteneinkünfte nach dem Tarif, der auch für Einzelpersonen galt.

70 LANG, Bemessungsgrundlage, 1981/88, S. 625; LEHNER/WALDHOFF, in: KIRCHHOF/SÖHN, EStG, § 1 Rdnr. A 89.

Behandlung der Familien/Ehegatten und der Gesellschaften im Einkommensteuerrecht geht. Andererseits – der vertikale Aspekt der Individualbesteuerung – muß bei dem Übergang von Einkunftsquellen genau abgegrenzt werden, ob und wann hier ein Wechsel stattgefunden hat. Diese Problematik spielt zum Beispiel eine Rolle bei der Gesamtrechtsnachfolge oder bei der Verlagerung von Einkünften durch Verträge unter Angehörigen.

Letztendlich kommte es in beiden Varianten maßgeblich darauf an, für jede natürliche Person die individuelle Leistungsfähigkeit zu bestimmen. Für jede Einzelperson muß zunächst die individuelle steuerliche Leistungsfähigkeit ermittelt werden, damit von ihr auch die Steuer unausweichlich[71] erhoben werden kann.

2. Rechtsnatur des Grundsatzes der Individualbesteuerung

Im Einkommensteuergesetz ist ein „Grundsatz der Individualbesteuerung" nicht ausdrücklich normiert[72]. Es kann sich somit nur um einen ungeschriebenen Rechtsgrundsatz handeln. TIPKE/LANG sprechen in diesem Zusammenhang von einem „verfassungskräftigen Subprinzip"[73]. Wie derartige Grundsätze (z. B. auch das Leistungsfähigkeitsprinzip, das Totalitätsprinzip u. a.) in ihrer Gesamtheit einzuordnen sind, ist noch nicht abschließend geklärt. Die Bezeichnung „überpositives Recht" für ungesetztes Recht in Form von allgemeinen und besonderen Rechtsgrundsätzen hat sich jedenfalls noch nicht durchgesetzt[74]. Es ist jedoch einhellige Meinung, daß auch ungeschriebene Rechtsgrundsätze als Rechtsquelle anzusehen sind[75]. Ungeschriebene Rechtsgrundsätze lassen keinen unmittelbaren Schluß auf den Einzelfall zu[76]. Es bleibt Aufgabe der Rechtsprechung und der

---

[71] Zur Unausweichlichkeit der Steuer für jedermann: TIPKE, Steuergerechtigkeit, 1981, S. 52.

[72] RAUPACH/SCHENCKING, in: HERRMANN/HEUER/RAUPACH, EStG, § 2 Anm. 14, führen zwar §§ 1, 2 Abs. 1 EStG als sedes materiae an, eindeutige Aussagen über den Inhalt dieses Grundsatzes lassen sich diesen Vorschriften jedoch nicht entnehmen.

[73] TIPKE/LANG, Steuerrecht[16], 1998, § 4 Rz. 14; „Subprinzip", weil es nur für eine einzelne Normgruppe (hier: Einkommensteuer) des Steuerrechts gilt.

[74] Für diese Bezeichnung: BVerfG v. 23. 10. 51 - 2 BvG 1/51 -, BVerfGE 1, 14 (61); BFH v. 25. 3. 54 - IV 99/53 U -, BStBl. III 1954, 241 (242); BIRK, in: HÜBSCHMANN/HEPP/SPITALER, § 4 AO Rz. 193; HARTMANN, Auslegung und Anwendung, 1984, S. 77; STERN, Staatsrecht I[2], 1984, § 5 I 2 e; **dagegen:** KRUSE, in: TIPKE/KRUSE, § 4 AO Tz. 4; WOLFF/BACHOF/STOBER, Verwaltungsrecht I[10], 1994, § 24 Rdnr. 6.

[75] **Allgemein:** WOLFF/BACHOF/STOBER, Verwaltungsrecht I[10], 1994, § 25 Rdnr. 6; **im Steuerrecht:** HARTMANN, Auslegung und Anwendung, 1984, S. 77; LIST, StKongrRep 1975, 139 (143).

[76] HARTMANN, Auslegung und Anwendung, 1984, S. 78.

Literatur, den Grundsatz der Individualbesteuerung als einen ungeschriebenen Rechtssatz mit einem konkreten Inhalt zu füllen, der die Anwendung in der Praxis ermöglicht.

3. Finanzwissenschaftliche Aspekte

Bereits ADOLPH WAGNER formulierte einen Grundsatz der Individualbesteuerung, jedoch ohne ihn so zu bezeichnen:

> „...wir verstehen [die Grundsätze der Allgemeinheit und Gleichmäßigkeit] *´individualistisch´, von Einzelnem zu Einzelnem*, so dass *jeder Einzelne, im Princip* wenigstens, als Glied der staatlichen u. s. w. Gemeinschaft, steuerpflichtig ist, nach dem Grundsatz der Allgemeinheit, und alle Einzelnen *untereinander* ´gleichmäßig´ besteuert werden, ..."[77]

Die spätere finanzwissenschaftliche Literatur hat sich mit der Größe der Besteuerungseinheit nur wenig beschäftigt[78]. RICHARD A. MUSGRAVE beispielsweise erwähnt nur die verschiedenen Lösungsmöglichkeiten, ohne daß er Stellung nimmt, welche zu bevorzugen ist[79]. Es gibt hier grundsätzlich zwei Ansatzpunkte zur Abgrenzung der Steuersubjekte: Zum einen läßt sich argumentieren, daß unsere Wirtschaftsordnung grundsätzlich dem Individuum die Verfügungsmacht über Einkommen und Vermögen zuweist. Die steuerliche Leistungsfähigkeit müßte daher auch bei dem Einzelnen abgegriffen werden. Andererseits wirtschaften die Menschen heute nicht insoliert, sondern in Aktionsgemeinschaften zusammengeschlossen. Diesem Ansatz entspräche es, wenn die im marktwirtschaftlichen Bereich selbständig wirtschaftenden Organisationseinheiten besteuert würden, also neben den Unternehmen auch die Haushalte[80].

Im Rahmen einer wirtschaftswissenschaftlichen Untersuchung der Besteuerungseinheit kommt V. OBSTFELDER zu dem Schluß, daß eine Kollektivbesteuerung nur dann sinnvoll sei, wenn man von einer Entscheidungs- und Planungsgemeinschaft ausgehen könne, die eine Trennung der Personen von ihren erwirtschafteten sowie kontrollierten Einkommen nicht ermögliche[81]. Dies ist zwar richtig, beantwortet aber noch nicht die Frage, in welchen Fällen tatsächlich gemeinsam entschieden und geplant wird. So muß auch V. OBSTFELDER zugeben:

---

77 WAGNER, Finanzwissenschaft II², 1890, S. 380 (Hervorhebungen von WAGNER).

78 POHMER, Fin. Arch. N. F. 27 (1968), 139 (144).

79 MUSGRAVE, Public Finance, 1959, S. 171.

80 NEUMARK, Einkommensbesteuerung, 1947, S. 32; HALLER, Steuern³, 1981, S. 69 f.; POHMER, Fin. Arch. N. F. 27 (1968), 139 (148 f.).

81 V. OBSTFELDER, Individualbesteuerung, 1976, S. 115.

„Die auf die Verwendung der Mittel bezogene intra-familiäre Verteilung der gemeinsamen materiellen Ressourcen auf die erwachsenen Mitglieder von Haushalten ist nur schwierig empirisch zu erfassen und quantitativ zu bestimmen."[82]

K. LITTMANN setzt sich daher mit Nachdruck für die ausnahmslose Individualbesteuerung ein: Die Prämisse, daß alle Mitglieder eines Haushaltes zu gleichen Teilen an dem gemeinsamen Einkommen partizipierten und ihre Bedürfnisse gleichmäßig deckten, entspreche nicht der Realität[83]. Der Minderung der Leistungsfähigkeit durch mitzuversorgende Haushaltsangehörige solle durch andere Maßnahmen (z. B. Kindergeld) Rechnung getragen werden[84].

Die finanzwissenschaftliche Diskussion der Individualbesteuerung beschränkt sich auf die Problematik der Ehegatten- und Haushaltsbesteuerung[85]. Andere Aspekte der Individualbesteuerung werden – soweit ersichtlich – nicht angesprochen.

4. Persönliche Steuerpflicht

a. Rechtsnatur der persönlichen Steuerpflicht

Dem Grundsatz der Individualbesteuerung entsprechend normiert § 1 EStG die persönliche Steuerpflicht (nur) der natürlichen Person[86]. Die Rechtsnatur der persönlichen Steuerpflicht ist ein wichtiges Kriterium für die Beurteilung von Zweifelsfragen, die mit der Rechtsnachfolge im Einkommensteuerrecht und damit auch mit dem Thema dieser Untersuchung verbunden sind.

Durch § 1 EStG unterwirft der Steuergesetzgeber den Bürger, der die einzelnen Voraussetzungen dieser Vorschrift erfüllt, seiner Steuergewalt. Dieses Pflichtenverhältnis bewirkt, daß ein bestimmtes Verhalten des Bürgers zu einem Steueranspruch des Fiskus führt. Ob ein Steueranspruch tatsächlich entsteht, ist anhand der Vorschriften zur sachlichen Steuerpflicht zu klären; erst die persönliche Steuerpflicht schafft jedoch die Möglichkeit eines Steuerzugriffs. Man kann daher die

---

82 V. OBSTFELDER, Individualbesteuerung, 1976, S. 204.

83 K. LITTMANN, Fin. Arch. N. F. 27 (1968), 174 (176 f.); zu dieser „Fiktion" vgl. auch HALLER, Steuern[3], 1981, S. 68.

84 K. LITTMANN, Fin. Arch. N. F. 27 (1968), 174 (186).

85 Dazu sogleich unter B IV 1.

86 Das Gesetz benutzt hier zwar den Plural „natürliche Personen", gemeint ist aber die einzelne Person, vgl. STAPPERFEND, in: HERRMANN/ HEUER/RAUPACH, EStG, § 1 Anm. 52.

persönliche Steuerpflicht als „latente Steuerschuld"[87] ansehen, die noch der Verwirklichung durch ein steuerlich relevantes Verhalten des Steuerpflichtigen bedarf. Diese latente Steuerschuld ist untrennbar mit der Person des Steuerpflichtigen verbunden. Welche persönlichen Abzüge vorzunehmen sind und welcher Steuersatz anzuwenden ist – insbesondere im Falle eines progressiven Tarifs –, bestimmt sich nach den individuellen Umständen des Steuerpflichtigen. Ein Übergang der persönlichen Steuerpflicht auf ein anderes Steuersubjekt ist mit dem Prinzip der Besteuerung nach der Leistungsfähigkeit nicht zu vereinbaren, wobei es unerheblich ist, ob der Übergang rechtsgeschäftlich vereinbart oder staatlich angeordnet wird[88].

b. Beginn der persönlichen Steuerpflicht

Die Steuerpflicht beginnt mit der Geburt. Die Fiktion des § 1923 Abs. 2 BGB gilt im Steuerrecht nicht[89]. Das Einkommensteuergesetz kennt keine „beschränkte Steuerpflicht" Minderjähriger[90]. Dies ist systematisch richtig, denn auch Minderjährige können ein eigenes Einkommen haben. Es besteht kein verfassungsrechtlicher Grund, warum Minderjährige steuerrechtlich bis zu einer bestimmten Altersgrenze von Ihren Eltern vertreten werden müßten[91]. Auch Minderjährige nehmen die Vorzüge eines formellen und materiellen Rechtsstaats in Anspruch, der wiederum auf die Steuerzahlungen der Bürger angewiesen ist.

c. Ende der persönlichen Steuerpflicht

Die persönliche Steuerpflicht endet mit dem Tod[92]. Anders als im EStG 1920[93] wird nicht mehr fingiert, daß das verstorbene Steuersubjekt noch bis zum Ende des Jahres gelebt hat[94]. Bis zum Jahre 1996 bestimmte § 25 Abs. 2 EStG:

---

87 LEHNER/WALDHOFF, in: KIRCHHOF/SÖHN, EStG, § 1 Rdnr. A 42 und EICHER, in: LITTMANN/BITZ/HELLWIG, EStG, § 1 Rdnr. 2 sprechen von einer „potentiellen" Zahlungspflicht.

88 Um eine solche zumindest teilweise (rechtsgeschäftliche) Übertragung handelt es sich aber i. E., wenn bei gleichbleibendem steuerrelevanten Verhalten des Steuerpflichtigen die Steuer bei einem anderen Steuersubjekt entstehen soll, also z. B. bei einer Verlagerung von Einkünften unter Angehörigen.

89 BIRTEL, Die Zeit im Einkommensteuerrecht, 1985, S. 67; STAPPERFEND, in: HERRMANN/HEUER/RAUPACH, EStG, § 1 Anm. 52.

90 LEHNER/WALDHOFF, in: KIRCHHOF/SÖHN, EStG, § 1 Rdnr. B 4.

91 Zur Notwendigkeit einer Trennung der Einkünfte eines Kindes von denen der Eltern s. unten B IV 1 d.

92 Ausnahme: Verschollene, vgl. dazu § 49 AO; ausführlich zur Beendigung der persönlichen Steuerpflicht: BIRTEL, Die Zeit im Einkommensteuerrecht, 1985, S. 67 f.;

„[1]Hat die Steuerpflicht nicht während des vollen Veranlagungszeitraums bestanden, so wird das während der Dauer der Steuerpflicht bezogene Einkommen zugrunde gelegt. [2]In diesem Fall kann die Veranlagung bei Wegfall der Steuerpflicht sofort vorgenommen werden."

Der Gesetzgeber hat § 25 Abs. 2 EStG mit dem Jahressteuergesetz 1996[95] ersatzlos gestrichen. Dies geschah jedoch nicht, um die persönliche Steuerpflicht anders zu regeln, sondern um die Veranlagung zu vereinfachen und ungerechtfertigte Steuervorteile abzubauen[96]. Gemäß der neuen Rechtslage ist der verstorbene Steuerpflichtige erst nach Ablauf des Kalenderjahres zu veranlagen. Auf die persönliche Steuerpflicht und auf die Frage, welche Einkünfte noch vom Erblasser zu versteuern sind, hat die Neuregelung keinen Einfluß.

5. Grundsatz der Individualbesteuerung und Korrespondenzprinzip

a. Begriff „Korrespondenzprinzip"

Der Grundsatz der Individualbesteuerung spricht dagegen, daß die Besteuerung eines Steuerpflichtigen von der eines anderen abhängig gemacht wird. Ebendies geschieht jedoch in den Fällen, für die sich der Begriff „Korrespondenzprinzip" herausgebildet hat[97], wobei zwischen der „interpersonalen" und der „intertemporalen" Korrespondenz[98] unterschieden wird.

LEHNER/WALDHOFF, in: KIRCHHOF/SÖHN, EStG, § 1 Rdnr. B 7 ff.; siehe auch SCHMITT, Übertragung stiller Reserven, 1993, S. 53.

93 RGBl. I 1920, 359 ff.

94 § 42 EStG 1920 lautete:

„Die für ein Rechnungsjahr geschuldete Einkommensteuer ist in vier Raten jeweils in den ersten fünfzehn Tagen der Monate Mai, August, November und Februar zu entrichten.

Diese Verpflichtung wird durch den Tod des Steuerpflichtigen nicht berührt und gehört zu den Nachlaßverbindlichkeiten im Sinne des § 1967 des Bürgerlichen Gesetzbuchs. ..."

95 JStG 1996 v. 11. 10. 95, BStBl. I S. 438.

96 BT-Drs. 13/2100 v. 2. 8. 95; PFLÜGER, in: HERRMANN/ HEUER/RAUPACH, EStG, § 25 Anm. G 3.

97 Vgl. z. B. P. FISCHER, in: KIRCHHOF/SÖHN, EStG, § 22 Rdnr. A 46; LANG, Bemessungsgrundlage, 1981/88, S. 84; LORITZ, Einkommensteuerrecht, 1988, Rdnr. 434; V. REDEN, in: LITTMANN/ BITZ/HELLWIG, EStG, § 22 Rdnr. 18; SÖHN, FR 1996, 81 (91); STUHRMANN, in: BLÜMICH, EStG, § 22 Rdnr 52.

98 GRAMLICH/TREISCH, DB 1997, 2349 ff.; KAISER, Drittaufwand, 1993, S. 130 f.; K. LITTMANN, in: BUNDESMINISTERIUM FÜR ARBEIT UND SOZIALORDNUNG (Hrsg.), Alterssicherungssysteme, 1983, S. 425 (431); SÖHN, StuW 1985, 395 (406); RAUPACH/

Vom interpersonalen Korrespondenzprinzip erfaßt werden Einkommenszuflüsse und -abflüsse bei verschiedenen Steuerpflichtigen in derselben Steuerperiode. Das intertemporale Korrespondenzprinzip betrifft hingegen Vorgänge, bei denen Ausgaben in einer früheren Periode abgeflossen sind und erst in einer späteren Periode zufließen. Intertemporale Übertragungen sind am Leistungsfähigkeitsprinzip zu messen, der Grundsatz der Individualbesteuerung wird aber nicht in Frage gestellt, weil ein und dasselbe Individuum betroffen ist[99].

Nach dem interpersonalen Korrespondenzprinzip sind bestimmte Abzüge nur dann beim verausgabenden Steuerpflichtigen steuermindernd zu berücksichtigen, wenn diese sich bei einem anderen Steuerpflichtigen steuererhöhend ausgewirkt hatten; was der Geber von der Bemessungsgrundlage abziehen darf, muß der Nehmer versteuern (positive[100] Korrespondenz), und umgekehrt darf der Geber nichts abziehen, was der Nehmer steuerfrei erhält[101] (negative Korrespondenz).

b. Anwendungsfälle des Korrespondenzprinzips

Diskutiert wird diese Problematik vor allem im Zusammenhang mit der Besteuerung von Unterhaltszahlungen. Der Gesetzgeber hat mit den §§ 22 Nr. 1 S. 2 und 12 Nr. 2 EStG, §§ 22 Nr. 1a und 10 Abs. 1 Nr. 1 EStG Korrespondenzregelungen getroffen. Eine korrespondierende Besteuerung wäre jedoch auch in vielen anderen Bereichen denkbar, zum Beispiel auch in den Verhältnissen Erblasser – Erbe, Mieter – Vermieter, Darlehensgeber – Darlehensnehmer etc. Anzeichen eines Korrespondenzprinzips finden sich außerdem in § 160 AO (hier wird der steuermindernde Abzug von der Benennung des Gläubigers/Empfängers, also von der

---

SCHENCKING, in: HERRMANN/HEUER/RAUPACH, EStG, § 2 Anm. 63, verwenden in diesem Zusammenhang die Begriffe „sachlich" und „zeitlich" korrespondierende Besteuerung.

99 Zum intertemporalen Korrespondenzprinzip vgl. auch ALBERS, in: NEUMARK (Hrsg.), Handbuch der Finanzwissenschaft II³, 1980, S. 861 (907); ANDEL, in: NEUMARK (Hrsg.), Handbuch der Finanzwissenschaft II³, 1980, S. 331 (338 f.); BIRK, Alterseinkünfte, 1987, S. 23 ff.; DERS., StbKongrRep 1990, 39 (46); FRANZ KLEIN, in: KIRCHHOF/JAKOB/BEERMANN (Hrsg.), OFFERHAUS-Festschrift, 1999, S. 35 (42 f.); WISSENSCHAFTLICHER BEIRAT BEIM BUNDESMINISTERIUM DER FINANZEN, Gutachten, 1967, S. 326 (339).

100 P. FISCHER, in: KIRCHHOF/SÖHN, EStG, § 22 Rdnr. A 45.

101 Diese Ansicht wird von der Rechtsprechung in folgenden Entscheidungen zumindest ansatzweise vertreten: BFH v. 27. 11. 1959 – VI 172/59 U – BStBl. III 1960, 65 (66); BFH v. 27. 9. 1973 – VIII R 71/69, BStBl. II 1974, 101 (102); BFH v. 19. 10. 1978 – VIII R 9/77 – BStBl. II 1979, 133 (134); FG Bad.-Württ. v. 25. 8. 1992 – K 115/90 -, EFG 1993, 81 (82); vgl. auch bereits RFH v. 18. 1. 1928 – VI A 192/27 -, RStBl. 1928, 97 (98); RFH v. 7. 5. 1930 – VI A 827/27, RStBl. 1930, 578.

Möglichkeit einer Besteuerung abhängig gemacht) und in § 14 Abs. 3 UStG (hier reicht die *Möglichkeit eines Mißbrauchs* durch andere aus, um die Steuerpflicht auszulösen).

c. Verstoß gegen den Grundsatz der Individualbesteuerung

Die Gesetzmäßigkeit der Besteuerung verlangt, daß (nur) derjenige besteuert wird, der den steuerlichen Tatbestand erfüllt, §§ 3, 38 AO. Dem Gesetzgeber sind Grenzen gesetzt, welche Sachverhalte er mit einer Steuerpflicht belegen darf. Grundsätzlich zulässig ist es zwar, daß das Verhalten anderer Menschen Einfluß auf die zu erhebende Steuer hat, so z. B. bei der Frage, ob der Arbeitgeber des Steuerpflichtigen den Lohn gezahlt hat, ob der Mieter seine Miete überwiesen hat etc. Ebenso ist nicht zu beanstanden, wenn aus Vereinfachungsgründen eine Steuer an eine andere Steuer anknüpft – sog. Annexsteuern[102] –, wie es beispielsweise bei der Kirchensteuer (§ 1 Abs. 2 Nr. 1 BayKiStG) und beim Solidaritätszuschlag (§ 3 SolZG) geschieht.

Es muß dem Gesetzgeber aber verwehrt sein, bei der Ermittlung der Besteuerungsgrundlagen auf die Besteuerung eines *anderen Steuersubjekts* zurückzugreifen. Eine derartige Verflechtung mehrerer Steuersubjekte untereinander steht nicht mit dem Prinzip der Individualbesteuerung im Einklang, weil hiernach Bemessungsgrundlage und Tarif auf die einzelne Person zu radizieren sind[103].

Ferner gibt es kein Recht des Fiskus, einen bestimmten Sachverhalt oder eine Einkunftsquelle lückenlos und unabhängig vom Steuersubjekt zu besteuern[104]. CHARLIER weist zu Recht auf die Gefahren dieser Betrachtungsweise hin:

> „Ein solcher Grundsatz würde zur Folge haben, daß aus dem öffentlich-rechtlichen Steuerschuldverhältnis zwischen dem Fiskus und dem einzelnen Stpfl. ein globales Gesamtschuldverhältnis aller Steuerbürger gegenüber dem Staat entstünde ..."[105]

Werden bestimmte Beträge entgegen der finanziellen Leistungsfähigkeit nicht bei demjenigen erfaßt, der leistungsfähig ist, sondern bei einem anderen Steuerpflichtigen, so liegt darin nicht eine insgesamt zulässige Behandlung des Vor-

---

102 KIRCHHOF, in: KIRCHHOF/SÖHN, EStG, § 2 Rdnr. A 22; TIPKE/LANG, Steuerrecht[16], 1998, § 8 Rz. 36.

103 PEZZER, in: FÜRST/HERZOG/UMBACH (Hrsg.), ZEIDLER-Festschrift, 1987, S. 757 (766); TIPKE, Steuergerechtigkeit, 1981, S. 86.

104 So auch BIRK, StbKongrRep 1990, 39 (46).

105 CHARLIER, StbJb 1966/67, 279 (288).

gangs, sondern ein doppelter Verstoß gegen den verfassungsrechtlich verankerten Grundsatz der Besteuerung nach der individuellen Leistungsfähigkeit[106]. Eine Besteuerung über das nach dem Leistungsfähigkeitsprinzip Geschuldete hinaus greift nämlich ungerechtfertigterweise in subjektive Rechte des Steuerpflichtigen ein. Diese Rechtsverletzung kann nicht dadurch ausgeglichen werden, daß einem anderen Steuerpflichtigen Vorteile gewährt werden, die nach dem Leistungsfähigkeitsprinzip nicht gerechtfertigt sind.

Das Argument, ohne korrespondierende Besteuerung ergäben sich ungerechtfertigte Steuerlücken, rechtfertigt nicht den Verstoß gegen verfassungsimmanente Prinzipien des Steuerrechts. Falls tatsächlich Steuerlüc??ken bestehen, ist es Aufgabe des Gesetzgebers, sie auf eine Weise zu schließen, die eine Besteuerung nach der individuellen Leistungsfähigkeit gewährleistet.

d. Ergebnis

Ob die Voraussetzungen einer Besteuerung bei einem Steuerpflichtigen gegeben sind, darf nicht davon abhängig gemacht werden, wie die Beurteilung eines anderen Steuersubjekts ausfällt[107]. Sowohl Geber als auch Nehmer sind allein auf ihre gesteigerte oder verminderte Leistungsfähigkeit hin zu überprüfen. Das interpersonale Korrespondenzprinzip verletzt den Grundsatz der Individualbesteuerung[108]. Unabhängig von der Frage, ob die positiven Regelungen des Einkommensteuergesetzes bereits den Grundstein für ein Korrespondenzprinzip als ungeschriebenen Grundsatz des Einkommensteuerrechts gelegt haben[109], ist eine korrespondierende Besteuerung daher abzulehnen[110].

---

106 KAISER, Drittaufwand, 1993, S. 134; SÖHN, StuW 1985, 395 (406); DERS., in: KIRCHHOF/OFFERHAUS/SCHÖBERLE (Hrsg.), KLEIN-Festschrift, 1994, S. 421 (433); DERS., Fin. Arch. N. F. Bd. 51 (1994), 372 (385); ähnlich: VOLLMER, Ehegattensplitting, 1998, S. 63.

107 P. FISCHER, in: KIRCHHOF/SÖHN, EStG, § 22 Rdnr. A 46; TIPKE, Steuergerechtigkeit, 1981, S. 86.

108 TIPKE/LANG, Steuerrecht[16], 1998, § 9 Rz. 24.

109 Diese Frage behandeln GRAMLICH/TREISCH, DB 1997, 2349 ff. ausführlich; s. auch ARNDT, in: KIRCHHOF/SÖHN, EStG, § 2 Rdnr. A 17; DRENSECK, in: SCHMIDT, EStG[19], 2000, § 12 Rdnr. 29; RAUPACH/SCHENCKING, in: HERRMANN/HEUER/RAUPACH, EStG, § 2 Anm. 63.

110 So auch CHARLIER, StbJb 1966/67, 279 (288); P. FISCHER, in: KIRCHHOF/SÖHN, EStG, § 22 Rdnr. A 46; KAISER, Drittaufwand, 1993, S. 134; KIRCHHOF, in: KIRCHHOF/SÖHN, EStG, § 2 Rdnr. A 189; LANG, Bemessungsgrundlage, 1981/88, S. 84; LORITZ, Einkommensteuerrecht, 1988, Rdnr. 434; v. REDEN, in: LITTMANN/ BITZ/HELLWIG, EStG, § 22 Rdnr. 18; SÖHN, StuW 1985, 395 (407); DERS., FR 1996, 81 (91); DERS., in: LANG (Hrsg.), TIPKE-Festschrift, 1995, S. 343 (357 ff.); STUHRMANN, in: BLÜMICH, EStG, § 22

IV. Einzelne Ausprägungen des Grundsatzes der Individualbesteuerung

1. Familienbesteuerung

a. Ausgangslage

Die Besteuerung der Ehegatten und Familien[111] ist ein klassisches Problemfeld, in dem sich die Frage stellt, ob die Einzelperson oder eine Personenmehrheit (nämlich die Gemeinschaft der Ehegatten oder die Familie als Ganzes) als grundlegende Besteuerungseinheit gewählt werden muß. Kaum ein Gebiet des Einkommensteuerrechts ist so umfangreich diskutiert worden wie die Familienbesteuerung[112]. Nicht nur verschiedene Auffassungen von Steuergerechtigkeit,

---

Rdnr. 52; TIPKE, Steuergerechtigkeit, 1981, S. 86; DERS., StuW 1990, 1 (8); DERS., StuW 1990, 281 (291); TIPKE/LANG, Steuerrecht[16], 1998, § 9 Rz. 24.

111 Mit Ehegatten sind hier nur Ehepaare gemeint, die eine zivilrechtlich wirksamen Ehe geschlossen haben, unter „Familien" werden hier Ehegatten mit einem oder mehreren Kindern verstanden (also ohne die sog. „Halbfamilie").

112 Aus der **Rechtsprechung** vgl. insbesondere die jüngeren Entscheidungen des Bundesverfassungsgerichts: BVerfG v. 10. 11. 98 - 2 BvR 1057/91, 1226/91 u. 980/91 -, BVerfGE 99, 216 ff.; BVerfG v. 10. 11. 98 - 2 BvL 42/93 -, BVerfGE 99, 246 ff.; richtungsweisende frühere Urteile: BVerfG v. 17. 1. 57 - 1 BvL 4/54 -, BVerfGE 6, 55; v. 30. 6. 64 - 1 BvL 16-25/62 -, BVerfGE 18, 97; v. 3. 11. 82 - 1 BvR 620/78, 1335/78, 1104/79 und 363/80 -, BVerfGE 61, 319; v. 29. 5. 90 - 1 BvL 20, 26, 184 und 4/86 -, BVerfGE 82, 60; v. 25. 9. 92 - 2 BvL 5, 8, 14/91 -, BVerfGE 87, 153.

Aus der **Literatur** vgl. ARNDT/SCHUMACHER, AöR 118 (1993), 513 ff.; BAREIS, DStR 1991, 1399 ff., 1434 ff.; DERS., StuW 1991, 38 ff.; DERS., StuW 2000, 81 ff.; BAREIS/ALLMENDINGER/SELG, in: HMFAS (Hrsg.), Aspekte III, 1998, BECKER, Individualbesteuerung, 1970; BUCHHOLZ, StuW 1986, 64 ff.; BUNDESMINISTERIUM DER FINANZEN, Denkschrift, BT-Drs. 2/1866 (1955); CHARLIER, StbJb 1979/80, S. 479 ff.; DZIADKOWSKI, BB 1981, Beilage 9; DERS., BB 1991, 805-820; FIEDLER, Haushaltsbesteuerung, 1950; FITSCH, Stbg 1982, 200 ff.; GRÖNERT, DStZ 1998, 895 ff.; HACKMANN, Fin. Arch. N. F. Bd. 31 (1972/73), 495 ff.; HEUERMANN, BB 1999, 660 ff.; HOMBURG, StuW 2000, 261 ff.; JANSSEN, DStZ 1991, S. 13 ff.; KIRCHHOF, Essener Gespräche, 1986, S. 117 ff.; DERS., Juristentag-Gutachten, 1988, S. F 68 ff.; DERS., NJW 2000, 2792 ff.; FRANZ KLEIN, in: FÜRST/HERZOG/UMBACH (Hrsg.), ZEIDLER-Festschrift, 1987, S. 773 ff.; DERS., DStZ 1997, 105 ff.; FRIEDRICH KLEIN, Fin. Arch. N. F. Bd. 18 (57/58), 236 ff.; DERS., DöV 1975, 568 ff.; KOHLSCHÜTTER, Haushaltsbesteuerung, 1938; KREY, Haushaltsbesteuerung, 1957; KULLMER, Ehegattenbesteuerung, 1960; LANG, Bemessungsgrundlage, 1981/88, S. 620 ff.; DERS., StuW 1983, 103 ff.; DERS., in: KIRCHHOF/OFFERHAUS/SCHÖBERLE (Hrsg.), KLEIN-Festschrift, 1994, S. 437 ff.; LIETMEYER, DStZ 1998, 849 ff.; LINGEMANN, Familienbesteuerung, 1994; K. LITTMANN, Fin. Arch. N. F. 27 (1968), 174 ff.; MATTHÄUS-MAIER, ZRP 1988, 252 ff.; MENNEL, Juristentag-Gutachten, 1974; MODEREGGER, Familienschutz, 1991; E. M. V. MÜNCH, in: BENDA/MAIHOFER/VOGEL (Hrsg.), HbVerfR[2], 1994, S. 293 ff.; V. OBSTFELDER, Individualbesteuerung, 1976; PAUS, Inf 1999, 44 ff.; PEZZER, in: FÜRST/HERZOG/UMBACH sondern auch völlig unterschiedliche gesellschaftspolitische Anschauungen treffen hier aufeinander. Die Diskussion hat dadurch streckenweise emotionale Züge bekommen[113].

Im Rahmen dieser Arbeit kann nicht die gesamte Debatte über die Ehegatten- / Familienbesteuerung von neuem geführt werden. Es soll daher ein Teilbereich dieser Problematik diskutiert werden: Untersucht wird nur, ob die derzeitige Rechtslage (Zusammenveranlagung der Ehegatten; Splitting-Verfahren; Kinderfreibeträge/Kindergeld) de lege lata mit dem Grundsatz der Individualbesteuerung vereinbar ist.

b. Entwicklung

Ein historischer Rückblick[114] zeigt, daß die Behandlung der Familien im Einkommensteuerrecht eine immer individueller werdende Tendenz aufweist[115].
Die Preußischen Klassensteuergesetze vom 1. Mai 1851[116] und vom 25. Mai 1873[117] sahen noch den gesamten Haushalt als grundlegende Besteuerungseinheit

---

(Hrsg.), ZEIDLER-Festschrift, 1987, S. 757 ff.; POHMER, Fin. Arch. N. F. 27 (1968), 139 ff.; DERS., StuW 1958, 27 ff.; RIEGER, Widrigkeiten, 1992; SACKSOFSKY, NJW 2000, 1896 ff.; SCHERF, StuW 2000, 269 ff.; SCHLEE, Transferzahlungen, 1994, insb. S. 143 ff.; SEER/WENDT, NJW 2000, 1904 ff.; SIEGEL/SCHNEIDER, DStR 1994, 597 ff.; SÖHN, in: KIRCHHOF/OFFERHAUS/SCHÖBERLE (Hrsg.), KLEIN-Festschrift, 1994, S. 421 ff.; DERS., Fin. Arch. N. F. 51 (1994), 372 ff.; DERS., in: LÜDEKE/SCHERF/STEDEN (Hrsg.), OBERHAUSER-Festschrift, 2000, 413 ff.; DERS., in: KIRCHHOF u. a. (Hrsg.), VOGEL-Festschrift, 2000, S. 639 ff.; STÖCKER, BB 1999, 234 ff.; THIEDE, Ehegattenbesteuerung, 1999; TIPKE, Steuerrechtsordnung I², 2000, S. 366 ff.; TIPKE/LANG, StuW 1984, 127 ff.; VOGEL, DStZ/A 1975, 409 ff.; DERS., DStR 1977, 31 ff.; DERS., StuW 1999, S. 201 ff.; DERS., in: KIRCHHOF/JAKOB/BEERMANN (Hrsg.), OFFERHAUS-Festschrift, 1999, S. 47 ff.; VOLLMER, Ehegattensplitting, 1998; VORWOLD, FR 1992, 789 ff.; WÄTZIG, DB 1982, 1839 ff.; WATERKAMP, Ehegattenveranlagung, 1993; DIES., StuW 1994, 312 ff.; R. WENDT, in: LANG (Hrsg.), TIPKE-Festschrift, 1995, S. 47 ff.; WOLKERSDORF, Fin. Arch. N. F. Bd. 18 (1957/58), 82 ff.; WOSNITZA, StuW 1996, 123 ff.; ZEIDLER, StuW 1985, 1 ff.; DERS., in: BENDA/MAIHOFER/VOGEL (Hrsg.), HbVerfR¹, 1983, S. 556 ff.

113 LANG, Bemessungsgrundlage, 1981/88, S. 628.

114 Zur Geschichte der Familienbesteuerung siehe BECKER, Individualbesteuerung, 1970, S. 29 ff., KOHLSCHÜTTER, Haushaltsbesteuerung, 1938, S. 12 ff.; KULLMER, Ehegattenbesteuerung, 1960, S. 7 ff.; LEHNER/WALDHOFF, in: KIRCHHOF/SÖHN, EStG, § 1 Rdnr. A 627; THIEDE, Ehegattenbesteuerung, 1999, S. 17 ff.; WATERKAMP, Ehegattenveranlagung, 1992, S. 4 ff.

115 LEHNER/WALDHOFF, in: KIRCHHOF/SÖHN, EStG, § 1 Rdnr. A 90, 627.

116 Gesetz „betreffend die Einführung einer Klassen- und klassifizirten Einkommensteuer", vom 1. Mai 1851, PrGS S. 193 ff.

an[118]. STRUTZ nannte diese Art der Besteuerung eine „Familienbesteuerung in der Person des Familien(Haushaltungs)vorstandes"[119]. Gründe hierfür waren die Verwaltungsvereinfachung und das Bestreben, ein zu starkes Eindringen in die Privatsphäre der Familie bei der Steuererhebung zu vermeiden[120].

Die Preußischen Einkommensteuergesetze vom 24. Juni 1891[121] (EStG 1891) und vom 19. Juni 1906[122] (EStG 1906) erklärten sowohl Ehefrauen als auch Kinder für subjektiv steuerpflichtig[123]. Das Einkommen der Ehefrau und der Kinder wurde jedoch immer noch dem Ehemann zugerechnet, falls die Eheleute nicht getrennt lebten oder die Kinder Einkünfte aus eigener Erwerbstätigkeit hatten. Während das EStG 1891 noch die Formulierung „Angehörige der Haushaltung" enthält[124], erwähnt das EStG 1906 den Begriff der Haushaltung nicht mehr[125].

---

117 Gesetz wegen Abänderung des Gesetzes vom 1. Mai 1851, betreffend die Einführung einer Klassen- und klassifizirten Einkommensteuer, vom 25. Mai 1873, PrGS S. 213 ff.

118 § 8 der Gesetze lautete:

a) Die Hebung geschieht in der Regel nach Haushaltungen;

b) zur Haushaltung gehört der Hausherr, oder, wenn Frauen selbständig eine Wirtschaft führen, die Hausfrau mit ihren Angehörigen, denen sie Wohnung und Unterhalt geben;

c) Personen, die mit Gehalt oder Lohn zu Dienstleistungen angenommen sind, sowie Kostgänger werden nicht zu den Angehörigen einer Haushaltung gezählt;

d) Steuerpflichtige, welche weder einer besteuerten Haushaltung angehören, noch eine eigene Haushaltung führen, zahlen den vollen Steuersatz ihrer Steuerstufe.

119 FUISTING/STRUTZ, § 10 EStG 1906, Anm. 2 (S. 458).

120 BECKER, Individualbesteuerung, 1970, S. 45; diese Motivation wird ersichtlich aus § 22 des Gesetzes v. 1. Mai 1851: „Zugleich hat der Vorsitzende über die Besitz-, Vermögens-, Erwerbs- und sonstigen Einkommensverhältnisse der Steuerpflichtigen, soweit dies ohne tieferes Eindringen in die ersteren geschehen kann, möglichst vollständige Nachrichten einzuziehen; ..."

121 PrGS S. 175.

122 PrGS S. 259.

123 § 1 EStG 1891 lautete: „Einkommensteuerpflichtig sind: 1) Die Preußischen Staatsangehörigen, mit Ausnahme ..."; vgl. dazu auch FUISTING/STRUTZ, § 1 EStG 1906, Anm. 6.

124 § 11 EStG 1891: „Behufs der Steuerveranlagung ist dem Einkommen des Haushaltungsvorstandes das Einkommen der Angehörigen der Haushaltung zuzurechnen.

Personen, welche mit Gehalt oder Lohn zu Dienstleistungen angenommen sind, sowie Kostgänger, Untermiether und Schlafstellenmiether werden nicht zu den Angehörigen einer Haushaltung gezählt.

Selbständig zu veranlagen sind:

1. Ehefrauen, wenn sie dauernd von dem Ehemanne getrennt leben;

STRUTZ stellte hierzu fest: „Mit dieser neuen Fassung ist der alte steuerliche Haushaltungsbegriff völlig aufgegeben; es gibt keine besteuerte Haushaltung mehr."[126] In der Tat leitete das EStG 1906 zumindest dem Wortlaut nach den Wandel von der Haushalts- zur Ehegattenbesteuerung ein[127].

In den Einkommensteuergesetzen der Jahre 1920 bis 1951 änderte sich die Terminologie geringfügig[128], in der Sache blieb es jedoch dabei, daß Ehegatten zusammen veranlagt wurden. Hierzu wurde das Einkommen beider Ehegatten zusammengerechnet; auf dieses Gesamteinkommen wurde sodann der auch für Unverheiratete geltende Tarif angewandt. Welche Einkünfte der Frau von dieser Regelung ausgenommen waren, hing von der jeweiligen politischen Situation ab: Während sich im Jahre 1934 noch das nationalsozialistische Wunschbild der nichterwerbstätigen Ehefrau im Einkommensteuergesetz niederschlug (alle Einkünfte der Ehegatten wurden in § 26 Abs. 2 EStG 1934[129] zusammengefaßt), war der Staat im Kriegsjahr 1941 auf die Unterstützung durch erwerbstätige Frauen angewiesen. Der Gesetzgeber honorierte den Einsatz der Ehefrau dadurch, daß er

---

2. Kinder und deren Angehörige der Haushaltung, wenn sie ein der Verfügung des Haushaltungsvorstandes nicht unterliegendes Einkommen aus eigenem Erwerb - mit Ausschluß der Beihülfe in dem Geschäft des Haushaltungsvorstandes - oder aus anderen Quellen beziehen."

125 § 10 EStG 1906:

„Dem Einkommen eines nach § 1 Nr. 1 bis 3 Steuerpflichtigen wird das in Preußen steuerpflichtige Einkommen seiner Ehefrau hinzugerechnet.

Selbständig werden Ehefrauen nur veranlagt, wenn sie dauernd von dem Ehemanne getrennt leben, oder ihre Steuerpflicht nur nach § 2 begründet ist."

126 FUISTING/STRUTZ, § 10 EStG 1906, Anm. 2, S. 458.

127 Laut BECKER, Individualbesteuerung, 1970, S. 51, fand der inhaltliche Wandel dagegen bereits im EStG 1891 statt.

128 Nach § 16 EStG 1920 (RGBl. S. 359) wird nicht mehr das Einkommen der Ehefrau dem des Mannes „hinzugerechnet", sondern es wird das Einkommen beider „zusammengerechnet". Diese gleichberechtigte Formulierung entspricht der damaligen Bestreben, die Frau mit gleichen staatsbürgerlichen Rechten auszustatten wie den Mann; das Wahlrecht für Frauen wurde ebenfalls zu dieser Zeit (im Jahre 1919) eingeführt.

129 Einkommensteuergesetz vom 16. Oktober 1934; RGBl I S. 1005; § 26 Abs. 2 EStG 1934 lautete:

„(1) Ehegatten werden zusammen veranlagt, solange beide unbeschränkt steuerpflichtig sind und nicht dauernd getrennt leben.

(2) Bei der Zusammenveranlagung sind die Einkünfte der Ehegatten zusammenzurechnen."

mit § 19 EStDV 1941[130] ihre Einkünfte aus nichtselbständiger Arbeit aus der gemeinsamen Veranlagung herausnahm.

In der Entscheidung vom 17. Januar 1957 erklärte das Bundesverfassungsgericht diese Rechtslage für verfassungswidrig[131]. Durch den progressiven Tarif würden – bei gleichem Einkommen – Ehegatten stärker belastet als Unverheiratete. Auch die sogenannte Haushaltsersparnis (auch Synergieeffekt genannt), also der finanziellen Vorteil, den Ehegatten durch ihre gemeinsame Haushaltsführung erzielen können, rechtfertige nicht die höhere Belastung. Das Bundesverfassungsgericht sah daher in § 26 EStG 1951 einen Verstoß gegen Art. 6 GG.

Bei der Neuregelung der Ehegattenbesteuerung wurde – als Reaktion auf die Entscheidung des Bundesverfassungsgerichts[132] – das Splitting-Verfahren für Ehegatten eingeführt[133]. Nach der Splitting-Methode wird das Einkommen der zusammen veranlagten Ehegatten zusammengerechnet. Die zu zahlende Steuer bemißt sich nach dem Doppelten des Betrages, der nach dem Einzeltarif für die Hälfte der Gesamtsumme zu zahlen wäre (§ 32 a Abs. 5 EStG).

Auf diese Weise wird jedem Ehegatten genau die Hälfte des Gesamteinkommens „zugerechnet“. Der progressive Tarif führt dazu, daß Ehegatten mit unterschiedlich hohen Einkünften weniger Steuern zahlen, als wenn jeder seine eigenen Einkünfte individuell versteuern müßte. Die Ehegatten können sich auch für eine getrennte Veranlagung entscheiden, § 26 Abs. 1 S. 1 EStG. Der Splittingtarif ist aber an eine gemeinsame Veranlagung geknüpft.

---

130 Einkommensteuer-Durchführungsverordnung vom 7. Dezember 1941; RGBl. I S. 751;

§ 19 Abs. 1 EStDV 1941: „Es kommt vor, daß eine Ehefrau Einkünfte aus nichtselbständiger Arbeit in einem dem Ehemann fremden Betrieb bezieht. Solche Einkünfte scheiden bei der Zusammenveranlagung aus.”

131 BVerfG v. 17. 1. 57 - 1 BvL 4/54 -, BVerfGE 6, 55 ff.; das Urteil hat in der Literatur eine umfangreiche Diskussion über die Individualbesteuerung bzw. Haushaltsbesteuerung ausgelöst, vgl. z. B. ALBERS, Fin. Arch. N. F. Bd. 18 (1957/58), 423 ff.; DEBATIN/VOGEL, StuW 1957, Sp. 409 ff.; H. EHLERS, StuW 1957, Sp. 413 ff.; FRIEDLAENDER, JR 1961, 91 ff.; HUBEL, StuW 1957, Sp. 401 ff.; FRIEDRICH KLEIN, Fin. Arch. N. F. Bd. 18 (1957/58), S. 236 ff.; DERS., DöV 1975, S. 568 ff.; POHMER, StuW 1958, 27 ff.; SPITALER, BB 1957, 268 ff.; WEISENSEE, JR 1961, S. 85 ff.

132 Das Bundesverfassungsgericht hatte die Einführung des Splittings zwar nicht ausdrücklich vorgeschrieben, aber bereits angedeutet, daß diese Form der Besteuerung verfassungsrechtlich nicht zu beanstanden sei, vgl. BVerfG v. 17. 1. 57 - 1 BvL 4/54 -, BVerfGE 6, 55 (76 f.).

133 Gesetz zur Änderung steuerlicher Vorschriften auf dem Gebiet der Steuern vom Einkommen und Ertrag und des Verfahrensrechts vom 18. 7. 1958, BGBl. I S. 473.

Auch die Zusammenveranlagung von Eltern und Kindern, die § 27 der Einkommensteuergesetze bis 1958[134] vorschrieb, verstieß nach einer Entscheidung des Bundesverfassungsgerichts vom 30. Juni 1964[135] gegen das Grundgesetz. Dieses Datum kann daher als endgültiger „Todestag"[136] der Haushaltsbesteuerung angesehen werden.

c. Individualbesteuerung bei Ehegatten

aa. Formelle und materielle Auswirkungen der Zusammenveranlagung

Zusammenveranlagung heißt, daß die Ehegatten zur Erhebung der Steuer zusammengefaßt werden (§ 26 b EStG). Dies hat zunächst nur verfahrenstechnische Auswirkungen (zur gesamtschuldnerischen Haftung vgl. § 44 Abs. 1 S. 1 AO). Der Splitting-Tarif ist aber nach dem geltenden Recht untrennbar verbunden mit der Zusammenveranlagung (§ 32 a Abs. 5 EStG), so daß die Verfahrensnorm indirekt auch Einfluß hat auf das materielle Einkommensteuerrecht, nämlich auf die Frage, in welcher Höhe die Steuer festzusetzen ist[137]. Die folgenden Ausführungen beziehen sich nur auf die materiellrechtliche Wirkung des Splitting, nicht auf verfahrenstechnische Fragen der Zusammenveranlagung[138].

---

134 § 27 EStG 1958 (BGBl. I 1958, 673) lautete:

„(1) Der Steuerpflichtige und seine Kinder, für die ihm Kinderfreibeträge nach § 32 Abs. 2 Ziff. 1 zustehen, werden zusammen veranlagt, solange er und die Kinder unbeschränkt steuerpflichtig sind.

(2) Bei der Zusammenveranlagung sind die Einkünfte des Steuerpflichtigen und der Kinder zusammenzurechnen.

(3) Einkünfte der Kinder aus nicht selbständiger Arbeit (§ 2 Abs. 3 Ziff. 4 scheiden bei der Zusammenveranlagung aus.

..."

135 BVerfG v. 30. 6. 64 - 1 BvL 16-25/62 -, BVerfGE 18, 97.

136 CHARLIER, StbJb 1979/80, 479 (487 f.).

137 BFH v. 24. 5. 1985 – VI R 204/82 – BStBl. II 1985, 583 (584); § 32 a Abs. 5 EStG ist - entgegen seiner Stellung in der Systematik des Gesetzes - nicht nur Tarifnorm, sondern „Teilnorm" der Bemessungsgrundlage, vgl. LANG, Bemessungsgrundlage, 1981/88, S. 626.

138 Theoretisch könnte sowohl bei der Zusammenveranlagung eine Individualbesteuerung als auch bei der Einzelveranlagung eine Kollektivbesteuerung durchgeführt werden. Diese zweite Möglichkeit stellt jedoch die Finanzverwaltung vor Probleme bei der Ermittlung der Besteuerungsgrundlagen und bietet Möglichkeiten, die Steuer zu umgehen. Sie ist daher für die Verwaltungspraxis ungeeignet.

bb. Verletzung des Grundsatzes der Individualbesteuerung?

Der Grundsatz der Individualbesteuerung gebietet es, jede natürliche Person als eigene Besteuerungseinheit anzusehen. Nach der derzeitigen Rechtslage wird hingegen fingiert, daß die Ehegatten im Fall der Zusammenveranlagung auf der für die Höhe der Steuer maßgebenden Ebene im Steuertatbestand nur ein einziges Steuersubjekt bilden[139].

Zwar ist immer noch jeder Ehepartner für sich subjektiv steuerpflichtig[140]. Die Einkünfte werden zunächst jedem einzelnen Ehegatten, der den einkommensteuerlichen Tatbestand verwirklicht, nach den allgemeinen Regeln zugerechnet[141]. Bei der Anwendung des Tarifs (vgl. § 32 a Abs. 5 S. 1 EStG) wird aber das zu versteuernden Einkommen beider Ehegatten zusammengerechnet. Der Einkommensteuertarif knüpft nicht an die individuellen Besteuerungsgrundlagen des einzelnen Steuerpflichtigen an, sondern nimmt die Besteuerungsgrundlagen der Ehegattengemeinschaft zur Basis, um sodann jedem Ehegatten die Hälfte der gemeinschaftlichen wirtschaftlichen Leistungsfähigkeit „zuzurechnen".

Nach dem Grundsatz der Individualbesteuerung muß jeder gemäß seinen *tatsächlich* festgestellten Besteuerungsgrundlagen besteuert werden. Die Annahme, daß jeder Ehegatte genau gleich leistungsfähig ist – und daß ihm deswegen die Hälfte des gemeinsamen Einkommens „zugerechnet" werden muß –, ist hingegen eine Fiktion[142]. Diese Fiktion mag gerechtfertigt sein (etwa als pauschalierende Berücksichtigung der Unterhaltspflichten[143]); das ändert jedoch nichts daran, daß das Ergebnis nicht auf individuell festgestellten Besteuerungsgrundlagen beruht, sondern auf einem abstrakt und im voraus festgelegten Anteil an einer Besteuerungsgemeinschaft, nämlich der Ehegattengemeinschaft. Nach dem Grundsatz der Individualbesteuerung ist es aber nicht nur unzulässig, daß eine Gemeinschaft als solche besteuert wird (z. B. die Ehegattengemeinschaft, die Familie), sondern auch, daß bei der Besteuerung des Individuums die Besteuerungsgrundlagen nach einem im voraus festgelegten Verteilungsmaßstab aus einer kollektiven Bemessungsgrundlage (gemeinsames Einkommen der Ehegatten) abgeleitet werden. Selbst wenn nach der hälftigen „Zurechnung" auf der Tarifebene die Steuer wie-

---

139 LEHNER/WALDHOFF, in: KIRCHHOF/SÖHN, EStG, § 1 Rdnr. A 94.

140 Vgl. LANG, Bemessungsgrundlage, 1981/88, S. 624, 626; TIPKE, Steuerrechtsordnung II, 1993, S. 590.

141 LEHNER/WALDHOFF, in: KIRCHHOF/SÖHN, EStG, § 1 Rdnr. A 94.

142 JAKOB, Steuern I, 1980, S. 178.

143 S. unten B IV 1 c cc bbb (B).

derum nur von jedem einzelnen Ehegatten geschuldet wird[144], stellt ein solches Verfahren keine Individualbesteuerung dar. Das Ehegattensplitting steht mit dem Grundsatz der Individualbesteuerung daher nicht im Einklang[145].

cc. Rechtfertigung der Zusammenveranlagung

aaa. Möglichkeit der Rechtfertigung

Das Ehegattensplitting läßt sich jedoch nicht mit der einfachen Feststellung, daß keine Individualbesteuerung stattfindet, ablehnen. Es muß vielmehr geprüft werden, ob wichtige steuerrechtliche oder auch verfassungsrechtliche Gründe möglicherweise den Verstoß gegen den Individualbesteuerungsgrundsatz rechtfertigen können oder gar ausschließen.

bbb. Rechtfertigung durch das Leistungsfähigkeitsprinzip

(A) Erwerbs- und Verbrauchsgemeinschaft?

Bei der Einführung des Ehegattensplittings wollte der Gesetzgeber die Besteuerung nach der individuellen Leistungsfähigkeit nicht aufheben[146]. Die Zusammenfassung der Ehegatten zu einer Besteuerungsgemeinschaft ist zu rechtfertigen, wenn nur auf diese Weise sichergestellt werden kann, daß die jeweilige Steuerlast auch der wirtschaftlichen Leistungsfähigkeit der beiden Ehegatten entspricht. Hierfür wird oft die „Erwerbs- und Verbrauchsgemeinschaft“[147] der Ehegatten angeführt: In einer Ehe partizipierten beide Partner gleichermaßen an dem Einkommen und seiner Verwendung, so daß eine genaue Zuordnung von Einnahmen und Ausgaben zu einem der beiden Partner nicht möglich sei.

---

144 Es besteht zwar eine gesamtschuldnerische Haftung (§ 44 AO); jeder Ehegatte kann aber die Teilung der Schuld gemäß §§ 268 ff. AO beantragen; vgl. hierzu THIEDE, Ehegattenbesteuerung, 1999, S. 63.

145 Insofern gl. A. SACKSOFSKY, NJW 2000, 1896 (1897); **a. A.** BALKE, FR 1982, 449; LANG, Bemessungsgrundlage, 1981/88, S. 627; SÖHN, in: LÜDEKE/SCHERF/STEDEN (Hrsg.), OBERHAUSER-Festschrift, 2000, S. 413 (430).

146 Begründung des Regierungsentwurfs des Steueränderungsgesetzes 1958 v. 7. 3. 1958, BT-Drs. 3/260, S. 34.

147 Gesetzesbegründung, BT-Drs. 3/260, S. 34; BVerfG v. 3. 11. 82 – 1 BvR 620/78, 1335/78, 1104/79 u. 363/80 -, BVerfGE 61, 319 (345 f.); Gutachten der Steuerreformkommission 1971, Tz II 554 ff.; KIRCHHOF, NJW 2000, 2792 (2794); LANG, StuW 1983, 103 (113); DERS., Bemessungsgrundlage, 1981/88, S. 627 ff; LINGEMANN, Familienbesteuerung, 1994, S. 170; R. WENDT, DöV 1988, 710 (721); DERS., in: LANG (Hrsg.), TIPKE-Festschrift, 1995, S. 47 (63).

(B) Einnahmenseite: „Erwerbsgemeinschaft"

(I) Leistungsfähigkeitstransfer zwischen Ehegatten

Kernproblem ist die Frage, ob die hälftige „Zurechnung"[148] der Einkünfte tatsächlich einer hälftigen wirtschaftlichen Leistungsfähigkeit entspricht, ob also zwischen Eheleuten ein Transfer von Leistungsfähigkeit stattfindet, der zu einer gleichmäßigen Verteilung der wirtschaftlichen Leistungsfähigkeit führt[149]. Die Rechtfertigung einer hälftigen Zurechnung erscheint leichter, wenn die Ehegatten die Gütergemeinschaft vereinbart haben[150]. Hier ist die Erwerbsgemeinschaft vom Zivilrecht bereits vorgezeichnet[151]. Anders jedoch bei der Zugewinngemeinschaft oder im Fall der Gütertrennung: Daß hier eine Erwerbsgemeinschaft existiert, wird von manchen Autoren bestritten[152]. Wie auch bei der Gütertrennung bleiben bei der Zugewinngemeinschaft die Vermögensmassen getrennt (§ 1363 Abs. 2 BGB); neu hinzuerworbenes Vermögen steht dem Ehegatten zu, der die Einkünfte erzielt hat. Hier stellt sich die Frage, ob trotz des Zuflusses bei nur einem Ehegatten ein Leistungsfähigkeitstransfer zwischen den Ehegatten stattfindet, der eine hälftige Zurechnung rechtfertigt.

(II) Zivilrechtliche Verpflichtungen

Bei finanziellen Leistungen des einkünfteerzielenden an den einkommensschwachen oder einkommenslosen Ehepartner muß unterschieden werden zwischen „freiwilligen" und „unfreiwilligen" Leistungen[153]: Das Zivilrecht knüpft an den wirksamen Eheschluß je nach Güterstand zahlreiche finanzielle Verpflichtungen, nämlich den Familienunterhalt (§ 1360 BGB), den Getrenntlebendenunterhalt (§ 1361 BGB), den Zugewinnausgleich (§§ 1371 ff. BGB) und den Versorgungs-

[148] Gemeint ist hier und im folgenden nicht die Einkünftezurechnung im technischen Sinne, sondern die gleichmäßige Aufteilung der Summe der Einkünfte auf die beiden Ehegatten.

[149] KIRCHHOF, Juristentag-Gutachten, 1988, S. F 69: „Leistungsfähigkeitsgemeinschaft" der Ehegatten; vgl. dazu auch HACKMANN, Fin. Arch. N. F. Bd. 31 (1972/73), 495 (506); LANG, Bemessungsgrundlage, 1981/88, S. 626 ff.; POHMER, Fin. Arch. N. F. Bd. 27 (1968), 139 (164 f.).

[150] Vgl. etwa LANG, Bemessungsgrundlage, 1981/1988, S. 628; THIEDE, Ehegattenbesteuerung, 1999, S. 66; TIPKE, Steuerrechtsordnung I[1], 1993, S. 397.

[151] TIPKE, Steuerrechtsordnung I[2], 2000, S. 377.

[152] Vgl. z. B. HACKMANN, Fin. Arch. N. F. Bd. 31 (1972/73), 495 (507); SACKSOFSKY, NJW 2000, S. 1896 (1900); VOLLMER, Ehegattensplitting, 1998, S. 88; HOMBURG, StuW 2000, 261 (265) hält zumindest im Einkommensteuerrecht eine Anknüpfung an den eherechtlichen Güterstand verfehlt, weil hier nicht das Einkommen, sondern das bereits bestehende Vermögen betroffen sei.

[153] S. hierzu auch LINGEMANN, Familienbesteuerung, 1994, S. 155 ff.

ausgleich (§§ 1587 ff. BGB). Diese zivilrechtlichen Verpflichtungen kann das Steuerrecht – im Gegensatz zu freiwilligen Zahlungen[154] – nicht unberücksichtigt lassen[155]. Das Leistungsfähigkeitsprinzip setzt voraus, daß das für den Steuerpflichtigen indisponible Einkommen bei der Bestimmung der finanziellen Leistungsfähigkeit ausgeklammert wird (subjektives Nettoprinzip[156]).

---

154 Vgl. § 12 Nr. 2 EStG.

155 LINGEMANN, Familienbesteuerung, 1994, S. 155 ff.; NEUMARK, Einkommensbesteuerung, 1947, S. 65; SÖHN, in: LÜDEKE/SCHERF/STEDEN (Hrsg.), OBERHAUSER-Festschrift, 2000, 413 (414, 420 ff.); DERS., in: KIRCHHOF u. a. (Hrsg.), VOGEL-Festschrift, 2000, S. 639 (654 ff.); THIEDE, Ehegattenbesteuerung, 1999, S. 65; TIPKE, Steuerrechtsordnung II, 672 ff.; VOGEL, DStR 1977, 31 (37 f.); DERS., StuW 1999, 201 (206 ff.); BT-Drs. 14/3751, S. 34 (für eingetragene Partnerschaften);

kritisch VOLLMER, Ehegattensplitting, 1998, S. 83, weil die Unterhaltspflicht (durch Haushaltsführung) des nichterwerbstätigen Ehegatten nicht berücksichtigt werde.

Vgl. zur Parallelproblematik beim Kindesunterhalt BVerfG v. 23. 11. 76 - 1 BvR 150/75 -, BVerfGE 43, 108 (120); BVerfG v. 3. 11. 82 - 1 BvR 620/78, 1335/78, 1104/79 und 363/80 -, BVerfGE 61, 319 (344); BVerfG v. 10. 11. 1998 – 2 BvR 1057, 1226, 980/91 –, BVerfGE 99, 216 (232 f.); BVerfG v. 10. 11. 1998 – 2 BvL 42/93 –, BVerfGE 99, 246 (259, 264).

156 ARNDT/SCHUMACHER, AöR 118 (1993), 513 (525); BIRK, Leistungsfähigkeitsprinzip, 1983, S. 171 ff.; DERS., in: HÜBSCHMANN/HEPP/SPITALER, AO, § 4 Rz. 476; BÖCKENFÖRDE, StuW 1986, 335 ff.; DZIADKOWSKI, BB 1981, Beilage 9, S. 9; DERS., DStR 1991, 8 (9); JAKOB, Steuern I, 1980, S. 29 f.; DERS., Einkommensteuer², 1996, § 1 Rz. 14; KAISER, Drittaufwand, 1993, S. 19 ff.; KIRCHHOF, in: KIRCHHOF/SÖHN, EStG, § 2 Rdnr. A 129; DERS., StuW 1985, 319 (328); DERS., Essener Gespräche (21), 1986 S. 117 (128 ff.); DERS., Juristentag-Gutachten, 1988, S. F 51 ff.; LANG, Bemessungsgrundlage, 1981/88, S. 191 ff.; DERS., Gerechte Einkommensteuer, 1987, S. 38; DERS., StuW 1990, S. 331 (346 f.); DERS., in: KIRCHHOF/ OFFERHAUS/SCHÖBERLE (Hrsg.), KLEIN-Festschrift, 1994, S. 437 (443); LEHNER/WALDHOFF, in: KIRCHHOF/SÖHN, EStG, § 1 Rdnr. A 154; MODEREGGER, Familienschutz, 1991, S. 70 f.; PEZZER, in: FÜRST/HERZOG/UMBACH (Hrsg.), ZEIDLER-Festschrift, 1987, S. 757 (762 f.); SÖHN, StuW 1985, 395 (400); DERS., StuW 1986, 324 ff.; DERS., Fin. Arch. N. F. 46 (1988), 154 (156); DERS., ZRP 1988, 344 (347 f.); DERS., StuW 1990, 356 (358 ff.); DERS., in: KIRCHHOF/ OFFERHAUS/SCHÖBERLE (Hrsg.), KLEIN-Festschrift, 1994, 421 (422 f.); DERS., in: KIRCHHOF u. a. (Hrsg.), VOGEL-Festschrift, 2000, S. 639 (654); DERS., in: LÜDEKE/SCHERF/STEDEN (Hrsg.), OBERHAUSER-Festschrift, 2000, 413 (414); DERS., in: KIRCHHOF/SÖHN, EStG, § 10 Rz. A 17; THIEDE, Ehegattenbesteuerung, 1999, S. 77; TIPKE, StuW 1971, 2 (16 f.); DERS., Steuerrechtsordnung II, 1993, S. 672 ff.; DERS., StbKongrRep 1983, 39 (41 ff.); UELNER, in: RAUPACH/UELNER (Hrsg.), SCHMIDT-Festschrift, 1993, S. 21 ff.; VOGEL, DStR 1977, 31 ff.

Das Bundesverfassungsgericht hat sich der Literatur - wenn auch unter Einschränkungen - angeschlossen, vgl. z. B. BVerfG v. 25. 9. 92 - 2 BvL 5, 8, 14/91 -, BVerfGE 87, 153 (170), BVerfG v. 10. 11. 1998 – 2 BvR 1057, 1226, 980/91 –, BVerfGE 99, 216 (232 f.); BVerfG v. 10. 11. 1998 – 2 BvL 42/93 –, BVerfGE 99, 246 (259, 264).

Indem das Splitting fingiert, jeder Ehegatte partizipiere genau zur Hälfte an der gemeinsamen wirtschaftlichen Leistungsfähigkeit, kommt es dem Grundgedanken des Zugewinnausgleichs[157] recht nahe. Auch beim Zugewinnausgleich findet nämlich ein Transfer vom leistungsfähigeren zum weniger leistungsfähigen Ehepartner statt, nur daß es sich hier um eine Leistungsfähigkeit handelt, die sich über einen längeren Zeitraum angesammelt hat[158]. Aus der Tatsache, daß im Falle der Gütertrennung kein Zugewinnausgleich stattfindet, wird hingegen zum Teil geschlossen, daß das Splitting bei Gütertrennung nicht gerechtfertigt sei[159].

(III) Ehegattenunterhalt

Vom Güterstand unabhängig ist der Ehegattenunterhalt gem. § 1360 BGB[160]. Wenn einer der Ehegatten das Familieneinkommen allein oder größtenteils allein

---

Gegen die Annahme einer subjektiven Leistungsfähigkeit wenden sich BAREIS, StuW 1991, 38 ff.; DERS., in: SEEL (Hrsg.), Aspekte, 1996, S. 67 (69 ff.), DERS., StuW 2000, 81 ff; BAREIS/ALLMENDINGER/SELG, in: HMFAS (Hrsg.), Aspekte III, 19 ff.; BIERGANS/WASMER, FR 1985, 57 (62); SCHNEIDER, StuW 1984, 356 ff.; SIEGEL/BAREIS, Strukturen der Besteuerung[3], 1999, S. 22; SIEGEL/SCHNEIDER, DStR 1994, 597 (601); STIGLITZ/SCHÖNFELDER, Finanzwissenschaft[2], 1989, S. 374.

157 Gesetzesbegründung BT-Drs. 3/260, S. 34; LINGEMANN, Familienbesteuerung, 1994, S. 170; das Bundesverfassungsgericht spricht in seiner Entscheidung vom 24. 1. 62 – 1 BvR 232/60 – BVerfGE 13, 318 (340), von der „Ordnungsstruktur des Zivilrechts"; s. dazu VOGEL, DStZ/A 1975, 409 (413, Fn. 37).

158 LANG, Bemessungsgrundlage, 1981/1988, S. 629: „Durch die Verwendungszurechnung der §§ 26 b; 32 a Abs. 5 wird die Zugewinnausgleichsforderung bereits im Zeitraum ihrer wirtschaftlichen Entstehung berücksichtigt und damit sozusagen *periodisiert.*" (Hervorhebung von LANG).

159 TIPKE, Steuerrechtsordnung I[2], 2000, S. 379; TIPKE/LANG, Steuerrecht[16], 1998, § 9 Rz. 760; VOGEL, DStR 1977, 31 (38); DERS., StuW 1999, 201 (208);

davon zu unterscheiden ist die Erwägung, daß man durch steuerliche „Bevorzugung" (die strenggenommen keine Bevorzugung wäre, sondern eine der Leistungsfähigkeit angemessene Besteuerung) nicht Druck auf das eheliche Güterrecht ausüben will; vgl. dazu VOGEL, DStR 1977, 31 (37);

LANG, Bemessungsgrundlage, 1981/88, S. 630 hält das Splitting auch bei Gütertrennung für angemessen, weil nur auf diese Weise ein unschönes Tauziehen um die Steuerschädlichkeit von Eheverträgen vermieden werden könne.

160 PALANDT/BRUDERMÜLLER, BGB[59], 2000, § 1360 Rz. 1; WACKE, in: Münchener Kommentar zum BGB[3], § 1360 Rz. 10; SÖHN, in: LÜDEKE/SCHERF/STEDEN (Hrsg.), OBERHAUSER-Festschrift, 2000, S. 413 (425).

erwirtschaftet[161], schuldet er dem anderen „angemessenen“ Unterhalt. Dieser Verpflichtung kann sich der einkünfteerzielende Ehegatte nicht entziehen; die Verletzung der Unterhaltspflicht ist sogar mit Strafe bedroht (§ 170 StGB). Der unterhaltsverpflichtete Ehegatte kann über sein Einkommen nicht in dem Maße verfügen, wie er es ohne die Unterhaltspflicht könnte. Sein Einkommen ist in Höhe des geschuldeten Unterhaltsbetrages indisponibel, seine (subjektive) Leistungsfähigkeit verringert[162].

(IV) Höhe des geschuldeten Unterhalts

Die Bestimmung der Höhe des geschuldeten Unterhalts ist in der Regel erst nötig, wenn die Ehegatten getrennt leben (§ 1361 BGB). Was als „angemessener Unterhalt“ anzusehen ist, bestimmt sich – sowohl bei der intakten Ehe (§ 1360 BGB) als auch bei Getrenntlebenden (§ 1361 BGB) – nach den ehelichen Lebensverhältnissen, nicht etwa nach dem Existenzminimum des unterhaltsberechtigten Ehegatten. Die Gerichte wenden bei der Festlegung des Unterhalts die sog. „Düsseldorfer Tabelle“[163] an, nach der – entsprechend der hälftigen Teilhabe am Lebensstandard – das Einkommen des unterhaltsverpflichteten Ehegatten grundsätzlich zur Hälfte dem anderen Ehegatten zusteht. Ausnahmen gelten für das Einkommen aus Erwerbstätigkeit (hier verbleiben dem erwerbstätigen Ehegatten 4/7 des Einkommens als „Erwerbstätigkeitsbonus“, d. h. zum pauschalen Ausgleich des höheren Aufwands) und bei einem sehr hohem Einkommen (die bei hohem Einkommen unterstellte Verwendung für Vermögensbildung gehört nicht zum geschuldeten Unterhalt).

Das Ehegattensplitting überträgt den Grundgedanken des zivilrechtlichen Halbteilungsgrundsatzes ins Steuerrecht[164]. Der für die Einkommensteuer „fingierten“ Leistungsfähigkeit[165] jedes Ehegatten von *genau* der Hälfte entspricht die tatsächliche subjektive Leistungsfähigkeit von *ungefähr* der Hälfte der gemeinsamen wirtschaftlichen Leistungsfähigkeit. Um wieviel die tatsächliche Situation im Einzelfall von der Fiktion abweicht, kann nicht ohne erheblichen Verwaltungsaufwand ermittelt werden. Der Gesetzgeber handelt im Rahmen seiner Be-

---

161 Nur dieser Fall ist hier interessant; bei gleichem Einkommen der Ehegatten ergibt sich kein Unterschied zur Individualveranlagung.

162 Zu einem anderen Ergebnis kommen notwendigerweise die Vertreter der Ansicht, nach der es keine Unterscheidung zwischen subjektiver und objektiver Leistungsfähigkeit gibt, s. Fn 156.

163 WACKE, in: Münchener Kommentar zum BGB[3], § 1361 Rz 22.

164 SÖHN, in: LÜDEKE/SCHERF/STEDEN (Hrsg.), OBERHAUSER-Festschrift, 2000, S. 413 (429).

165 S. oben B IV 1 c bb.

fugnis zur Typisierung und Pauschalierung[166], wenn er – unabhängig vom Güterstand – zum Zwecke der Einkommensbesteuerung annimmt, daß wegen der gegenseitigen Unterhaltsverpflichtungen jedem Ehegatten die Hälfte der gemeinsamen Leistungsfähigkeit zuzurechnen ist[167].

(V) Vergleichbarkeit mit dem Realsplitting

Auch eine konsequente Individualbesteuerung käme im übrigen nicht ohne Typisierung[168] aus: Um eine Besteuerung gemäß der individuellen subjektiven Leistungsfähigkeit zu gewährleisten, müßten dem einkünfteerzielenden Ehegatten „Unterhaltsfreibeträge" gewährt werden, die sich ebenfalls am zivilrechtlich vorgegebenen Halbteilungsgrundsatz orientieren müßten. Diese Freibeträge könnten nicht für jeden Steuerpflichtigen anhand der individuellen Umstände neu ermittelt werden, sondern müßten – ähnlich einer „Düsseldorfer Tabelle" – abstrakt und im voraus festgelegt werden. Während die Freibetragslösung konsequenterweise zu einem (echten) Realsplitting führen müßte (auch der Leistungsfähigkeits*zuwachs* beim einkommenslosen Ehegatten muß berücksichtigt werden), kann man beim Ehegattensplitting auch von einem „pauschalen Realsplitting"[169] sprechen. Die Umstellung auf eine Individualbesteuerung würde dem Fiskus wegen der erforderlichen Freibeträge kaum Mehreinnahmen bringen. Beachtliche Mehreinnahmen gibt es erst dann, wenn das Prinzip der Besteuerung nach der subjektiven Leistungsfähigkeit verletzt und die Unterhaltsverpflichtung der Ehegatten ignoriert wird.

(VI) Zwischenergebnis

Es besteht eine Erwerbsgemeinschaft zwischen den Ehegatten[170]. Diese führt wegen zivilrechtlicher Unterhaltsverpflichtungen dazu, daß der Zuwachs an wirtschaftlicher Leistungsfähigkeit, der der Ehegattengemeinschaft durch das Gesamteinkommen beider Ehegatten zufließt, sich ungefähr zu gleichen Teilen auf die beiden Ehegatten aufteilt.

---

166 S. dazu die oben in Fn. 23 zitierte Literatur.

167 LANG, Bemessungsgrundlage, 1981/88, S. 630; SÖHN, in: LÜDEKE/ SCHERF/STEDEN (Hrsg.), OBERHAUSER-Festschrift, 2000, S. 413 (430).

168 VOGEL, StuW 1999, 201 (208).

169 SÖHN, in: LÜDEKE/SCHERF/STEDEN (Hrsg.), OBERHAUSER-Festschrift, 2000, S. 413 (430); DERS., in: KIRCHHOF u. a. (Hrsg.), VOGEL-Festschrift, 2000, S. 639 (655); aus ökonomischer Sicht entspricht nach Auffassung von HOMBURG das Ehegattensplitting dem – unbeschränkten – Realsplitting, s. HOMBURG, StuW 2000, 261 (262 f.).

170 A. A. BAREIS, in: SEEL (Hrsg.), Aspekte, 1996, S. 67 (86 f.).

(C) Ausgabenseite: Verbrauchsgemeinschaft

Auch die Einstufung der Ehe als Verbrauchsgemeinschaft muß näher untersucht werden. Die steuerliche Leistungsfähigkeit bestimmt sich danach, welche wirtschaftlichen Mittel dem Einzelnen zur Befriedigung der privaten Bedürfnisse zur Verfügung stehen (im Einkommensteuerrecht: „disponibles Einkommen"[171]). Dies hat zur Folge, daß geprüft werden muß, ob beide Ehegatten – unabhängig von der Erwerbsseite – gleichmäßig an der Verfügungsmacht über das gemeinsame Einkommen teilhaben, wenn ihnen die Leistungsfähigkeit zu gleichen Teilen zugerechnet werden soll[172].

Das Zivilrecht verleiht die Verfügungsbefugnis dem jeweiligen Inhaber des Vermögens, also bei den Güterständen der Zugewinngemeinschaft und der Gütertrennung dem einzelnen Ehegatten[173]. Das Steuerrecht darf jedoch nicht allein an die zivilrechtliche Verfügungsbefugnis anknüpfen. Es muß vielmehr auch wirtschaftliche Realitäten zur Kenntnis nehmen, die von der zivilrechtlichen Rechtslage abweichen[174]. Im Fall der Ehegattenbesteuerung existiert eine solche Diskrepanz: In den meisten Ehen werden finanzielle Entscheidungen – zumindest solche von größerer Tragweite – gemeinschaftlich gefällt, und zwar unabhängig davon, wer zivilrechtlich Eigentümer des betreffenden Gegenstandes oder Inhaber der Forderung ist[175]. Außerdem wird – abgesehen von Ehen mit sehr hohem Gesamteinkommen – der überwiegender Teil des gemeinschaftlichen Einkommens für Güter verwendet, die notwendigerweise beiden Ehegatten in gleicher Weise zugute kommen[176], so z. B. die Wohnungsmiete, Heizung und sonstige Nebenkosten, Versicherungen, Urlaub.

VON OBSTFELDER vertritt die These, daß mit zunehmendem Gesamteinkommen eine ungleiche Inanspruchnahme des Einkommens zugunsten des Verdieners wahrscheinlicher werde, also der einkünfteerzielende Ehegatte in Haushalten der

---

[171] Siehe oben B IV 1 c cc bbb (B) (II).

[172] S. hierzu auch VOLLMER, Ehegattensplitting, 1998, S. 88.

[173] GERNHUBER/COESTER-WALTJEN, Familenrecht[4], 1994, § 34 II 1, 2.

[174] Zur „wirtschaftlichen Betrachtungsweise" vgl. insbesondere CREZELIUS, Rechtsanwendung, 1983, S. 195 ff.; GRIMM, DStZ/A 1978, S. 283 ff.; HARTMANN, Auslegung und Anwendung, 1984, S. 195 ff.; HERZOG, StbJb 1985/86, 27 (44 f.); RUPPE, in: HERRMANN/HEUER/RAUPACH, Einf. EStG, Anm. 458 ff.; TIPKE, Steuerrechtsordnung III, S. 1308 ff.; TIPKE/LANG, Steuerrecht[16], 1998, § 5 Rz. 83 ff.; WALZ, Steuergerechtigkeit und Rechtsanwendung, 1980, S. 211 ff.

[175] Das „Konzept der kollektiven Entscheidungseinheit" wird von V. OBSTFELDER, Individualbesteuerung, 1976, S. 117 ff., näher untersucht.

[176] HOMBURG, StuW 2000, 261 (265).

oberen Einkommensschichten tendenziell stärker von dem konsumierten und investierten[177] Einkommen profitiere[178]. Diese These beruht jedoch auf rein ökonomischen und soziologischen Überlegungen. Zivilrechtliche Ausgleichs- und Unterhaltspflichten (z. B. der Zugewinnausgleich) bleiben unberücksichtigt. Auch stellt sich hier das Problem, wie man die „oberen Einkommensschichten" für die Praxis in Zahlen fassen kann. Wenn man ein Steuerkonzept entwirft, das auf eine gerechte Besteuerung der Haushalte mit einem sehr hohen Einkommen ausgerichtet ist, muß man berücksichtigen, daß dadurch nur ein geringer Prozentsatz der Haushalte erfaßt wird. Eine Besteuerung, die sich an einigen wenigen Großverdiener-Ehen orientiert, kann keine zutreffende Grundlage sein für die steuerliche Beurteilung der durchschnittlichen Ehen in den mittleren und unteren Einkommensschichten. Auch auf der Ausgabenseite besteht somit eine Gemeinschaft der Ehegatten; die Einordnung der Ehe als Verbrauchsgemeinschaft ist zutreffend.

(D) Schlußfolgerung nach Gesichtspunkten der Leistungsfähigkeit

Die Ehe ist steuerrechtlich als Erwerbs- und Verbrauchsgemeinschaft anzusehen[179]. Auf der Einnahmenseite („Erwerbsgemeinschaft") ergibt sich dies aus einer hälftigen Aufteilung der (neu hinzukommenden) gemeinsamen Leistungsfähigkeit infolge der gegenseitigen Unterhaltsverpflichtungen; die Verbrauchsgemeinschaft leitet sich aus den gemeinsamen Verfügungs- und Gestaltungsmöglichkeiten der Ehegatten ab. Im Hinblick auf eine Besteuerung nach der wirtschaftlichen Leistungsfähigkeit ist das Splitting eine zulässige Methode der Ehegattenbesteuerung[180]. Es gewährt den Ehegatten keine „Steuervergünstigung"[181],

---

177 Zur Verteilung der Ersparnisse im Haushalt vgl. HALLER, Steuern^3, 1980, S. 70 f.

178 V. OBSTFELDER, Individualbesteuerung, 1976, S. 207 ff.; ähnlich HACKMANN, Fin. Arch. N. F. Bd. 31 (1972/73), S. 495 (505); K. LITTMANN, Fin. Arch. N. F. Bd. 27 (1968), 174 (183).

179 ISENSEE, Juristentag-Referat, 1988, S. N 32 (57); KIRCHHOF, Gespräche, S. 117 (138); LANG, StuW 1983, 103 (113 f.); LIETMEYER, DStZ 1998, 849 (851); TIPKE, StbKongrRep 1983, 39 (49 f.); TIPKE, Steuerrechtsordnung I^2, 2000, S. 377; TIPKE/LANG, Steuerrecht^{16}, 1998, § 9 Rz 759.

180 So auch BVerfG v. 3. 11. 82 - 1 BvR 620/78, 1335/78, 1104/79 und 363/80 -, BVerfGE 61, 319 (346): Das Splitting knüpfe an die wirtschaftliche Realität der intakten Durchschnittsehe an und stehe auch im Einklang mit den Grundwertungen des Familienrechts.

181 BVerfG v. 3. 11. 82 - 1 BvR 620/78, 1335/78, 1104/79 und 363/80 -, BVerfGE 61, 319 (346); FITSCH, Stbg 1982, 200 ff.; ISENSEE, Juristentag-Referat, 1988, S. N 32 (57); SÖHN, in: LÜDEKE/SCHERF/STEDEN (Hrsg.), OBERHAUSER-Festschrift, 2000, 413 (430 f.); DERS., in: KIRCHHOF u. a. (Hrsg.), VOGEL-Festschrift, 2000, S. 639 (655); TIPKE, StbKongrRep 1983, 39 (41); DERS., Steuerrechtsordnung I^2, 2000, S. 378 f.; K. VOGEL, StuW 1999, 201 (203); R. WENDT, in: LANG (Hrsg.), TIPKE-Festschrift, 1995, S. 47 (63);

sondern versucht, der vom Familienrecht und von der tatsächlichen Lebensgestaltung vorgezeichneten Ausprägung der individuellen Leistungsfähigkeit der Ehegatten gerecht zu werden. Ebenso mit dem Leistungsfähigkeitsprinzip zu vereinbaren wie das Ehegattensplitting wäre jedoch auch eine Individualbesteuerung (z. B. ausgestaltet als Realsplitting), solange der Gesetzgeber die zivilrechtlichen Unterhaltsverpflichtungen realitätsgerecht berücksichtigt.

ccc. Verstoß gegen den Gleichbehandlungsgrundsatz (Art. 3 Abs. 1 GG)

(A) Vorabentscheidung durch Auswahl der Vergleichspaare

In der Diskussion um die gerechte Ehegattenbesteuerung wird vielfach der Gleichheitssatz des Art. 3 Abs. 1 GG ins Feld geführt. Da die bisherigen Erwägungen das Ehegattensplitting nicht rechtfertigen könnten, falls hierdurch ein Verstoß gegen den Gleichheitssatz entstünde, muß auch dieser Aspekt diskutiert werden. Durch die Auswahl der Vergleichspaare entsteht dabei oft bereits eine Vorabentscheidung über die „richtige" Lösung[182]. In der Tat fällt es beim Ehegattensplitting nicht leicht zu entscheiden, welche Sachverhalte Vergleichspaare im Rahmen des Art. 3 Abs. 1 GG bilden.

---

a. A.: BAREIS, in: HMFAS (Hrsg.), Aspekte III, S. 64 ff.; GRÖNERT, DStZ 1998, 895; E. M. V. MÜNCH, in: I. V. MÜNCH/KUNIG, GG I[4], Art. 6 Rdnr. 21; DIES., in: BENDA/MAIHOFER/VOGEL (Hrsg.), HbVerfR[2], 1994, S. 293 (320); MATTHÄUS-MAIER, ZRP 1988, 252 (254); MENNEL, Juristentag-Gutachten, 1974, S. D 176; SACKSOFSKY, NJW 2000, 1896 (1900); SEIDL, StuW 1987, 185 (190); SIEGEL, FR 1999, 429 (432); VOLLMER, Ehegattensplitting, 1998, S. 94; ZULEEG, NVwZ 1986, 800 (806).

Bezeichnenderweise führen die Bundesregierungen in ihren Sozialberichten das Splitting unter den sozialen Leistungen und sprechen von einem „Steuerausfall", vgl. BT-Drs. 7/2853, S. 108 f.; auch der Aussage, das Ehegattensplitting „koste den Staat 50 Mrd. DM" [WAGENHALS/KRAUS, in: HMFAS (Hrsg.) Aspekte III, 1998, Einl.] liegt die Annahme zugrunde, das Splitting sei nur einer von vielen Subventionstatbeständen, der ebensogut auch abgeschafft werden könne.

VORWOLD, FR 1992, 789 (791), kommt zu einer anderen Interpretation des BVerfG-Urteils: Der Satz „Damit ist das Ehegattensplitting keine beliebig veränderbare Steuervergünstigung..." enthalte (zusammen mit anderen Passagen des Urteils) die Aussage, daß das Splitting sehr wohl eine Vergünstigung sei, nur eben keine beliebig veränderbare.

182 SACKSOFSKY, NJW 2000, 1896 (1899); zur Paarbildung im Rahmen des Gleichheitsgrundsatzes vgl. MARTINI, Art. 3 Abs. 1 GG, 1997, S. 250 ff.; PIEROTH/SCHLINK, Grundrechte[12], 1996, Rdnr. 474 ff.

Wichtig ist es, die Fälle der horizontalen und die der vertikalen Steuergerechtigkeit auseinanderzuhalten[183]. Nach der horizontalen Steuergerechtigkeit sind zwei Steuerpflichtige gleich zu besteuern, die in gleichen wirtschaftlichen Verhältnissen leben, also auch ihre finanzielle Leistungsfähigkeit dieselbe ist. Da die Leistungsfähigkeit in der Bemessungsgrundlage der Einkommensteuer abgebildet sein sollte, betrifft die horizontale Gerechtigkeit die Frage, wie die Bemessungsgrundlage „richtig" ermittelt wird. Die vertikale Gerechtigkeit ist Beurteilungsmaßstab für Steuersubjekte in unterschiedlichen wirtschaftlichen Verhältnissen, also zum Beispiel für die „richtige" Ausgestaltung des Tarifverlaufs. Bei der Diskussion um die Ehegattenbesteuerung werden diese beiden Ebenen oft vermengt.

(B) Ehepaare und Nichtverheiratete mit gleichem Gesamteinkommen – Zum „Splittingvorteil"

Im Vergleich zu einem unverheirateten, aber trotzdem zusammenlebenden Paar müssen Eheleute nach dem Ehegattensplitting im Regelfall weniger Steuern zahlen[184]. Dieser Umstand wird oft als „Steuervorteil" bezeichnet[185]. Die Einordnung als „Vorteil" setzt aber voraus, daß man die Besteuerung ohne Splitting „richtig" und damit als Referenzgröße ansieht[186]. Es reicht hier nicht aus, allein auf die unterschiedliche Steuerlast vor bzw. nach der Eheschließung abzustellen[187]. Mit der Eheschließung treten umfangreiche Änderungen in den rechtlichen Verhältnissen der Eheleute ein[188]. Diese Änderungen können für die Eheleute finanziell günstige wie auch ungünstige Auswirkungen haben[189]. Wer hier weiterhin von der rechtlichen Situation des unverheirateten Paares ausgeht und damit die Eheschließung allein aus einkommensteuerrechtlicher Perspektive betrachtet, über-

---

183 BIRK, Leistungsfähigkeitsprinzip, 1983, S. 165, 170; TIPKE, Steuerrechtsordnung I[1], 1993, S. 411; VOGEL, DStZ/A 1975, 409 (411); BVerfG v. 29. 5. 1990 – 1 BvL 20, 26, 184 und 4/86 -, BVerfGE 82, 60 (89).

184 Im Normalfall; der Sonderfall, daß beide Partner dasselbe Einkommen beziehen, kann hier vernachlässigt werden.

185 Z. B. SACKSOFSKY, NJW 2000, 1896 (1897, Fn. 12); VOLLMER, Ehegattensplitting, 1998, S. 39 (Fn. 110); siehe auch die Koalitionsvereinbarung zwischen der SPD und den GRÜNEN v. 20. 10. 98, ZRP 1998, 485 (488 f.).

186 VOGEL, StuW 1999, 201 ff.; zum „Splittingvorteil" aus ökonomischer Sicht vgl. SCHERF, StuW 2000, 269 ff.

187 Z. B. SACKSOFSKY, NJW 2000, 1896 (1897, Fn. 12).

188 Zu den zivilrechtlichen Verpflichtungen s. bereits oben B IV 1 c cc bbb (B) (II).

189 Es können beispielsweise Sozialleistungsansprüche eines Ehegatten entfallen, wenn der andere Ehegatte für den Unterhalt aufkommen kann, vgl. nur §§ 2, 11 Abs. 1 S. 2 BSHG (dieselbe Folge kann allerdings auch schon vor der Eheschließung eintreten, §§ 122, 16 BSHG); vgl. hierzu HOMBURG, StuW 2000, 261 (267).

sieht, daß der Besteuerung vor und nach der Eheschließung zwei unterschiedliche Sachverhalte zugrundeliegen[190]. Die rechtliche Situation der Eheleute vor der Eheschließung – oder eines vergleichbaren unverheirateten Paares – kann daher nicht als Bezugsgröße für eine Einstufung des Splittingeffekts als „Vorteil" dienen. Die Bezeichnung des Splittingeffekts als Steuervorteil ist abzulehnen.

Der Splittingeffekt wird vor allem beim Vergleich der Ehe mit nichtehelichen Lebensgemeinschaften kritisiert, aber auch (nicht eingetragene) gleichgeschlechtliche Partnerschaften und Wohngemeinschaften[191] sind hier betroffen. Das Steuerrecht darf nicht eine bestimmte Vorstellung von der Ehe als der „erwünschten" Form des Zusammenlebens zugrunde legen. Es muß die tatsächlichen Gegebenheiten der gesellschaftlichen Entwicklung zur Kenntnis nehmen und darf kein „bürgerlicher Moralrichter" sein[192]. Es stellt sich daher die Frage, wie die Besteuerung nach der individuellen Leistungsfähigkeit bei den nichtehelichen Gemeinschaften am besten verwirklicht werden kann.

Die Partner einer nichtehelichen Lebensgemeinschaft können keine familienrechtlichen Verpflichtungen anführen, die ihre (subjektive) Leistungsfähigkeit schmälern[193]. Zur Entscheidung der nichtehelichen Partner, auf eine umfassende Regelung ihrer gemeinschaftlichen Verhältnisse in Form der Ehe zu verzichten, gehört es gerade, daß durch das Zusammenleben keine Unterhalts- und Ausgleichspflichten entstehen sollen. Ferner kann auch nicht typisierend davon ausgegangen werden, daß in einer solchen Lebensgemeinschaft eine Erwerbs- und Verbrauchsgemeinschaft herrscht. Es mag zwar auch hier vorkommen, daß beide Partner an den vorhandenen Mitteln gleichmäßig teilhaben und einvernehmlich über die Verwendung entscheiden, aber den Regelfall stellt diese Gestaltung wohl nicht dar. Zudem läßt sich eine Erwerbs- und Verbrauchsgemeinschaft nicht nachprüfen und von einer reinen Wohngemeinschaft unterscheiden, weil es an einem förmlichen und zeitlich eindeutigen Zusammenschluß wie bei der Ehe

---

190 Z. B. würde niemand bei einem Arbeitnehmer den Verlust des Arbeitsplatzes als Steuervorteil bezeichnen, obwohl auch hier der Arbeitnehmer nachher weniger Einkommensteuer zahlt als vorher. Während in diesem Fall die Änderung der rechtlichen und tatsächlichen Grundlagen für die Besteuerung offensichtlich sind, wird rechtlichen Änderungen durch die Eheschließung oft ignoriert.

191 Zu Wohngemeinschaften siehe BUNDESMINISTERIUM DER FINANZEN, Denkschrift, BT-Drs. 2/1866 (1955), S. 17.

192 K. LITTMANN, Fin. Arch. N. F. Bd. 27 (1968), 174 (184); TIPKE, Steuerrechtsordnung I[2], 2000, S. 387: kein „moralischer Zeigefinger".

193 GERNHUBER/COESTER-WALTJEN, Familienrecht[4], 1994, § 44 I 1 (S. 659); LIEB, Juristentag-Gutachen, 1988, S. A 82 ff; A 111; THIEDE, Ehegattenbesteuerung, 1999, S. 91 ff.

fehlt[194]. Dagegen ist bei einer „eingetragenen Partnerschaft" eines gleichgeschlechtlichen Paares im Sinne des geplanten Lebenspartnerschaftsgesetzes kein Grund ersichtlich, diese Partnerschaft einkommensteuerlich anders zu behandeln als die Ehe, soweit die eingetragene Partnerschaft dieselben zivilrechtlichen Verpflichtungen mit sich bringt[195].

Es entspricht derzeit dem Leistungsfähigkeitsprinzip, wenn das Ehegattensplitting nicht auf nichteheliche Lebensgemeinschaften, nicht eingetragene gleichgeschlechtliche Partnerschaften und Wohngemeinschaften ausgedehnt wird. Das Leistungsfähigkeitsprinzip dient somit der verfassungsrechtlichen Rechtfertigung der Ungleichbehandlung von Ehen im Vergleich zu den anderen Gemeinschaften.

Ob dieses Ergebnis angesichts der gesellschaftlichen Entwicklung noch lange Bestand haben wird, kann derzeit nicht abschließend beurteilt werden. Immer mehr auf Dauer angelegte Partnerschaften werden nicht in den Formen der traditionellen Ehe gegründet, und immer mehr Ehen erweisen sich letztendlich als nicht so dauerhaft, wie sie beabsichtigt waren[196]. Infolgedessen wird auch die Zahl der gemeinsam geführten Haushalte ohne zivilrechtliche Trauung und die der Ehen ohne Erwerbs- und Verbrauchsgemeinschaft zunehmen. Dadurch wiederum werden für einen immer größer werdenden Teil der Steuerpflichtigen die tatsächlichen Verhältnisse aus dem vom Gesetzgeber vorgesehenen Typisierungsrahmen fallen. Früher oder später wird der Gesetzgeber diese gesellschaftliche Realität zur Kenntnis nehmen und eine konsequente Individualbesteuerung einführen müssen. Das Steuerrecht kann jedoch erst dann folgen, wenn und soweit sich das Familienrecht geändert hat, denn dieses Rechtsgebiet schafft wesentliche Grundlagen für das Einkommensteuerrecht.

---

194 Laut K. LITTMANN, Fin. Arch. N. F. Bd. 27 (1968), 174 (184), ist „kein Weg zu erkennen, wie Personengruppen, die faktisch - mit Ausnahme der zivilrechtlichen Trauung - alle Merkmale eines Haushaltes aufweisen, auch steuerrechtlich als Haushalt behandelt werden könnten"; ähnlich TIPKE, Steuerrechtsordnung I^2, 2000, S. 387 f.

195 Zu den geplanten zivilrechtlichen Regelungen bei eingetragenen Partnerschaften vgl. den Regierungsentwurf BT-Drs. 14/3751, S. 3 ff., 34 ff. Im Einkommensteuerrecht ist zur Zeit ein begrenztes Realsplitting geplant, siehe BT-Drs. 14/3751, S. 25, 34.

196 FUCHS, Juristentag-Gutachten, 1994, S. F 29: „War die Familie dem traditionellen Verständnis entsprechend im wesentlichen Gemeinschaft, so tritt jetzt die Gemeinschaft zurück und in den Vordergrund rückt das Individuum."

(C) Ehepaare mit großem Einkommensgefälle (sog. „Hausfrauenehe") und Ehepaare mit kleinem Gefälle (bei gleichem Gesamteinkommen)[197]

Sofern man hier auf den Vergleich zwischen zwei Haushalten abstellt, ist dies eine Frage der horizontalen Gerechtigkeit (gleiches Gesamteinkommen), betrachtet man die erwerbstätige Frau als Gegensatz zur nichterwerbstätigen Frau, ist die vertikale Steuergerechtigkeit angesprochen (unterschiedliches Einzeleinkommen).

Für die Steuerbelastung einer Ehegattengemeinschaft ist es gleichgültig, ob das Familieneinkommen von einem Ehegatten allein erwirtschaftet wird oder ob beide gleichviel verdienen. Es werden also zwei unterschiedliche Lebensgestaltungen vom Steuerrecht gleich behandelt. Hierin könnte man eine Gleichbehandlung von wesentlich Ungleichem sehen, die möglicherweise gegen Art. 3 Abs. 1 GG verstößt.

Das Einkommensteuerrecht berücksichtigt nicht, auf welche Weise ein Einkommen erzielt wird. Es spielt somit – bei gleichem Gesamteinkommen – aus einkommensteuerlicher Sicht keine Rolle, ob die Eheleute zu gleichen Teilen (etwa beide halbtags) erwerbstätig sind oder ob nur ein Ehegatte das gesamte Familieneinkommen erwirtschaftet. Hieraus läßt sich – auf den ersten Blick – eine ungerechtfertigte Bevorzugung der nicht erwerbstätigen Ehefrau ableiten. Denn ihr wird ja trotz ihres „Nichtstuns"[198] die Hälfte des ehelichen Einkommens zugerechnet.

Nach den geltenden Grundprinzipien des Einkommensteuerrechts ist ein solcher Gedankengang jedoch nicht nachvollziehbar. Das Einkommensteuerrecht bleibt vollkommen indifferent der Frage gegenüber, ob Einkünfte mit viel oder wenig Aufwand, mit viel oder wenig Kapital, mit viel oder wenig Talent erwirtschaftet wurden[199]. Entscheidend ist nur, *daß* der Steuerpflichtige einen Zuwachs an Leistungsfähigkeit zu verzeichnen hatte. Man kann ebensogut kritisieren, daß ein

---

197 Theoretisch gelten diese Ausführungen auch für die umgekehrte Verteilung der Aufgaben in der Ehe, also auch für die „Hausmannsehe" und die „Millionärinnengatten". Es darf bei der Diskussion jedoch nicht übersehen werden, daß die Hausfrauenehe zur Zeit noch weitaus häufiger vorkommt als die „Hausmannsehe".

198 Auf dem 50. Juristentag fiel die Bezeichnung „kuchenfressende Pelztierchen" für gutsituierte nichterwerbstätige Ehefrauen, s. TIPKE, Steuerrechtsordnung I^2, 2000, S. 370; vgl. auch UELNER, DStZ 1995, 321 (326), der von dem Horrorbild der „sich am Swimmingpool räkelnden Millionärsgattin" spricht.

199 TIPKE, Steuerrechtsordnung I^1, 1993, S. 397; zur Gleichwertigkeit der Einkünfte siehe LANG, Bemessungsgrundlage, 1981/88, S. 229 ff.

Aktionär für seine Kapitaleinkünfte möglicherweise denselben Steuersatz zahlt wie ein Arbeitnehmer, der einen großen Teil seiner Freizeit für die Erwerbstätigkeit aufwendet. Auf dem Boden einer Rechtsordnung, die Eigentum und Erbrecht garantiert, ist dieser „Konflikt“ jedoch nicht zu lösen.

Für die Überprüfung an Art. 3 Abs. 1 GG ergibt sich folgende Schlußfolgerung: Es macht zwar bei gleichem Familieneinkommen einkommensteuerlich keinen Unterschied, ob einer das Einkommen alleine erzielt oder beide Ehepartner zusammen. Dies stellt aber keine Gleichbehandlung von wesentlich Ungleichem dar. Es entspricht den Wertungen des verfassungsrechtlich verankerten Leistungsfähigkeitsprinzips, daß bei der Besteuerung der Ehegatten nur das „Außenverhältnis" betrachtet wird, also das Familieneinkommen. Wie die Arbeitsteilung im „Innenverhältnis" aussehen soll, unterliegt der von Art. 6 Abs. 1 GG geschützten Gestaltungsfreiheit der Ehegatten und darf vom Einkommensteuerrecht nicht beeinflußt werden[200].

(D) Erwerbstätige und nicht erwerbstätige Ehefrauen (bei gleichbleibendem Einkommen des Mannes)

Bei dieser Fallgruppe ist die vertikale Steuergerechtigkeit betroffen. Verglichen wird die Leistungsfähigkeit derselben Ehegattengemeinschaft mit der Erwerbstätigkeit der Frau und ohne ihre Erwerbstätigkeit. Die wirtschaftliche Leistungsfähigkeit erhöht sich durch das hinzugewonnene Einkommen. Fraglich ist nur, ob die nach dem Tarif zusätzlich zu zahlende Einkommensteuer diesem Zuwachs entspricht.

Es wird des öfteren vorgebracht, daß das Splitting verfehlt sei, weil es die (zusätzlich) erwerbstätigen Frauen benachteilige. In der Tat bringt das Splitting eine umso größere Steuerentlastung, je stärker das Gefälle zwischen den Einkommen der Ehegatten ist. Partner, von denen nur einer erwerbstätig ist, erzielen also durch den Eheschluß einen größeren „Vorteil"[201] als solche, die beide berufstätig sind. Auch unterliegt das zusätzliche Einkommen der Frau eines ebenfalls erwerbstätigen Ehemannes, die eine Berufstätigkeit anfängt, einem höheren Steuer-

---

200 KIRCHHOF, NJW 2000, 2792 (2794); THIEDE, Ehegattenbesteuerung, 1999, S. 94.

SACKSOFSKY, NJW 2000, 1896 (1898), spricht dagegen von einer nur scheinbaren Neutralität des Ehegattensplitting in bezug auf die Aufgabenverteilung in der Ehe; HOMBURG, StuW 2000, 261 (264), weist zu Recht darauf hin, daß – aus ökonomischer Sicht – die Spezialisierung innerhalb der Ehe die für die Eheleute insgesamt günstigste Lösung sei. Nicht das Ehegattensplitting, sondern die Individualbesteuerung führe daher zu künstlichen Anreizen.

201 Dazu bereits oben B I 1 c cc ccc (B).

satz, als wenn sie dieses Einkommen isoliert versteuern müßte. Deshalb wurde dem Gesetzgeber unterstellt, er wolle die Frau durch eine Strafsteuer von einer eigenen Erwerbstätigkeit abhalten. Für die angeblich benachteiligende und dadurch erzieherische Wirkung der Einkommensteuer hat sich die Bezeichnung „Edukationseffekt" eingebürgert[202].

Diese Argumentation ist – aus heutiger Sicht[203] – falsch. Das Splitting beruht auf der berechtigten Zielsetzung, die steuerliche Leistungsfähigkeit der Ehegatten zu erfassen. Der sich aus dem Gesamteinkommen ergebende Grenzsteuersatz gilt für beide Ehegatten, also auch für die – möglicherweise nur wenig – hinzuverdienende Ehefrau. Wer hier von einer „Strafsteuer" spricht[204], müßte die gesamte Einkommensteuer als Strafsteuer für Erwerbstätige ansehen.

Eine Frau, die bislang als Hausfrau tätig war, wird sich genau überlegen, ob sie eine Erwerbstätigkeit aufnimmt, deren Ertrag mit einem hohen Steuersatz belastet wird. Ähnliche Überlegungen stellt aber jeder Erwerbstätige an, der durch zusätzlichen Aufwand ein höheres Einkommen erzielen könnte. Dies ist kein spezielles Problem der Ehegattenbesteuerung, sondern eine allgemeine Frage der vertikalen Steuergerechtigkeit und der Steuerpsychologie: Welcher Steuersatz gerade noch unter der Grenze liegt, jenseits derer es sich – aus Sicht des Steuerzahlers – nicht mehr lohnt, für einen höheren Ertrag aus der Erwerbstätigkeit auf Freizeit zu verzichten, kann nur empirisch bestimmt werden und braucht daher nicht Gegenstand einer juristischen Abhandlung zu sein.

(E) Ehepaare mit geringem und solche mit hohen Gesamteinkommen – Zur Begrenzung des Splittings

Ein weiteres Argument gegen das Ehegattensplitting taucht auch in der jüngsten Diskussion um eine Steuerreform immer wieder auf: Das Splitting bevorzuge die Bezieher höherer Einkommen, weil bei ihnen der progressive Tarif zu einer grö-

---

202 BVerfGE v. 17. 1. 1957 - 1 BvL 4/54 -, BVerfGE 6, 55 (80 ff.); MENNEL, Juristentag-Gutachten, 1974, S. D 174, 179 f.; DIES., DStR 1971, 487 (488); vgl. auch ALBERS, Fin. Arch. N. F. Bd. 18 (1957/58), 423 (434);

zum umgekehrten Edukationseffekt, mit dem die Frau „aus dem Haus" getrieben werden soll, siehe STÖCKER, BB 1999, 234 (237).

203 Vor einigen Jahrzehnten hat dieser Gedanke tatsächlich noch eine Rolle gespielt, vgl. BUNDESMINISTERIUM DER FINANZEN, Denkschrift, BT-Drs. 2/1866 (1955), S. 20: „Überdies besteht ein familienpolitisches Interesse daran, die Neigung der Ehefrauen mit Kindern zu marktwirtschaftlicher Erwerbstätigkeit nicht zu erhöhen, um sie möglichst weitgehend der Familie und den Kindern zu erhalten."

204 Z. B. MATTHÄUS-MAIER, ZRP 1988, 252 (254).

ßeren Steuerersparnis führe (sog. „Millionärsgattinnen-Effekt”[205]). Aus diesem Grund wurde unter anderem eine Begrenzung[206] des Ehegattensplittings gefordert[207]. Der Entwurf für das Steuerentlastungsgesetz 1999/2000/2002 sah tatsächlich eine Kappung des Ehegattensplittings vor[208]. Diese Pläne sind vorerst wieder zurückgestellt worden[209].

Zur Kappung des Ehegattensplittings läßt sich zunächst anmerken, daß der Splitting-„Vorteil” auch nach der derzeitigen Rechtslage dadurch begrenzt ist, daß der Steuertarif nach der progressiven Tarifstufe in die „obere Proportionalzone” einmündet[210]. Ab einem bestimmten Einkommen wird jeder Zuwachs in der Bemessungsgrundlage mit demselben Steuersatz versteuert. Die vielzitierten „Millionärsgattinnen” unterstützen daher gerade nicht die Forderung nach einer Begrenzung des Splittings[211].

Im übrigen macht das Argumentieren mit dem Progressionseffekt nur dann Sinn, wenn man das Splitting tatsächlich als Steuersubvention[212] für Ehepaare ansieht[213]. Es wurde jedoch bereits gezeigt, daß das Splitting gerade keine Steuervergünstigung darstellt, sondern eine Möglichkeit, in der Bemessungs-

---

205 MATTHÄUS-MAIER, ZRP 1988, 252 (254); MENNEL, Juristentag-Gutachten, 1974, S. D 172, 175; s. hierzu TIPKE/LANG, Steuerrecht[16], 1998, § 9 Rdnr. 761; VOGEL, DStR 1977, 31 (37).

206 Nicht eine betragsmäßige Begrenzung, sondern eine Beschränkung auf Ehepaare mit Kindern fordert ZULEEG, NVwZ 1986, 800 (806). Hier werden jedoch zwei Problembereiche unzulässig vermengt - nämlich die Besteuerung der Ehegatten und die staatliche Förderung von Familien - siehe dazu sogleich unter (F).

207 Vgl. die Koalitionsvereinbarung zwischen SPD und den GRÜNEN v. 20. 10. 1998, ZRP 1998, 485 (488 f.): „Begrenzung des Splittingvorteils auf maximal 8.000 DM im Jahr“.

208 § 32 a Abs. 5 a EStG; siehe BT-Drs. 14/23, S. 13; kritisch hierzu STÖCKER, BB 1999, 236 (239).

209 Zur möglichen Entwicklung auch in Hinblick auf die Entscheidungen des Bundesverfassungsgerichts vom 10. 11. 1998 vgl. KANZLER, FR 1999, 512 ff.

210 § 32 a Abs. 1 S. 2 Nr. 4 EStG.

211 SCHERF, StuW 2000, 269 (270), weist nach, daß der relative Splittingeffekt bei einem hohen Gesamteinkommen sogar wieder abnimmt.

212 Z. B. E. M. v. MÜNCH, in: BENDA/MAIHOFER/VOGEL (Hrsg.), HbVerfR[2], 1994, S. 293 (320): „Subvention kinderloser Ehen”; SEIDL, StuW 1987, 185 (190); SIEGEL, FR 1999, 429 (432); ZULEEG, NVwZ 1986, 800 (806): „Förderung durch staatliche Vergünstigung”.

213 Auf diesen „klassischen Fehlschluß” macht VOGEL, StuW 1999, 201 (211) aufmerksam: Die Ablehnung des Splittings wird mit dem Progressionseffekt begründet, bei dem das Splitting als das falsche Ausgangsmodell aber bereits vorausgesetzt wird.

grundlage die tatsächliche Leistungsfähigkeit auszuweisen[214]. Es gehört zu den Charakteristika eines progressiven Tarifs, daß sich eine Verbreiterung der Bemessungsgrundlage in einem überproportionalen Zuwachs, eine Kürzung dagegen in einer überproportionalen Ermäßigung der zu zahlenden Steuer niederschlägt[215]. Mit dem speziellen Problemfeld der Ehegattenbesteuerung hat diese Frage jedoch nichts zu tun.

Auch bei diesem Vergleichspaar ergibt sich – wenn man den progressiven Tarif grundsätzlich als gerecht anerkennt – kein Verstoß gegen Art. 3 Abs. 1 GG. Eine Kappung des Ehegattensplittings mit der Begründung, das Splitting an sich sei eine Vergünstigung für Ehegatten, ist abzulehnen[216]. Nach dem Leistungsfähigkeitsprinzip zu rechtfertigen ist eine Kappung des Ehegattensplitting nur insofern, als dadurch die Besteuerung noch enger an die durchs Zivilrecht vorgegebene wirtschaftliche Situation der Ehegatten gebunden wird[217]. Eine solche „willkürfreie“[218] Kappung des Splittings ist in der neue Diskussion indes noch nicht zu erkennen und würde auch nicht die erhofften Mehreinnahmen bringen[219].

214 Vgl. oben B IV 1 c cc bbb.

215 Vgl. BÖCKENFÖRDE, StuW 1986, 335 (337); KIRCHHOF, Essener Gespräche, 1986, S. 117 (130); DERS., NJW 2000, 2792 (2794); STÖCKER, BB 1999, 236 (239); VOGEL, DStR 1977, 31 (39): „logischer Fehler"; DERS., in: KIRCHHOF/JAKOB/BEERMANN (Hrsg.), OFFERHAUS-Festschrift, 1999, S. 47. CHARLIER, StbJb 1979/80, 479 (490), führt hierzu aus: „Wer also einen Abzug vom Einkommen mit der Begründung versagt, der Abzug begünstige Bezieher hoher Einkommen mehr als Bezieher niedrigerer Einkommen, beweist damit, daß er das System und die Bedeutung des Progressionstarifs nicht verstanden hat"; s. hierzu auch BT-Drs. 7/1470 S. 212.

216 So auch FRANZ KLEIN, DStZ 1997, 105 (107); LANG, StuW 1983, 103 (116); TIPKE/LANG, Steuerrecht[16], 1998, § 9 Rz. 761, halten eine Kappung für verfassungswidrig, „weil sie die tatsächlichen wirtschaftlichen Verhältnisse einer mehr oder weniger großen Zahl von Ehen negiert, das Ehegattensplitting wie eine politisch frei verfügbare Steuervergünstigung nach ideologischem Gutdünken (davon hängt die Einkommenshöhe der Kappung ab) manipuliert"; Gegen eine Kappung des Splitting auch STÖCKER, BB 1999, 234 ff.; PAUS, Inf 1999, 44 ff., geht insbesondere auf die tatsächlichen Folgen (Steuergestaltung etc.) einer Kappung ein;

a. A.: BAREIS/ALLMENDINGER/SELG, in: HMFAS (Hrsg.), Aspekte III, 64 ff.; GRÖNERT, DStZ 1998, 895 (897) und KANZLER, FR 1999, 512 ff („verfassungsrechtlich unbedenklich"); VORWOLD, FR 1992, 789 (792).

217 SÖHN, in: KIRCHHOF u. a. (Hrsg.), VOGEL-Festschrift, 2000, S. 639, (658 f.).

218 LANG, StuW 1983, 103 (117).

219 SÖHN, in: KIRCHHOF u. a. (Hrsg.), VOGEL-Festschrift, 2000, S. 639 (658 f.).

(F) Ehepaare mit Kindern und Ehepaare ohne Kinder

Familien mit Kindern genießen zur Zeit nicht die staatliche Förderung, die ihrer Bedeutung in der Gesellschaft entspräche. Darüber hinaus wurden – zumindest bis zur letzten Anpassung der Kinderfreibeträge – auch die indisponiblen Ausgaben der Familie im Einkommensteuerrecht nicht ausreichend berücksichtigt[220]. Hierin lag ein Verstoß gegen das subjektive Nettoprinzip, der vom Bundesverfassungsgericht in den Entscheidungen vom 10. November 1998 gerügt wurde[221]. Die Situation der Familien mit Kindern im Einkommensteuerrecht wird auch in der Literatur einhellig als nicht gerecht empfunden[222].

Im Rahmen des Art. 3 GG bilden jedoch Ehepaare mit Kindern und solche ohne Kinder kein taugliches Vergleichspaar, wenn es um das Ehegattensplitting geht. Das Ehegattensplitting ist unabhängig von eventuellen weiteren Unterhaltsverpflichtungen gegenüber Kindern. Erst auf der Grundlage einer gerechten Ehegattenbesteuerung kann das Gerüst einer an der Leistungsfähigkeit orientierten Familienbesteuerung errichtet werden.

Es ist daher unzulässig, die Diskussion um das Splitting mit der Frage nach der Anerkennung von Unterhaltsleistungen an Kinder zu vermengen[223]. Zum Teil wird die Ansicht vertreten, daß entweder eine gerechte Ehegattenbesteuerung oder eine gerechte Familienbesteuerung möglich ist und daß insofern der gerechte Familienbesteuerung der Vorzug zu geben ist[224]. Dieser Gegensatz existiert aber nicht. Zumindest in der Theorie sollte ein Konzept möglich sein, das sowohl Ehegatten mit Kindern als auch Paare ohne Kinder nach ihrer Leistungsfähigkeit besteuert. Es gibt keinen Grund, warum eine gerechte Familienbesteuerung zu Lasten der Ehegattenbesteuerung gehen muß[225]. Daß hierdurch in der

---

220 Zu diesem Themenkomplex sogleich unter B VI 1 d.

221 BVerfG v. 10. 11. 98 - 2 BvR 1057/91, 1226/91 u. 980/91 -, BVerfGE 99, 216 ff.; BVerfG v. 10. 11. 98 - 2 BvL 42/93 -, BVerfGE 99, 246 ff.

222 Dies gilt auch für die Befürworter des Splittings, vgl. nur KIRCHHOF, Essener Gespräche, 1986, S. 117 (119, 121); TIPKE, Steuerrechtsordnung II, 1993, S. 672 ff., UELNER, DStZ 1995, 321 (323); VOGEL, StuW 1999, 201 (212).

223 Beispiele für diese Vermengung finden sich bei allen Gegnern des Splittings; zu dieser Problematik s. SÖHN, in: LÜDEKE/SCHERF/STEDEN (Hrsg.), OBERHAUSER-Festschrift, 2000, 413 (415 f.); TIPKE, StbKongrRep 1983, 39 (52).

224 Vgl. z. B. ZEIDLER, in: BENDA/MAIHOFER/VOGEL (Hrsg.), HdbVerfR[1], 1983, S. 555 (596).

225 So aber ZEIDLER, in: BENDA/MAIHOFER/VOGEL (Hrsg.), HdbVerfR[1], 1983, S. 555 (596); dagegen VOGEL, StuW 1999, 201 (212).

Praxis Probleme der Gegenfinanzierung entstehen, läßt sich nicht vermeiden[226]. Diese Probleme entstehen aber auch, wenn verfassungswidrige Konzepte nachträglich vom Bundesverfassungsgericht verworfen werden.

(G) Ehepaare mit Einkünften (nur) aus nichtselbständiger Arbeit und Ehepaare mit anderen Einkünften

Bei der Diskussion um eine Abschaffung des Ehegattensplitting muß außerdem berücksichtigt werden, daß dadurch eine neue Ungleichbehandlung geschaffen wird. Es besteht nämlich ein Unterschied zwischen Ehepaaren, die auf andere Weise den Splittingeffekt wiederherstellen können und solchen, die das nicht können[227]. Einkünfte aus Gewerbebetrieb, Kapitalvermögen und aus Vermietung und Verpachtung können die Eheleute untereinander aufteilen, indem sie die Einkunftsquellen übertragen. Bei Einkünften aus nichtselbständiger Arbeit ist eine Übertragung nicht möglich[228].

Allgemein läßt sich hier feststellen, daß es den Eheleuten umso leichter fällt, ein eigenes Splitting herbeizuführen, je größer ihr Vermögen ist und je flexibler sie damit umgehen können. Wer auf Einkünfte aus nichtselbständiger Arbeit angewiesen ist und von den Nettoeinnahmen den größten Betrag für den Lebensunterhalt ausgeben muß, hat diese Gestaltungsmöglichkeiten nicht[229]. Das Bundesverfassungsgericht hat klargestellt, daß der Gleichheitssatz für das Steuerrecht eine *tatsächlich* gleiche und nicht nur eine *rechtlich* gleiche Belastung der Bürger verlangt[230]. Einkünfte aus nichtselbständiger Arbeit und andere Einkünfte in gleicher Höhe müßten nach dem Grundsatz der horizontalen Steuergleichheit gleich besteuert werden. Wenn sie nur nach dem Gesetz gleich behandelt werden, faktisch aber die Ehepaare mit Einkünften aus nichtselbständiger Arbeit wegen fehlender Gestaltungsmöglichkeiten benachteiligt werden, liegt hierin eine Ungleichbehandlung, die nicht durch die Besonderheiten der einzelnen Einkunftsarten gerechtfertigt werden kann[231].

---

226 Laut UELNER, DStZ 1995, 321 (325), würde aber auch eine Kappung des Splittings durch die nötigen Einschränkungen und den Ausweicheffekt kaum Mehreinnahmen bringen.

227 THIEDE, Ehegattenbesteuerung, 1999, S. 115; VOGEL, StuW 1999, 201 (216).

228 BVerfG v. 3. 11. 82 - 1 BvR 620/78, 1335/78, 1104/79 und 363/80 -, BVerfGE 61, 319 (347 f.).

229 Siehe zu dieser Problematik HACKMANN, Fin. Arch. N. F. Bd. 31 (1972/73), 495 (510 f.); STÖCKER, BB 1999, 236 (239).

230 BVerfG v. 27. 06. 91 - 2 BvR 1493/89 -, BVerfGE 84, 239 (268).

231 Zu den Grenzen der unterschiedlichen Behandlung einzelner Einkunftsarten vgl. BVerfG v. 8. 10. 91 - 1 BvL 50/86 -, BVerfGE 84, 348 (363 f.); BVerfG v. 10. 4. 97 - 2 BvL

dd. Ergebnis

Das Splitting ist nach wie vor eine zulässige Methode, die wirtschaftliche Leistungsfähigkeit der Ehegattengemeinschaft zu ermitteln und den einzelnen Ehepartnern zuzurechnen. Der Grundsatz der Individualbesteuerung wird hierdurch zwar verletzt. Der Verstoß ist jedoch zum Teil unmittelbar durch das Verfassungsrecht, zum Teil durch verfassungsimmanente Wertungen des Einkommensteuerrechts gerechtfertigt.

Früher oder später wird der Gesetzgeber möglicherweise gezwungen sein, auch bei Ehegatten zu einer Individualbesteuerung überzugehen. Dieser (mögliche) Änderungsbedarf beruht auf der bereits jetzt festzustellenden gesellschaftlichen Entwicklung, daß die traditionelle Ehe in Zukunft nur noch eine von vielen Formen darstellt, in denen die Menschen zusammen leben und wirtschaften. Zu verschieden sind auf Dauer die möglichen Lebenszuschnitte, als daß der Steuergesetzgeber noch von dem Einheitsbild der „intakten Durchschnittsehe" ausgehen könnte. Das Steuerrecht kann sich jedoch nur gleichzeitig mit dem Familienrecht entwickeln. Solange die zivilrechtlichen Unterhaltsverpflichtungen bei Ehegatten – und auch *nur* bei Ehegatten – bestehen, muß die dadurch veränderte steuerliche Leistungsfähigkeit auch Eingang in die steuerrechtlichen Bewertung finden[232].

Das Splitting ist derzeit eine verfassungsrechtlich zulässige und gleichzeitig praktikable Lösung für die Besteuerung von Ehegatten, bei der die Besteuerung nach der subjektiven Leistungsfähigkeit gewährleistet ist.

ee. Wahlrecht zwischen Zusammenveranlagung und getrennter Veranlagung

Nicht zu rechtfertigen ist das Wahlrecht, das der Gesetzgeber den Ehegatten „aus Angst vor dem Bundesverfassungsgericht"[233] eingeräumt hat (§ 26 Abs. 1 S. 1 EStG). Die Forderung nach einer gleichmäßigen Besteuerung gebietet es, jedem Steuerpflichtigen die seiner steuerlichen Leistungsfähigkeit entsprechende Steuerlast unausweichlich aufzuerlegen. Bei materiellen Wahlrechten, also solchen, die die Höhe der Steuerschuld betreffen, wird der Steuerpflichtige sich nicht für

---

77/92 -, BVerfGE 96, 1 (6); BVerfG v. 30. 9. 98 - 2 BvR 1818/91 -, BVerfGE 99, 88 (95).

232 Zur derzeit geplanten eingetragenen Partnerschaft siehe bereits oben .

233 POHMER, Fin. Arch. N. F. 27 (1968), 139 (153).

die „angemessene“ Steuerschuld entscheiden, sondern für die geringere. Das Wahlrecht muß daher abgeschafft werden[234].

ff. Gnadensplitting

§ 32 a Abs. 6 Nr. 1 EStG dehnt den Anwendungsbereich des Splittingtarifs auch auf einen Zeitraum aus, in dem einer der Ehegatten bereits verstorben ist (sog. Gnadensplitting). Diese Regelung verstößt nicht gegen den Grundsatz der Individualbesteuerung[235]. Besteuerungseinheit ist hier nämlich eine einzelne Person, der überlebende Ehegatte. Problematisch ist das Gnadensplitting dafür im Hinblick auf das Gleichmaß der Besteuerung: Der Überlebende wird steuerlich so behandelt, als würde die ihm allein zufließende wirtschaftliche Leistungsfähigkeit auf zwei Personen verteilt. Tatsächlich ist die subjektive Leistungsfähigkeit des überlebenden Ehegatten aber nicht mehr durch Transferleistungen an den anderen Ehegatten verringert. Die Erwerbs- und Verbrauchsgemeinschaft existiert nicht mehr.

Das Gnadensplitting dient als Übergangsregelung („Billigkeitsregelung“[236]) dazu, finanzielle Härten zu vermeiden, die sich durch den Tod des Ehepartners ergeben[237]. Der überlebende Steuerpflichtige kann (z. B. wegen der Kündigungsfrist für die Mietwohnung) nicht sofort seinen gesamten Lebenszuschnitt ändern. Für eine Übergangszeit bleibt für ihn somit ein größerer Teil des Einkommens indisponibel. Dies muß steuerlich auch berücksichtigt werden. Die fortgesetzte Anwendung des Splittingtarifs ist hierfür jedoch nicht das richtige Mittel. Systematisch besser wäre es, den Grundfreibetrag (§ 32 a Abs. 1 S. 2 Nr. 1 EStG) bei Verwitweten für eine bestimmte Zeit zu erhöhen[238].

---

234 So auch der WISSENSCHAFTLICHE BEIRAT BEIM BUNDESMINISTERIUM DER FINANZEN, Gutachten zur Reform der direkten Steuern, 1967, S. 347.

235 A. A. LANG, Bemessungsgrundlage, 1981/88, S. 627

236 STEPHAN, in: LITTMANN/BITZ/HELLWIG, EStG, § 32 a Rz 40; WATERKAMP, Ehegattenveranlagung, 1993, S. 143.

237 SCHÖBERLE, in: KIRCHHOF/SÖHN, EStG, § 32 a Rdnr. D 5; HessFG v. 19. 5. 1976 - I 46/76 -, EFG 1976, 607 (608).

238 Gegen eine Übergangsregelung aber TIPKE, Steuerrechtsordnung I², 2000, S. 380.

d. Individualbesteuerung im Verhältnis zwischen Eltern und Kindern

aa. Ausgangspunkt

Der Grundsatz der Individualbesteuerung gilt auch im Verhältnis zwischen Eltern und Kindern[239]. Eine Haushaltsbesteuerung, bei der das Einkommen aller Familienangehörigen zusammengefaßt und in seiner Gesamtheit besteuert wird, ist mit dem Individualbesteuerungsgrundsatz nicht zu vereinbaren. Jedes Familienmitglied ist ein gesondert zu betrachtendes Steuersubjekt; für jedes Kind müssen – wie für die Eltern – Bemessungsgrundlage und Tarif isoliert bestimmt werden. Auch die Rechtmäßigkeit der Besteuerung ist für jedes Familienmitglied einzeln zu bestimmen; eine Unterbesteuerung der Kinder kann beispielsweise nicht eine Überbesteuerung der Eltern rechtfertigen[240].

bb. Konsequenzen für die Besteuerung des Kindes

Die Bemessungsgrundlage für die Einkommensbesteuerung muß sich nach den eigenen Einkünften des Kindes richten. Da auch hier nur das disponible Einkommen steuerbar ist, muß jedem Kind ein eigener Grundfreibetrag zur Freistellung des persönlichen Existenzminimums gewährt werden. Das Existenzminimum sollte in der Bemessungsgrundlage, nicht (wie nach der jetzigen Rechtslage, vgl. § 32 a Abs. 1 S. 2 Nr. 1 EStG) im Tarif berücksichtigt werden[241]. Dieser Freibetrag braucht jedoch nicht mit dem Grundfreibetrag eines Erwachsenen übereinzustimmen. Möglich ist auch eine Staffelung des Grundfreibetrages nach dem Alter[242].

---

239 SÖHN, in: KIRCHHOF/OFFERHAUS/SCHÖBERLE (Hrsg.), KLEIN-Festschrift, 1994, S. 421 (433); R. WENDT, in: LANG (Hrsg.), TIPKE-Festschrift, 1995, S. 47 (48); KIRCHHOF, Essener Gespräche (21), 1986, 117 (122), fordert eine „Modifizierung“ des Grundsatzes der Individualbesteuerung.

240 SÖHN, in: KIRCHHOF/OFFERHAUS/SCHÖBERLE (Hrsg.), KLEIN-Festschrift, 1994, S. 421 (433); DERS., Fin. Arch. N. F. Bd. 51 (1994), 372 (385); VOLLMER, Ehegattensplitting, 1998, S. 63 (für das Verhältnis der Ehegatten untereinander).

241 So auch DZIADKOWSI, BB 1991, 805 (808 f.); KIRCHHOF, Essener Gespräche, 1986, 117 (130); LANG, Gerechte Einkommensteuer, 1987, S. 38; TIPKE, Steuerrechtsordnung II, 1993, S. 687; TIPKE/LANG, Steuerrecht[16], 1998, § 9 Rz. 87; vgl. zu dieser Diskussion außerdem ESSER, DStZ 1994, S. 517 ff.; HACKMANN, BB 1994, Beilage 19 S. 1 ff.; HALLER, in: KIRCHHOF/OFFERHAUS/SCHÖBERLE (Hrsg.), KLEIN-Festschrift, 1994, S. 409 ff.; SEIDL, StuW 1997, 142 ff.

242 Die Staffelung könnte sich an den Regelsätzen für die Sozialhilfe orientieren, vgl. § 2 der Durchführungsverordnung zu § 22 des Bundessozialhilfegesetzes (Regelsatzverordnung). Es müßten aber noch Zuschläge für Miete, Nebenkosten, zusätzlichen Bedarf etc. vorgenommen werden.

Der Einkommensteuertarif jedes Kindes muß nach seinen eigenen Verhältnissen bestimmt werden. Es darf keinen Familientarif geben, dem das Einkommen sämtlicher Familienmitglieder unterworfen wird. Im Falle eines progressiven Tarifs entsteht durch diese Konsequenz des Grundsatzes der Individualbesteuerung zwar die Möglichkeit, Steuern zu vermeiden, indem Einkünfte auf andere Familienmitglieder verlagert werden. Diese Steuergestaltungsmöglichkeiten müssen jedoch im System einer Individualbesteuerung grundsätzlich hingenommen werden. In welchem Umfang Vereinbarungen zwischen Angehörigen zur Verlagerung von Einkünften zulässig sind oder sein sollten, kann an dieser Stelle nicht diskutiert werden[243].

cc. Konsequenzen für die Besteuerung der Eltern

Die Eltern eines Kindes sind – bei gleichem Einkommen – finanziell weniger leistungsfähig als ein Paar ohne Kinder[244]. Grund hierfür ist die zivilrechtliche Unterhaltspflicht gegenüber dem Kind (§§ 1601, 1610 BGB), die einen (zusätzlichen) Teil des Einkommens indisponibel macht. Eltern können sich dieser Unterhaltspflicht nicht entziehen[245] (vgl. auch § 170 Abs. 1 StGB); ihre subjektive Leistungsfähigkeit ist daher gemindert[246].

---

243 Vgl. hierzu TIPKE (Hrsg.), DStJG 1, 1979.

244 Dies wurde bestätigt durch das BVerfG mit der Entscheidung v. 10. 11. 1998 – 2 BvR 1057, 1226, 980/91 –, BVerfGE 99, 216 (233); vgl auch die früheren Entscheidungen BVerfG v. 23. 11. 76 – 1 BvR 150/75 -, BVerfGE 42, 108 (126); BVerfG v. 3. 11. 82 – 1 BvR 620/78, 1335/78, 1104/79 u. 363/80 –, BVerfGE 61, 319 (343 f., 354 f.); BVerfG v. 22. 2. 84 – 1 BvL 10/80 -, BVerfGE 66, 214 (223); BVerfG v. 4. 10. 84 – 1 BvR 789/79 - , BVerfGE 67, 290 (297); BVerfG v. 17. 10. 84 – 1 BvR 527/80, 528/81 u. 441/82 -, BVerfGE 68, 143 (152 f.); BVerfG v. 29. 5. 90 – 1 BvL 20, 26, 184 u. 4/86 -, BVerfGE 82, 60 (85 ff.); BVerfG v. 25. 9. 92 – 2 BvL 5, 8, 14/91 -, BVerfGE 87, 153 (169 ff.).

245 KIRCHHOF, NJW 2000, 2792 (2795).

246 BÖCKENFÖRDE, StuW 1986, S. 335 (336 f.); DZIADKOWSKI, BB 1991, 805 (816 ff.); KIRCHHOF, StuW 1985, 319 ff.; DERS., in: KIRCHHOF/SÖHN, EStG, 1986, § 2 Rdnr. A 126 ff.; DERS., Essener Gespräche (21), 1986, 117 (128 ff.); DERS., Juristentag Gutachten, 1988, S. F 51 ff.; DERS., NJW 2000, 2792 (2794); KLEIN, in: FÜRST/HERZOG/UMBACH (Hrsg.), ZEIDLER-Festschrift, 1987, S. 773 (787 ff.); DERS., DStR 1987, 779 (780 ff.); LANG, StuW 1983, 103 (106); DERS., Gerechte Einkommensteuer, 1987, S. 38; MODEREGGER, Familienschutz, 1991, S. 68; PEZZER, in: FÜRST/HERZOG/UMBACH (Hrsg.), ZEIDLER-Festschrift, 1987, S. 757 (762 ff.); SÖHN, StuW 1985, 395 (400 ff.); DERS., in: KIRCHHOF/SÖHN, EStG, 1986 ff., § 10 Rdnr. A 17; DERS., ZRP 1988, 344 (347 f.); DERS., in: KIRCHHOF/OFFERHAUS/SCHÖBERLE (Hrsg.), KLEIN-Festschrift, 1994, S. 421 (433 f.); DERS., Fin. Arch. N. F. Bd. 51 (1994), 372 (377 f.); THIEDE, Ehegattenbesteuerung, 1999, S. 84 f.; TIPKE, StuW 1971, 2 (16 f.); DERS., StbKongrRep 1983, 39 (41 ff.); DERS., Steuerrechtsordnung II, 1993, S. 672 ff.; TIPKE/LANG, Steuerrecht[16], 1998, § 9 Rdnr. 74 ff.; VOGEL, DStR 1977, 31 ff.; DERS., StuW 1999, 201 (219 ff.); ZEIDLER, StuW 1985, 1 (3 ff.);

Auch mit dem Argument, die Kinder seien schließlich „freiwillig erworben“[247] worden, lassen sich die Unterhaltspflichten nicht leugnen[248]: Zum einen ist bereits die Freiwilligkeit in manchen Fällen zweifelhaft[249]; §§ 218 ff. StGB zeigen, daß der freien Entscheidung der Eltern Grenzen gesetzt sind. Zum anderen ist die Unterhaltsverpflichtung – sobald das Kind einmal da ist – der Disposition der Eltern entzogen. Auch das Bundesverfassungsgericht läßt dieses Argument nicht gelten:

> „[Der Staat] muß die Entscheidung der Eltern zugunsten von Kindern achten und darf den Eltern im Steuerrecht nicht etwa die 'Vermeidbarkeit' von Kindern in gleicher Weise entgegenhalten wie die Vermeidbarkeit sonstiger Lebensführungskosten.“[250]

Auf der Ebene der Einkommensbesteuerung der Eltern – evtl. auch in Kombination mit der Besteuerung der Kinder – muß somit ein Weg gefunden werden, die Belastung durch die Unterhaltsverpflichtungen auszugleichen und somit horizontale Steuergerechtigkeit im Vergleich zu kinderlosen Paaren wiederherzustellen. Hierzu sind verschiedene Lösungsmöglichkeiten denkbar:

dd. Kinderfreibeträge / Kindergeld

aaa. Unterscheidung zwischen Familienbesteuerung und Familienförderung

Zur Zeit soll eine Kombination aus Kinderfreibeträgen und Kindergeld eine gerechte Besteuerung der Eltern gewährleisten. Daß dem Gesetzgeber dies bislang nicht gelungen ist, wurde von der Rechtsprechung[251] und der steuerrechtlichen

---

a. A.: BAREIS, StuW 1991, 38 ff.; DERS., StuW 2000, 81 ff.; BIERGANS/WASMER, FR 1985, 57 (62); SCHNEIDER, StuW 1984, 356 ff.; SIEGEL/BAREIS, Strukturen der Besteuerung[3], 1999, S. 22; SIEGEL/ SCHNEIDER, DStR 1994, 597 (601); STIGLITZ/SCHÖNFELDER, Finanzwissenschaft[2], 1989, S. 374.

247 BAREIS, StuW 2000, 81 (84); STIGLITZ/SCHÖNFELDER, Finanzwissenschaft[2], 1989, S. 375.

248 Siehe hierzu LANG, in: KIRCHHOF/OFFERHAUS/SCHÖBERLE (Hrsg.), KLEIN-Festschrift, 1994, S. 437 (445); TIPKE, Steuerrechtsordnung II, 1993, S. 696.

249 So auch SIEGEL/SCHNEIDER, DStR 1994, 597 (600).

250 BVerfG v. 29. 5. 90 – 1 BvL 20, 26, 184 u. 4/86 -, BVerfGE 82, 60 (87).

251 Zuletzt – allerdings noch zur Rechtslage vor dem Familienförderungsgesetz v. 22. 12. 1999 (BGBl. I S. 2552) –: BVerfG v. 10. 11. 98 – 2 BvL 42/93 –, BVerfGE 99, 246 (265); BVerfG v. 10. 11. 98 – 2 BvR 1057, 1226, 980/91 –, BVerfGE 99, 216 (insb. 235 ff.); BVerfG v. 10. 11. 98 – 2 BvR 1852, 1853/97 -, BVerfGE 99, 273 (276 ff.).

Literatur[252] immer wieder gerügt[253]. Eltern erhalten nach der derzeitigen Rechtslage Kindergeld; gleichzeitig wird ein Kinderfreibetrag gewährt. Soweit der Kinderfreibetrag ausreicht, einen Einkommensbetrag in Höhe des Existenzminimums des Kindes freizustellen, wird das gezahlte Kindergeld zur Einkommensteuer hinzugerechnet[254]. Kindergeld und Kinderfreibeträge werden somit nicht kumulativ, sondern nur alternativ gewährt.

Die Unübersichtlichkeit der Rechtslage[255] führt dazu, daß in der steuerpolitischen Diskussion verschiedene Ebenen miteinander vermengt werden, die im Interesse einer sachlichen Auseinandersetzung getrennt bleiben müssen. Unterschieden werden muß zum einen zwischen einer am Leistungsfähigkeitsprinzip orientierten Besteuerung der Familie und einer (darüber hinausgehenden) Förderung der Familie[256]. Wegen ihrer Unterhaltsverpflichtung gegenüber den Kindern entstehen den Eltern zwangsläufige Aufwendungen. Im Vergleich zu kinderlosen Paaren muß daher bei Eltern ein größerer Teil des Einkommens von der Steuer verschont bleiben.

bbb. Wirkung der Kinderfreibeträge

Hierfür bieten sich Kinderfreibeträge an: Für jedes Kind werden bestimmte Abzüge von der einkommensteuerlichen Bemessungsgrundlage vorgenommen, so daß sich das zu versteuernde Einkommen verringert. Oft wird die regressive Wirkung der Kinderfreibeträge gerügt[257]: Eine „reiche" Familie benötige die Kinderfreibeträge weniger als eine „arme", trotzdem steige die Entlastungswirkung der

---

252 TIPKE, Steuerrechtsordnung II, 1993, S. 694: „konzeptionslos, unsystematisch-inkonsequent, verworren und unübersichtlich". Steuerrechtliche Veröffentlichungen (vgl. Fn. 112), die die bislang geltende Familienbesteuerung insgesamt für gelungen hielten, gab es praktisch nicht; daß sich hieran seit Inkrafttreten des Familienförderungsgesetzes etwas geändert hat, ist nicht ersichtlich, vgl. SEER/WENDT, NJW 2000, 1904 ff.

253 Mit dem Familienförderungsgesetz v. 22. 12. 1999 (BGBl. I S. 2552) sind Kindergeld und Kinderfreibeträge erhöht worden, um die vom Bundesverfassungsgericht geforderte Freistellung des Familienexistenzminimums zu erreichen.

254 Zu den Einzelheiten siehe §§ 31, 32 Abs. 6, 36 Abs. 2, 62 ff. EStG.

255 Kritisch zu dieser Gesetzestechnik, mit der „die rechtssystematische Grenze zwischen staatlichem Geben und Nehmen gezielt verwischt" werde, SEER/WENDT, NJW 2000, 1904 (1905); zu systembedingten Unterschieden zwischen Kindergeld- und Steuerrecht vgl. SEEWALD/FELIX, VSSR 1991, 157 (176 ff.).

256 Zur unzulässigen Vermengung dieser Ebenen s. LANG, in: KIRCHHOF/OFFERHAUS/SCHÖBERLE (Hrsg.), KLEIN-Festschrift, 1994, 437 (448).

257 Z. B. von MATTHÄUS-MAIER, ZRP 1988, 252 (253); SIEGEL/ SCHNEIDER, DStR 1994, 597 (601); STIGLITZ/SCHÖNFELDER, Finanzwissenschaft², 1989, S. 374.

Freibeträge und damit der „Steuervorteil“ wegen des Progressionseffekts bei höherem Einkommen an. Es ist aber nur die notwendige Folge („Reflex“) des progressiven Tarifs, daß Abzugsbeträge von der Bemessungsgrundlage eine überproportionale Minderung der Steuerlast mit sich bringen[258]. Wer einen progressiven Tarif für gerecht hält, muß sich mit dieser Konsequenz abfinden, ansonsten wäre jedes Bemühen um horizontale Steuergerechtigkeit vergeblich; die Besteuerung würde ab einer bestimmten Einkommensgrenze zur reinen Willkür. Die Unterschiede in der Leistungsfähigkeit bei hohen und niedrigen Einkommen müssen im Tarif berücksichtigt werden (vertikale Steuergerechtigkeit), während die horizontale Gerechtigkeit Maßstab sein muß beim Vergleich zwischen Steuerpflichtigen mit Kindern und solchen ohne Kinder[259].

Zum Teil wird zwischen der Gleichbehandlung aller Kinder (d. h. von „Besser-“ und von „Schlechterverdienern“; Schlagwort: „Kind = Kind“[260]) und der Gleichbehandlung der Unterhaltspflichtigen gegenüber Nicht-Verpflichteten ein Konflikt gesehen[261]. Bei näherer Betrachtung stellt sich jedoch heraus, daß dieser Konflikt auf einem Fehlschluß beruht. Denn wenn man das Konzept einer subjektive Leistungsfähigkeit bejaht, muß man zunächst (logischer Vorrang) die Unterhaltspflichten berücksichtigen, um überhaupt erst zu einem Urteil „besserverdienend“ oder „schlechterverdienend“ kommen zu können.

Erst wenn man – unabhängig vom Bruttoeinkommen – das disponible Einkommen zweier Steuerpflichtiger ermittelt hat, kann man in einem zweiten Schritt entscheiden, welcher von beiden leistungsfähiger ist und somit eine höhere Einkommensteuer zu zahlen hat. Einen Konflikt in dem Sinne, daß von zwei Gerechtigkeitsaspekten in der Besteuerung nur einer verwirklicht werden kann, gibt es hier aber nicht.

---

258 Vgl. BÖCKENFÖRDE, StuW 1986, 335 (337); KIRCHHOF, Essener Gespräche, 1986, S. 117 (129 f.); PECHSTEIN, Familiengerechtigkeit, 1994, S. 296; SÖHN, in: KIRCHHOF/OFFERHAUS/SCHÖBERLE (Hrsg.), KLEIN-Festschrift, 1994, 421 (423); STÖCKER, BB 1999, 236 (239); TIPKE, Steuerrechtsordnung II, 1993, S. 687; VOGEL, DStR 1977, 31 (39); DERS., in: KIRCHHOF/JAKOB/BEERMANN (Hrsg.), OFFERHAUS-Festschrift, 1999, S. 47; VOLLMER, Ehegattensplitting, 1998, S. 70.

259 SÖHN, in: KIRCHHOF/OFFERHAUS/SCHÖBERLE (Hrsg.), KLEIN-Festschrift, 1994, 421 (423 f.).

260 MATTHÄUS-MAIER, ZRP 1988, 252 (254); BT-Drs. 7/1470 S. 213; kritisch hierzu KIRCHHOF, JZ 1982, 305 (310); DERS., Essener Gespräche (21), 1986 S. 117 (129); s. auch PECHSTEIN, Familiengerechtigkeit, 1994, S. 295.

261 VOLLMER, Ehegattensplitting, 1998, S. 73.

ccc. Keine Subvention durch Kinderfreibeträge

Die Gewährung eines Freibetrages zum Ausgleich von Unterhaltsverpflichtungen wird von der Politik als Familienförderung bezeichnet, tatsächlich sorgen solche erhöhten Freibeträge aber nur für die (teilweise) Wiederherstellung der horizontalen Steuergerechtigkeit. Der Staat gewährt der Familie durch Kinderfreibeträge keine Steuervergünstigung oder Subvention[262]. Eltern haben einen Anspruch darauf, daß die Kinder„lasten“[263] im Rahmen der subjektiven Leistungsfähigkeit berücksichtigt werden. Inwieweit die Familie zusätzlich gefördert werden soll – etwa durch Kindergeld, Steuervergünstigungen o. ä. –, unterliegt der Einschätzungsprärogative des Gesetzgebers. Einen Spielraum hat der Gesetzgeber aber erst, wenn eine am Leistungsfähigkeitsprinzip orientierte Besteuerung gewährleistet ist.

ddd. Höhe der freizustellenden Unterhaltsverpflichtungen

Ein weiterer Streitpunkt ist die Frage, in welcher Höhe das Einkommen der Eltern als indisponibel anzusehen ist[264]. Es reicht hier nicht aus, lediglich das sozial-kulturelle Existenzminimum anzusetzen[265]. Die Eltern schulden dem Kind

---

262 DISCHINGER, Steuersparende Sachverhaltsgestaltungen, 1997, S. 6; SÖHN, in: KIRCHHOF/OFFERHAUS/SCHÖBERLE (Hrsg.), KLEIN-Festschrift, 1994, S. 421 (423); TIPKE, Steuerrechtsordnung II, 1993, S. 681; TIPKE/LANG, StuW 1984, 127 (131); DIES., Steuerrecht[16], 1998, § 9 Rz. 68 ff.; VOLLMER, Ehegattensplitting, 1998, S. 70; WENDT, in: LANG (Hrsg.), TIPKE-Festschrift, 1995, S. 47-69;

a. A.: BAREIS, StuW 1991, 38 (49 f.); SEIDL, StuW 1987, 185 (190).

263 Zum Begriff „Kinderlastenausgleich“ s. KIRCHHOF, Essener Gespräche (21), 1986, S. 117 (122); LANG, in: KIRCHHOF/OFFERHAUS/SCHÖBERLE (Hrsg.), KLEIN-Festschrift, 1994, 437 (446, 449); SÖHN, in: KIRCHHOF/OFFERHAUS/SCHÖBERLE (Hrsg.), KLEIN-Festschrift, 1994, 421 (422 f.); R. WENDT, in: LANG (Hrsg.), TIPKE-Festschrift, 1995, S. 47 (48).

264 DZIADKOWSKI, BB 1991, 805 (816 ff.); KIRCHHOF, Juristentag-Gutachten, 1988, S. F 71 f.; DERS., NJW 2000, 2792 (2795); FRANZ KLEIN, DStR 1987, 779 (781 f.); LANG, Bemessungsgrundlage, 1981/88, S. 651; DERS., StuW 1983, 103 (118 ff.); MODEREGGER, Familienschutz, 1991, S. 152 ff.; SACKSOFSKY, NJW 2000, 1896 (1901); SÖHN, in: KIRCHHOF/OFFERHAUS/SCHÖBERLE (Hrsg.), KLEIN-Festschrift, 1994, S. 421 (429 ff.); VOGEL, in: KIRCHHOF/JAKOB/BEERMANN (Hrsg.), OFFERHAUS-Festschrift, 1999, S. 47 (62 f.); VOLLMER, Ehegattensplitting, 1998, S. 74; R. WENDT, in: LANG (Hrsg.), TIPKE-Festschrift, 1995, S. 47 (59).

265 So aber wohl das Bundesverfassungsgericht, vgl. BVerfG v. 10. 11. 1998 – 2 BvL 42/93 –, BVerfGE 99, 246 (259, 261); KIRCHHOF, NJW 2000, 2792 (2795), hält eine Anlehnung an das Sozialhilferecht zumindest für „im Rahmen gesetzlicher Typisierung vertretbar“.

nämlich „angemessenen Unterhalt“ im Sinne des § 1610 Abs. 1 BGB[266]. Die Höhe richtet sich nach den Einkommens- und Vermögensverhältnissen der Eltern[267] und übersteigt regelmäßig das Existenzminimum. Es stimmt zwar, daß der Abzugsbetrag nicht in jedem Einzelfall neu festgesetzt werden kann; dies würde zuviel Verwaltungsaufwand verursachen. Eine vom Gesetzgeber notwendigerweise vorzunehmende Typisierung darf sich aber nicht am Minimalfall orientieren (Unterhaltlast = Existenzminimum des Kindes), sondern muß einen Durchschnittswert zugrundelegen[268].

eee. Kindergeldlösungen

Auch durch Zahlung von Kindergeld können theoretisch die Unterhaltsverpflichtungen der Eltern ausgeglichen werden. Als Gegenstück zu einem progressiven Steuertarif müßte umso mehr Kindergeld gezahlt werden, je höher das Einkommen der Eltern ist[269]. Eine solche Lösung wird sich politisch nicht durchsetzen lassen. Eine reine Kindergeldlösung mit konstantem Kindergeld („Kind = Kind“) würde dagegen zu einer Verletzung des Gebots horizontaler Steuergerechtigkeit führen.

fff. Ergebnis

Die Minderung der subjektiven Leistungsfähigkeit der Eltern durch die Belastung mit Unterhaltsverpflichtungen kann im Rahmen einer Kombination von Kinderfreibeträgen und Kindergeld berücksichtigt werden[270]. Insbesondere durch das Kindergeld kann zusätzlich eine finanzielle Förderung der Familie erzielt werden, die über eine Freistellung des indisponiblen Einkommens der Eltern hinausgeht[271]. Zur Zeit kann durch die Höhe der Freibeträge allenfalls eine an der subjektiven Leistungsfähigkeit orientierte Besteuerung der Eltern erreicht wer-

---

266 LANG, Bemessungsgrundlage, 1981/88, S. 650; SÖHN, in: KIRCHHOF/OFFERHAUS/SCHÖBERLE (Hrsg.), KLEIN-Festschrift, 1994, S. 421 (431 ff.).

267 Pauschalsätze für die Praxis finden sich in der sog. Düsseldorfer Tabelle, s. PALANDT/DIEDERICHSEN, BGB[59], 2000, Einf. v. § 1601, Rdnr. 25.

268 S. hierzu MODEREGGER, Familienschutz, 1991, S. 162; VOGEL, in: KIRCHHOF/JAKOB/BEERMANN (Hrsg.), OFFERHAUS-Festschrift, 1999, S. 47 (62 f.); VOLLMER, Ehegattensplitting, 1998, S. 75.

269 PECHSTEIN, Familiengerechtigkeit, 1994, S. 292; das Kindergeld müßte theoretisch doppelt ansteigen: Zum Ausgleich des „Progressionseffekts“ und zur Kompensierung der Unterhaltspflichten, die auch mit dem Einkommen der Eltern steigen.

270 So auch das BVerfG v. 10. 11. 1998 – 2 BvL 42/93 –, BVerfGE 99, 246 (265).

271 LEHNER, Einkommensteuerrecht und Sozialhilferecht, 1993, S. 270 f. spricht hier zutreffend von einem „Vorrang der Kinderfreibeträge“.

den[272]. Wegen der Anrechnung des zunächst ausgezahlten Kindergeldes[273] kann auch nach der neuen Rechtslage von einer Familienförderung weiterhin keine Rede sein, allenfalls davon, daß – erst nach der Entscheidung des Bundesverfassungsgerichts – bislang bestehende steuerliche Diskriminierungen der Familie abgeschafft wurden.

ee. Familien-Realsplitting

aaa. Darstellung des Familien-Realsplittings

Beim Familien-Realsplitting[274] werden die Unterhaltsleistungen an die Kinder von der einkommensteuerlichen Bemessungsgrundlage der Eltern abgezogen. Für die Empfänger sind die Unterhaltsbezüge zu versteuernde Einkünfte[275]. Ein Realsplitting existiert derzeit in begrenztem Umfang für geschiedene oder getrennt lebende Eheleute (§ 10 Abs. 1 Nr. 1, § 22 Nr. 1a EStG)[276].

Mit dem Familien-Realsplitting können die Unterhaltsverpflichtungen der Eltern und die hierdurch verminderte subjektive Leistungsfähigkeit realitätsgerecht berücksichtigt werden. Gleichzeitig bleibt eine individuelle Besteuerung aller Fa-

---

272 Zur Zeit werden (bei Zusammenveranlagung) pro Kind ein monatlicher Freibetrag von 576 DM und – für Kinder unter 16 Jahren – ein Betreuungsfreibetrag von 252 DM gewährt (§ 32 Abs. 6 EStG). Mit den Sozialhilfe-Regelsätzen (in Bayern beispielsweise betragen die Regelsätze ab. 1. 7. 2000 für Kinder zwischen 267 und 480 DM) können diese Beträge nicht verglichen werden, weil die Regelsätze nur einen Teil des tatsächlichen Existenzminimums abdecken. Neben den Regelsätzen übernimmt das Sozialamt die Miete, Nebenkosten, Krankenkasse und die Kosten für besondere Anschaffungen (Kleidung etc.).

273 Siehe oben B IV 1 d dd aaa.

274 Eine umfangreiche Darstellung findet sich bei LANG, Bemessungsgrundlage, 1981/1988, S. 650 ff; s. auch das Gutachten der Steuerreformkommission, 1971, Tz. 577 ff.; ARNDT/SCHUMACHER, AöR 118 (1993), (577); JANSSEN, DStZ 1991, 13 (21 f.); KLEIN, in: FÜRST/HERZOG/ UMBACH (Hrsg.), ZEIDLER-Festschrift, 1987, S. 773 (800); DERS., DStR 1987, 779 (783); LANG, StuW 1983, 103 (123 ff.); DERS., in: KIRCHHOF/OFFERHAUS/SCHÖBERLE (Hrsg.), KLEIN-Festschrift, 1994, S. 437 (451 f.); LEHNER, Einkommensteuerrecht und Sozialhilferecht, 1993, S. 165 ff.; LINGEMANN, Familienbesteuerung, 1994, S. 156 ff.; MODEREGGER, Familienschutz, 1991, S. 163 ff; PECHSTEIN, Familiengerechtigkeit, 1994, S. 300; PEZZER, in: SEEL (Hrsg.), Aspekte, 1996, S. 41 (60); THIEDE, Ehegattenbesteuerung, 1999, S. 177 ff.; WATERKAMP, Ehegattenveranlagung, 1993, S. 262 ff.; DIES., StuW 1994, 312 (317 ff.); R. WENDT, in: LANG (Hrsg.), TIPKE-Festschrift, 1995, S. 47 (67 ff.).

275 Zur derzeitigen Rechtslage vgl. § 12 Nr. 1 EStG.

276 Zum „Modellcharakter" dieser Regelung vgl. SÖHN, in: LANG (Hrsg.), TIPKE-Festschrift, 1995, S. 343 (359 ff.).

milienmitglieder möglich[277]. Die Höhe der zu berücksichtigenden Unterhaltsleistungen muß sich wiederum nach dem „angemessenen Unterhalt" des § 1610 BGB richten. Das Realsplitting hat zur Folge, daß die Unterhaltsbezüge steuerbares Einkommen des Kindes sein müssen. Auch hier gilt der Grundsatz, daß nur das disponible Einkommen steuerbar ist, so daß bei einem Kind ohne eigenes Einkommen nur die Differenz zwischen dem „angemessenen Unterhalt" und dem Existenzminimum besteuert werden könnte. Hat das Kind dagegen eigene Einkünfte, muß es diese zusätzlich zu den Unterhaltsleistungen der Eltern versteuern, wobei allerdings zu berücksichtigen ist, daß sich dann auch die Unterhaltsverpflichtungen der Eltern verringern (§ 1602 BGB).

bbb. Eignung des Realsplittings zur Besteuerung nach der individuellen subjektiven Leistungsfähigkeit

Die Methode des Realsplittings hat den Vorteil, daß besondere Situationen – etwa wenn ein Kind den elterlichen Haushalt verläßt – ohne weiteres berücksichtigt werden können, indem die Unterhaltssätze jeweils angepaßt werden[278]. Die steuerrechtlichen Beurteilung kann beim Familien-Realsplitting auf diese Weise sehr eng an die zivilrechtlichen Vorgaben angelehnt werden. Eine Besteuerung nach der individuellen (subjektiven) Leistungsfähigkeit ist möglich[279]. Der Grundsatz der Individualbesteuerung würde durch eine Einführung des Familien-Realsplittings nicht verletzt[280].

ff. Familien-Tarifsplitting[281]

aaa. Darstellung des Familien-Tarifsplittings

Einen anderen Ansatz zur Besteuerung der Familie verfolgt das sog. Familien(tarif-)splitting[282], das einer Ausdehnung des Ehegattensplittings auf die Kin-

---

277 LANG, Bemessungsgrundlage, 1981/88, S. 655.

278 LANG, Bemessungsgrundlage, S. 653.

279 MODEREGGER, Familienschutz, 1991, S. 163 f.

280 LANG, Bemessungsgrundlage, 1981/88, S. 655; THIEDE, Ehegattenbesteuerung, 1999, S. 187.

281 Die Terminologie (Tarif-/Divisorensplitting) ist nicht einheitlich; in vielen Veröffentlichungen bleibt außerdem unklar, welche Splittingmethode gemeint ist. Im folgenden wird zur besseren Unterscheidung unter „Familien-Tarifsplitting" die Splittingmethode mit Gesamtdivisor und einheitlichem Tarif verstanden, unter „Familien-Einkommensplitting" die Methode mit der anteiligen Zurechnung des Familieneinkommens auf die einzelnen Familienmitglieder (s. unten B IV 1 d gg).

282 S. hierzu das Gutachten zur Reform der direkten Steuern, 1967, S. 326 (346 ff.); Gutachten der Steuerreformkommision, 1971, Rz. II 576 ff.; CHARLIER, StbJb 1979/80, 479

der gleichkommt. Nach dieser Methode wird das Einkommen sämtlicher Familienmitglieder zusammengefaßt und durch einen sog. Splittingdivisor geteilt, der sich nach der Anzahl und dem Alter der Kinder richten kann („Teilsplitting"). Vorgeschlagen wurden beispielsweise folgende „Additive" für die einzelnen Familienmitglieder[283]:

Alleinstehende		1
Ehegatten		1,8
Kinder	0-6 J.	0,3
	7-14 J.	0,6
	über 14 J.	0,9

Alternativ dazu ist auch ein „Vollsplitting" möglich, bei dem der Divisor der Anzahl der Familienmitglieder entspricht.

Auf die sich hieraus ergebende Bemessungsgrundlage wird der einheitliche (progressive[284]) Tarif angewandt. Anschließend wird die zu zahlende Steuer wieder mit dem Splittingdivisor multipliziert, um die gesamte Steuerschuld zu ermitteln.

Beispiel: Eine fünfköpfige Familie (Ehepaar und drei Kinder im Alter von 0-3 Jahren) hat ein zu versteuerndes Einkommen von DM 135.000. Bei einem Divisor von 2,7 muß in der Grundtabelle[285] bei einem zu versteuernden Einkommen von 50.000 nachgeschlagen werden. Das Ergebnis (DM 10.497) muß wiederum mit dem Gesamtdivisor multipliziert werden, um auf eine Einkommensteuer für die gesamte Familie in Höhe von DM 28.342 zu kommen.

(500 ff.); KIRCHHOF, Juristentag-Gutachten, 1988, S. F 71; FRANZ KLEIN, DStR 1987, 779 (783 f.); DERS., in: FÜRST/HERZOG/UMBACH (Hrsg.), ZEIDLER-Festschrift, 1987, S. 773 (796 ff.); LANG, Bemessungsgrundlage, 1981/88, S. 650 ff.; DERS., in: KIRCHHOF/OFFERHAUS/SCHÖBERLE (Hrsg.), KLEIN-Festschrift, 1994, S. 437 (451 f.); LINGEMANN, Familienbesteuerung, 1994, S. 187 ff.; K. LITTMANN, Fin. Arch. N. F. Bd. 27 (1968), 174 (182 ff.); MENNEL, StuW 1984, 287 (288 ff.); MODEREGGER, Familienschutz, 1991, S. 165 ff.; PECHSTEIN, Familiengerechtigkeit, 1994, S. 297; THIEDE, Ehegattenbesteuerung, 1999, S. 170 ff.; TIPKE/LANG, StuW 1984, 127 (131 f.); VOGEL, DStR 1977, 31 (40 f.); DERS., StuW 1999, 201 (225 f.); VOLLMER, Ehegattensplitting, 1998, S. 226; WATERKAMP, Ehegattenveranlagung, 1993, S. 259 ff.; DIES., StuW 1994, 312 (315 ff.); R. WENDT, in: LANG (Hrsg.), TIPKE-Festschrift, 1995, S. 47 (67 f.).

283 Gutachten zur Reform der direkten Steuern, 1967, S. 326 (352).

284 Die Einführung eines Splittings würde nur bei einem progressiven Tarif Sinn ergeben, s. HALLER, Steuern[3], 1980, S. 72.

285 Hier wurde die Einkommensteuer-Grundtabelle 2000/2001 zugrunde gelegt.

bbb. Wirkung des Familien-Tarifsplittings

Beim Familien-Tarifsplitting mit Kinderadditiven unter 1,0 kann nicht davon gesprochen werden, daß jedem Familienmitglied ein bestimmter Anteil des Familieneinkommens „zugerechnet" wird. Der individuelle Anteil läßt sich nicht mehr bestimmen, weil der Splittingdivisor eine „mathematisch-abstrakte"[286] Größe ist, die von der Anzahl der Familienmitglieder unabhängig ist[287].

Man kann daher das Familiensplitting mit Additiven unter 1,0 nicht mit dem Ehegattensplitting vergleichen, bei dem der Divisor (2) gleich der Anzahl der einbezogenen Personen ist. Während das Ehegattensplitting auch als „pauschales Realsplitting"[288] bzw. als hälftige Zurechnung des gemeinsamen Einkommens[289] angesehen werden kann, gelingt eine individuelle „Zurechnung" beim Familien-Tarifsplitting nicht mehr.

> Hat beispielsweise eine fünfköpfige Familie einen Divisor von 2,7 (Ehepaar und drei Kinder im Alter von 0-3 Jahren), müßte so getan werden, als würde das gesamte Einkommen auf 2,7 Personen gleichmäßig aufgeteilt, wobei die Steuer der „Bruchteilsperson" auch mit einem „Bruchteilsgrundfreibetrag" und einem „Bruchteilstarif" berechnet werden müßte. Das Beispiel zeigt, daß eine individuelle Zurechnung zu einzelnen Familienmitglieder hier nicht möglich ist.

Das Familiensplitting mit Additiven unter 1,0 hat daher eher den Charakter einer willkürlich festgelegten Milderung der Härten eines progressiven Tarifs in Abhängigkeit von der Anzahl der Kinder in einer Familie.

ccc. Familien-Tarifsplitting und Individualbesteuerung

Bei Familien-Tarifsplitting – einerlei, ob Vollsplitting oder nicht – wird das Gesamteinkommen aller Familienmitglieder zusammengerechnet und nach einem einheitlichen Tarif versteuert. Der sich im konkreten Fall ergebende Steuersatz gilt sowohl für die Einkünfte der Eltern als auch für die der Kinder. Die Kinder haften beim Familiensplitting außerdem auch für die Steuerschulden der Fami-

---

286 TIPKE/LANG, StuW 1984, 127 (132).

287 Beispielsweise ergibt sich nach den oben angegebenen Additiven ein Splittingdivisor von 1,9 sowohl für eine alleinstehende Mutter mit 3 Kindern unter 6 Jahren als auch für einen alleinstehenden Vater mit einem Kind über 14 Jahren.

288 SÖHN, in: LÜDEKE/SCHERF/STEDEN (Hrsg.), OBERHAUSER-Festschrift, 2000, S. 413 (430); DERS., in: KIRCHHOF u. a. (Hrsg.), VOGEL-Festschrift, 2000, S. 639 (655).

289 So z. B. BALKE, FR 1982, 449; JAKOB, Steuern I, 1980, S. 178; LANG, Bemessungsgrundlage, 1981/88, S. 626 f.; DERS., StuW 1983, 103 (113); LINGEMANN, Familienbesteuerung, 1994, S. 169; TIPKE, Steuerrechtsordnung I^2, 2000, S. 378.

lie[290], obwohl sie möglicherweise nichts zum Gesamteinkommen beigetragen haben. Noch mehr als beim Ehegattensplitting steht beim Familiensplitting also die Besteuerung einer Gemeinschaft im Vordergrund. Diese Besteuerungsmethode ähnelt der Haushaltsbesteuerung, wenn auch jeweils unterschiedliche Personen von der Besteuerungsgemeinschaft erfaßt sind[291]. Die Ermittlung nur einer Bemessungsgrundlage für die gesamte Familie und die Besteuerung nach einem einheitlichen Tarif verstößt gegen den Grundsatz der Individualbesteuerung.

ddd. Keine Rechtfertigung des Verstoßes gegen den Grundsatz der Individualbesteuerung

Die Einführung eines Familiensplittings wäre dennoch zulässig, wenn der Verstoß gegen den Grundsatz der Individualbesteuerung verfassungsrechtlich zu rechtfertigen ist. Eine Abkehr von der verfassungsrechtlich gebotenen Ermittlung der individuellen Besteuerungsgrundlagen für jede natürliche Person müßte durch zwingende Gründe vorgeschrieben sein, die in der Natur der Familie liegen.

Die Familie wird als Gemeinschaft von Art 6 Abs. 1 GG geschützt[292]. Art 6 Abs. 1 GG fordert indes nicht, daß das Individuum innerhalb der Familie seine Rechte aufgibt oder verliert[293]. Eine Erwerbs- und Verbrauchsgemeinschaft, wie sie bei Ehegatten oft angenommen wird, ist die Familie in der Regel nicht[294], es handelt sich eher um eine Unterhaltsgemeinschaft[295]. Die für die Erwerbsgemeinschaft der Ehegatten angeführten Argumente, z. B. eine Einigung über Aufteilung der

---

290 Gutachten der Steuerreformkommission, 1971, Rz. II 581.

291 Das Familiensplitting könnte im Gegensatz zur klassischen Haushaltsbesteuerung auch auswärtig untergebrachte Kinder einschließen Vgl. § 8 b PrEStG 1851 (PrGS S. 193 ff.): „Zur Haushaltung gehört der Hausherr, oder, wenn Frauen selbständig eine Wirtschaft führen, die Hausfrau mit ihren Angehörigen, denen sie Wohnung und Unterhalt geben.“

292 MODEREGGER, Familienschutz, 1991, S. 31 ff.; ROBBERS, in: v. MANGOLDT/KLEIN/STARCK, GG I[4], 1999, Art. 6 Rz 13: „überindividueller Bezug“.

293 Daß Art. 6 Abs. 1 GG individuelle Rechte gewährleistet, wurde auch vom BVerfG bestätigt, BVerfG v. 17. 1. 57 – 1 BvL 4/54 -, BVerfGE 6, 55 (71); BVerfG v. 7. 10. 70 – 1 BvR 409/67 -, BVerfGE 29, 166 (175); ebenso PIRSON, in: DOLZER/VOGEL (Hrsg.), Bonner Kommentar, Art. 6 Rz 89 ff.; ROBBERS, in: v. MANGOLDT/KLEIN/STARCK, GG I[4], 1999, Art. 6 Abs. 1 Rz. 12.

294 ARNDT/SCHUMACHER, AöR 118 (1993), 513 (578); LANG, Bemessungsgrundlage, 1981/88, S. 650; R. WENDT, in: LANG (Hrsg.), TIPKE-Festschrift, 1995, S. 47 (68); BVerfG v. 3. 11. 1982 – 1 BvR 620/78, 1335/78, 1104/79 u. 363/80 -, BVerfGE 61, 319 (348).

295 KIRCHHOF, Juristentag-Gutachen, 1988, S. F 71; DERS., NJW 2000, S. 2792 (2794); LANG, Bemessungsgrundlage, 1981/88, S. 651; MODEREGGER, Familienschutz, 1991, S. 166.

Erwerbs- und Haushaltstätigkeit[296], können auf Familien nicht übertragen werden. Während die wirtschaftiche Leistungsfähigkeit eines Ehegatten nicht ohne Berücksichtigung der Leistungsfähigkeit des anderen Ehegatten beurteilt werden kann[297], besteht eine solche Konnexität zwischen Eltern und Kindern nicht. Es müssen zwar wechselseitige Unterhaltsverpflichtungen bei der Ermittlung der Leistungsfähigkeit beachtet werden, dies kann jedoch genauer und realitätsgerechter im Rahmen eines Realsplittings erreicht werden.

Auch das bei einer Individualbesteuerung erforderliche Eindringen in die Familiensphäre bei der Erhebung der Steuer läßt sich nicht als Argument für eine Einführung des Familiensplittings anführen. Der Fiskus müßte zwar nicht mehr die genaue Verteilung des Einkommens innerhalb der Familie ermitteln, dafür würden aber umfangreiche Feststellung erforderlich, wer überhaupt zur „Familie" gehört (etwa bei Kindern, die außerhalb des Elternhauses leben). Außerdem kann es – etwa wenn die Kinder eigenes Einkommen haben – zu Diskussionen innerhalb der Familie kommen, wie die zu zahlende Steuer aufgeteilt werden soll[298]. Der Schutz der Privatsphäre, den Art. 6 Abs. 1 GG den Familien gewähren soll, würde durch ein Familiensplitting nicht verstärkt.

eee. Zwischenergebnis

In einem System einer Besteuerung nach der individuellen Leistungsfähigkeit hat das Familien-Tarifsplitting keinen Platz[299]. Der Verzicht auf die Ermittlung einer individuellen Bemessungsgrundlage und eines individuellen Einkommensteuertarifs für jedes Familienmitglied verstößt gegen den Grundsatz der Individualbesteuerung. Der Schutz der Familie gemäß Art. 6 Abs. 1 GG bietet keinen Rechtfertigungsgrund für einen solchen Verstoß. Die Einführung eines Familien-Tarifsplittings wäre daher unzulässig.

---

296 Vgl. oben B IV 1 c cc ccc (C); anders als bei Ehegatten gibt es rechtliche Grenzen für die Aufteilung der Erwerbsarbeit, vgl. das Gesetz zum Schutze der arbeitenden Jugend, BGBl. I 1976, 965 ff.

297 S. dazu oben B IV 1 c cc bbb (D).

298 Gutachten der Steuerreformkommission, 1971, Tz. II 578; TIPKE/ LANG, StuW 1984, 127 (132).

299 So schon TIPKE/LANG, StuW 1984, 127 (132): „reformuntauglicher Oldtimer".

gg. Familien-Einkommensplitting

aaa. Darstellung des Familien-Einkommensplittings

Auch beim Familien-Einkommensplitting[300] wird zunächst das Gesamteinkommen der Familie ermittelt. Das Ergebnis wird jedoch nicht durch den (Gesamt-) Divisor geteilt, sondern den einzelnen Familienmitgliedern anhand ihrer Divisorenanteile „zugerechnet".

Beispiel: Das Gesamteinkommen der fünfköpfigen Familie in Höhe von DM 135.000 müßte also bei einem Gesamt-Divisor von 2,7 (1,8 + 0,3 + 0,3 + 0,3) wie folgt aufgeteilt werden:

- Ehegatten	
DM 135.000 : 2,7 x 1,8 =	DM 90.000,
nach der Splittingtabelle:	DM 17.712
- jedes Kind:	
DM 135.000 : 2,7 x 0,3 =	DM 15.000
nach der Grundtabelle:	DM 352

Die zu zahlende Steuer beliefe sich hier auf DM 18.768.

Beim Vollsplitting (d. h. wenn der Divisor für jedes Familienmitglied 1,0 beträgt) ergibt sich keine Unterschied zwischen dem Einkommensplitting und dem Tarifsplitting. Je kleiner die einzelnen Kinderadditive sind, desto stärker macht sich beim Einkommensplitting bemerkbar, daß hier der gesamte Grundfreibetrag für jede Person gewährt wird. Da bereits die derzeitigen Kinderfreibeträge als ungerecht empfunden werden[301], wird sich ein Familien-Einkommensplitting mit vollem Grundfreibetrag pro Familienmitglied kaum durchsetzen lassen.

bbb. Einkommensplitting und Individualbesteuerung

Die Ausführungen zum Tarifsplitting gelten mit geringen Abweichungen ebenso für das Einkommensplitting: Bemessungsgrundlage ist auch hier nicht ein individuell erzieltes Einkommen, sondern ein abgeleitetes Einkommen, das nach einem abstrakt im voraus definierten Schlüssel aus dem Familieneinkommen berechnet wird.

Eine solche Verteilung des Gesamteinkommens ließe sich für den Fall, daß die Eltern die einzigen Einkünfte erzielen, noch als „pauschales Realsplitting" rechtfertigen. Denn auch beim Realsplitting müssen die Einkünfte der Kinder in Ab-

---

[300] Diese Splittingmethode beschreiben z. B. JANSSEN, DStZ 1991, 13 (21), und VORWOLD, FR 1992, 789 (792).

[301] S. oben B IV 1 d dd bbb.

hängigkeit vom Einkommen der Eltern bestimmt werden. Dem Gesetzgeber steht hierfür die Möglichkeit offen, die Unterhaltsansprüche der Kinder realitätsgerecht zu pauschalieren (z. B. im Rahmen einer Tabelle wie der „Düsseldorfer Tabelle").

Das Familien-Einkommensplitting versagt jedoch, wenn die Kinder eigene Einkünfte haben. Eine Zurechnung nach einem festen Divisoren-Schema ohne Berücksichtigung der individuellen Besteuerungsgrundlagen würde hier zu willkürlichen Ergebnissen führen. Auch das Familien-Einkommensplitting verstößt gegen den Grundsatz der Individualbesteuerung. Eine verfassungsrechtliche Rechtfertigung scheitert aus denselben Gründen wie beim Familien-Tarifsplitting[302].

hh. Ergebnis

Eine Familienbesteuerung, die sich an der individuellen subjektiven Leistungsfähigkeit orientiert, ist sowohl mit einer Freibetrags-/ Kindergeldlösung als auch mit einem Familien-Realsplitting möglich. Beide Varianten stehen mit dem Grundsatz der Individualbesteuerung im Einklang. Nicht mit dem Individualbesteuerungsgrundsatz zu vereinbaren und damit nicht zulässig wäre die Einführung eines Familien-Tarifsplittings oder eines Familien-Einkommensplittings, weil dies zur verfassungsrechtlich nicht zu rechtfertigenden Besteuerung einer Gemeinschaft führen würde.

Daß sowohl eine Freibetragslösung als auch das Familien-Realsplitting als zulässige Methoden der Familienbesteuerung in Frage kommen, heißt nicht, daß diese Methoden automatisch für eine Besteuerung nach dem Leistungsfähigkeitsprinzip sorgen. Eine Besteuerung nach der subjektiven Leistungsfähigkeit – und damit eine Besteuerung, die einer Überprüfung an Art. 3 Abs. 1 GG standhält – ist erst erreicht, wenn die zivilrechtlichen Unterhaltsverpflichtungen der Eltern gegenüber ihren Kindern in vollem Umfang – nicht nur in Höhe des Existenzminimums – berücksichtig werden. Eine Typisierung ist zwar möglich, sie darf sich aber nicht an Minimalbeträgen orientieren, sondern muß die Unterhaltsaufwendungen „realitätsgerecht" berücksichtigen.

---

[302] S. oben B IV 1 d ff ddd.

2. Individualbesteuerung und Gesamtrechtsnachfolge

a. Problembeschreibung

Die Besteuerung des Einkommens und die Gesamtrechtsnachfolge aufgrund eines Erbfalls[303] spielen sich grundsätzlich in unterschiedlichen Bereichen ab. Der Erwerb durch Erbschaft unterliegt als Vorgang der Vermögenssphäre nicht der Einkommen-, sondern der Erbschaftsteuer (§ 1 Abs. 1 Nr. 1 ErbStG). Es kann aber durchaus zu Überschneidungen kommen. Wenn beispielsweise dem Erben nach dem Tod des Erblassers noch weitere Einkünfte zufließen, die der Erblasser erwirtschaftet hat, muß geklärt werden, wer diese Einkünfte zu versteuern hat und ob persönliche Besteuerungsmerkmale des Erblassers (z. B. steuerausschließende oder steuermindernde Umstände) in der Person des Erben fortgesetzt werden.

Der Grundsatz der Individualbesteuerung fordert, daß zwischen zwei Einkommensteuersubjekten (hier Erblasser und Erbe) streng unterschieden wird[304]. Nur auf diese Weise kann jedem einzelnen Steuerpflichtigen genau die Steuerlast zugewiesen werden, die seiner individuellen Leistungsfähigkeit entspricht. Gemäß dem Individualbesteuerungsgrundsatz müssen die (wenigen) Vorschriften des Einkommensteuerrechts zur Gesamtrechtsnachfolge ausgelegt werden. Angesprochen ist hier – im Gegensatz zu den bisher diskutierten Ausprägungen – der vertikale Aspekt der Individualbesteuerung.

b. Die „Fortsetzungsthese" der Rechtsprechung

Zur Problematik der Gesamtrechtsnachfolge im Einkommensteuerrecht sind schon viele grundlegende Entscheidungen des BFH ergangen[305]. Dies liegt unter

---

303 Zu anderen Möglichkeiten, wie es zur einer Gesamtrechtsnachfolge kommen kann, vgl. LARENZ/WOLF, BGB AT[8], 1997, § 14 Rdnr. 42.

304 Zum Individualbesteuerungsgrundsatz bei der Gesamtrechtsnachfolge vgl. JESSE, Einkommensteuer/Erbschaftsteuer, 1992, S. 139; HANDZIK/HELLWIG, in: LITTMANN/BITZ/HELLWIG, EStG, § 2 Anm. 73; RAUPACH/SCHENCKING, in: HERRMANN/HEUER/RAUPACH, EStG, § 2 Anm. 159; SCHMITT, Übertragung stiller Reserven, 1993, S. 53 ff.

305 BFH v. 24. 10. 51 - IV 233/51 -, BStBl III 1951, 5 (6); BFH v. 13. 12. 57 - VI 234/56 -, BStBl III 1958, 72 (73); BFH v. 22. 6. 62 - VI 49/61 -, BStBl. III 1962, 386 (387); BFH v. 15. 1. 65 - VI 233/63 U -, BStBl III 1965, 252 (253); BFH v. 22. 8. 68 - IV 244/63 -, BStBl. II 1969, 34; BFH v. 21. 3. 69 – VI R 208/67 -, BStBl. II 1969, 520 (521); BFH v. 29. 5. 69 - IV R 238/66 -, BStBl. II 1969, 614 (615); BFH v. 1. 4. 71 - I R 184/69 -, BStBl. II 1971, 526 (527); BFH v. 11. 8. 71 - VIII R 76/70 -, BStBl. II 1972, 55; BFH v. 17. 5. 72 - I R 126/70 -, BStBl. II 1972, 621 (622); BFH v. 10. 4. 73 - VIII R 132/70 -, BStBl. II 1973, 679; BFH v. 26. 3. 81 - IV R 130/77 -, BStBl. II 1981, 614 (616); BFH v. 9. 3. 1982 - VIII R 160/81 -, BStBl. II 1982, 540 (541); BFH v. 25. 8. 83 - IV R 99/80 -, BStBl. II 1984, 31 (32);

anderem daran, daß der Gesetzgeber diesen Bereich im Einkommensteuergesetz nur lückenhaft geregelt hat. Der BFH überträgt in seinen Entscheidungen den Gedanken der Gesamtrechtsnachfolge vom Zivilrecht auf das Einkommensteuerrecht[306]. Der Erbe setze die Besteuerungsgrundlagen des Erblassers fort. Nach dieser „Fortsetzungsthese"[307] tritt der Erbe – abgesehen von höchstpersönlichen Rechtspositionen – in jeder Beziehung in die Rechtsstellung des Erblassers ein[308], so daß beide gedanklich eine Person bilden[309]. Der Gesamtrechtsnachfolger müsse sich zwar die steuerschuldbegründenden Verhältnisse in der Person des Rechtsvorgängers entgegenhalten lassen, könne sich aber auch auf sämtliche steuerausschließenden und -mindernden Umstände in der Person des Verstorbenen berufen[310].

c. Die BFH-Rechtsprechung in der Kritik der Literatur

Die Literatur hat die Fortsetzungsthese zum Teil positiv aufgenommen[311], teilweise aber auch kritisiert[312]. Insbesondere gegen die Übertragung der Wertungen des Zivilrechts auf die einkommensteuerliche Rechtsnachfolge werden Bedenken geltend gemacht.[313]

---

306 So die ständige Rechtsprechung, siehe die in der vorangegangenen Fußnote zitierten Entscheidungen; besonders deutlich im Urteil v. 21. 3. 69 – VI R 208/67 -, BStBl. II 1969, 520 (521).

307 RUPPE, in: SCHULZE-OSTERLOH (Hrsg.), DStJG 10, 1987, 45 (51).

308 BFH v. 2. 4. 1961 – IV 166/59 U -, BStBl III 1961, 458 (459); BFH v. 22. 6. 1962 - VI 49/61 -, BStBl. III 1962, 386 (387); BFH v. 11. 8. 1971 - VIII R 76/70 -, BStBl. II 1972, 55; BFH v. 17. 5. 1972 - I R 126/70 -, BStBl II 1972, 621 (622).

309 BFH v. 21. 3. 1969 – VI R 208/67 -, BStBl. II 1969, 520 (521).

310 BFH v. 11. 11. 71 - V R 111/68 -, BStBl. II 1972, 80.

311 GEILERT, Erbfolge, 1966, S. 96 ff.; GÖRING, Gesamtrechtsnachfolge, 1986, S. 73; HEINICKE, in: SCHMIDT, EStG[19], 2000, § 1 Rdnr. 15; KAPP/EBELING, Handbuch der Erbengemeinschaft, Rz. III 4; KIRCHHOF, in: KIRCHHOF/SÖHN, EStG, § 2 Rdnr. A 198; KRUSE, in: TIPKE/KRUSE, AO, § 45 Tz. 6; E. LITTMANN, FR 1958, 506; DERS., Inf 1966, 337 (338); RITZER, Inf 1977, 251 (254); SEGEBRECHT, Besteuerung[5], 1982, S. 108; SÖFFING, DB 1989, Beilage 12, S. 4; STEPHAN, in: LITTMANN/BITZ/HELLWIG, EStG, § 10 Rdnr. 15; THEIS, Erbe, 1962, S. 7; WISMETH, Einlage, 1985, S. 67.

312 BIERGANS, Einkommensteuer[6], 1992, S. 1353; R. FISCHER, Rechtsnachfolge, 1991, S. 43 ff.; RING, DStZ 1981, 24 (26); RUPPE, in: SCHULZE-OSTERLOH (Hrsg.), DStJG 10, 1987, 45 (61), SCHMITT, Übertragung stiller Reserven, 1993, S. 57, 107; STADIE, Zurechnung, 1983, S. 77; TRZASKALIK, StuW 1979, 97 (98 ff.); WASMER, Zurechnung, 1985, S. 39 ff.

313 MEINCKE, in: SCHULZE-OSTERLOH (Hrsg.), DStJG 10, 1987, 19 (31 ff.); STADIE, Zurechnung, 1983, S. 77; TRZASKALIK, StuW 1979, 97 (98).

Die Kritik an der Rechtsprechung beruft sich vor allem darauf, daß allgemeine Grundsätze zur Universalsukzession keinen Schluß auf konkrete Änderungen der rechtlichen Verhältnisse von Rechtsvorgänger und Rechtsnachfolger zulassen[314]. Auch der Umstand, daß das Einkommensteuerrecht den Problemkreis der Gesamtrechtsnachfolge nicht abschließend regele, rechtfertige noch nicht einen Rückgriff auf die Grundsätze des Zivilrechts. Denn auf diese Weise werde die unterschiedliche Zielsetzung dieser beiden Rechtsgebiete nicht berücksichtigt[315]. Die Lösung für die einkommensteuerrechtlichen Fragen der Gesamtrechtsnachfolge könne nur im Einkommensteuerrecht selbst gefunden werden, nicht aber im Wege einer analogen Anwendung der zivilrechtlichen Vorschriften[316].

d. Beurteilung vor dem Hintergrund des Individualbesteuerungsgrundsatzes

aa. Keine allgemeine Übertragbarkeit der Wertungen des Zivilrechts

Es gibt keine Norm im Einkommensteuerrecht, nach der der Erbe die einkommensteuerliche Position des Erblassers fortsetzt[317]. Welche einkommensteuerlichen Folgen an einen Erbfall anknüpfen, kann nur anhand der grundlegenden Wertungen des Einkommensteuerrechts entschieden werden, die Rechtsprechung und Lehre herausgearbeitet haben.

Die persönliche Steuerpflicht ist höchstpersönlicher Natur[318] und geht nicht auf den oder die Erben über[319]. Selbst wenn man die Lücken im Einkommensteuerrecht durch die Vorschriften des Zivilrechts ausfüllen will, muß man bedenken, daß es auch im Zivilrecht keine Gesamtrechtsnachfolge in höchstpersönliche

---

314 TRZASKALIK, StuW 1979, 97 (98).

315 SCHMITT, Übertragung stiller Reserven, 1993, S. 57 f.

316 R. FISCHER, Rechtsnachfolge, 1991, S. 46; TRZASKALIK, StuW 1979, 97 (99); STADIE, Zurechnung, 1983, S. 77.

317 Als Begründungsvorschrift für eine Gesamtrechtsnachfolge im Einkommensteuerrecht wurden vor allem die §§ 24 Nr. 2 EStG, 17 Abs. 1 S. 4 EStG, 10 a Abs. 2 S. 1 EStG, 7 Abs. 1 EStDV und 45 Abs. 1 S. 1 AO eingehend untersucht; vgl. R. FISCHER, Rechtsnachfolge, 1991, S. 15 ff.; RUPPE, in: SCHULZE-OSTERLOH (Hrsg.), DStJG 10, 1987, 45 (54 ff.); SCHMITT, Übertragung stiller Reserven, 1993, S. 59 ff.

318 Siehe dazu bereits oben B III 4 a.

319 Etwas anderes gilt für die bereits entstandenen Steuer- und Erstattungsansprüche, vgl. § 45 AO.

Rechte und Pflichten gibt[320]. Darüber hinaus können die Wertungen des Zivilrechts grundsätzlich nicht auf das Steuerrecht übertragen werden, weil Zivilrecht und Einkommensteuerrecht unterschiedliche Ziele verfolgen. Ziel des bürgerlichen Rechts ist es, die Privatautonomie in Form des Erbrechts zu gewährleisten. Zusätzlich sollen aber auch die Gläubiger des Erblassers geschützt werden, indem ihnen mit dem Gesamtrechtsnachfolger ein zumindest mit dem Nachlaß haftender Schuldner zur Verfügung steht[321].

Das Einkommensteuerrecht ist dagegen öffentliches Eingriffsrecht[322]. Der Steuergläubiger hat zwar ein Interesse daran, eine Einkommensquelle unabhängig von ihrem Inhaber zu besteuern. Dieses Interesse kann der Fiskus aber nur innerhalb der vom Verfassungsrecht gezogenen Grenzen geltend machen[323]. Von daher ist es z. B. sachgerecht, daß der Erbe gem. § 45 AO für die bereits entstandenen Steuerschulden haftet. Nicht mit dem Grundsatz der Individualbesteuerung zu vereinbaren ist es aber, sämtliche Besteuerungsgrundlagen des Erblassers als in der Person des Erben fortgesetzt zu betrachten[324]. Eine Gesamtrechtsnachfolge in der Form, wie sie aus dem Zivilrecht bekannt ist, kann es im Einkommensteuerrecht nicht geben. Es ist zwar richtig, daß einzelne bereits entstandene Rechte und Pflichten (vgl. § 45 AO) auf den Erben übergehen können und daß dem Erben aus der Abwicklung des Steuerrechtsverhältnisses des Erblassers eigene Einkünfte entstehen können (vgl. § 24 Nr. 2 EStG[325]). Hieraus darf aber keinesfalls ein allgemeines steuerrechtliches Einrücken des Erben in die Stellung des Erblassers abgeleitet werden.

---

320 Vgl. PALANDT/EDENHOFER, BGB[58], 1999, § 1922 Rdnr. 40; R. FISCHER, Rechtsnachfolge, 1991, S. 3; LARENZ/WOLF, BGB AT[8], 1997, § 13 Rdnr. 69; s. dazu auch BFH v. 21. 3. 69 - VI R 208/67 -, BStBl. II 1969, 520 (521); zum Strafrecht vgl. § 459 c III StPO.

321 LANGE/KUCHINKE, Erbrecht[4], 1995, S. 1116.

322 Zur Rechtsnatur: WEBER-GRELLET, StuW 1993, 97 ff.

323 S. dazu bereits oben B II.

324 Gl. A. RUPPE, in: SCHULZE-OSTERLOH (Hrsg.), DStJG 10 (1987), 45 (54); SCHMITT, Übertragung stiller Reserven, 1993, S. 57; TRZASKALIK, StuW 1979, 97 ff.

325 Vgl. hierzu unten B IV 2 d cc.

bb. Die Bedeutung des § 24 Nr. 2 EStG für eine systemgerechte Lösung

aaa. Meinungsstand

Gemäß § 24 Nr. 2 EStG gehören auch solche Einkünfte zu den Einkünften im Sinne des § 2 Abs. 1 EStG, die dem Steuerpflichtigen als Rechtsnachfolger zufließen. Der genaue Regelungsinhalt des § 24 Nr. 2 EStG ist umstritten. Nach den Zurechnungsgrundsätzen des Einkommensteuerrechts können Einkünfte nur bei dem besteuert werden, der sie erwirtschaftet hat. § 24 Nr. 2 EStG bestimmt, daß dem Steuerpflichtigen auch solche Einkünfte zugerechnet werden, die ihm selbst zugeflossen sind, aber bereits vom Rechtsvorgänger erwirtschaftet wurden. Diese Vorschrift schließt somit die Lücke zwischen der Erzielung und dem Zufluß von Einnahmen im Falle einer Rechtsnachfolge. Die herrschende Meinung versteht § 24 Nr. 2 EStG als konstitutive Zurechnungsnorm[326]. Eine Steuerpflicht werde durch diese Vorschrift erst begründet, weil ansonsten die Einkünfte für den Rechtsnachfolger nicht unter den Katalog des § 2 Abs. 1 EStG fielen.

Zum Teil wird die Vorschrift dagegen als rein deklaratorische „Klarstellung" bezeichnet. Es solle lediglich sichergestellt werden, daß Beträge, die an sich unter eine der Einkunftsarten fielen, nicht deshalb steuerfrei blieben, weil sie nicht mehr unmittelbar demjenigen zuflössen, der sie erwirtschaftet habe[327]. Legt man diese Auffassung zugrunde, müssen die dem Rechtsnachfolger zugeflossenen Einkünfte nach § 24 Nr. 2 EStG noch beim Vorgänger erfaßt werden. Der 2. Halbsatz „...und zwar auch dann, wenn sie *dem* Steuerpflichtigen *als* Rechtsnachfolger zufließen" müßte dann so gelesen werden: „...und zwar auch dann, wenn sie *einem* Rechtsnachfolger *des* Steuerpflichtigen zufließen"[328]. Nach dieser Ansicht hat § 24 Nr. 2 EStG nur eine Sicherungsfunktion, die für eine Erfassung der Erblassereinkünfte sorgt, auch wenn sie diesem nicht mehr zugeflossen sind. Als Fortführung dieses Gedankengangs wird vorgeschlagen, daß sämtliche dem Rechtsnachfolger zufließenden Einkünfte in einer letzten Veranlagung des Erb-

---

326 So die ständige **Rechtsprechung**: RFH v. 25. 6. 1930 – VI A 916/30 -, RStBl. 1930, 618 (619), zur Vorgängernorm, § 44 Nr. 2 EStG 1925; BFH v. 11. 8. 71 - VIII R 76/70 -, BStBl. II 1972, 55; BFH v. 24. 1. 96 - X R 14/94 -, BStBl. II 1996, 287 (288);

aus der **Literatur**: HEINICKE, in: SCHULZE-OSTERLOH (Hrsg.), DStJG 10, 1987, 99 (102 f.); HILDESHEIM, in: BORDEWIN/BRANDT, EStG, § 24 Rdnr. 44; HORN, in: HERRMANN/HEUER/RAUPACH, EStG, § 24 Anm. 96; JACOBS-SOYKA, in: LITTMANN/BITZ/HELLWIG, EStG, § 24 Rdnr. 103; RUPPE, in: SCHULZE-OSTERLOH (Hrsg.), DStJG 10, 1987, 45 (57); SEEGER, in: SCHMIDT, EStG[19], 2000, § 24 Rdnr. 71.

327 BIERGANS, FR 82, 525 (530 f.); SCHMITT, Übertragung stiller Reserven, 1993, S. 64 ff; TRZASKALIK, StuW 1979, 97 (108 ff.); WASMER, Zurechnung, 1985, S. 46.

328 RUPPE, in: SCHULZE-OSTERLOH (Hrsg.), DStJG 10, 1987, 45 (57).

lassers berücksichtigt werden sollten. Für den Fall, daß das Veranlagungsverfahren bestandskräftig abgeschlossen ist, sei eine Berichtigungsveranlagung nach § 173 AO durchzuführen[329].

bbb. Allgemeine Bedeutung des § 24 Nr. 2 EStG

§ 24 Nr. 2 EStG bildet eine Ausnahme von dem Grundsatz, daß durch einen Erbfall veranlaßte Zuflüsse nicht der Einkommensteuer unterliegen. Denn aus der Sicht des Erben lassen sich die Einkünfte unter keine der Einkunftsarten des § 2 Abs. 1 S. 1 Nr. 1-7 EStG subsumieren.

Systematisch richtig könnten die „Einkünfte als Rechtsnachfolger" im Sinne des § 24 Nr. 2 EStG auch als zusächliche Einkunftsart in § 2 Abs. 1 S. 1 EStG aufgeführt werden[330]. Denn diese Einkünfte sind „wesensverschieden" und werden lediglich einer anderen Einkunftsart des § 2 Abs. 1 S. 1 EStG zugeordnet. Die Stellung des § 24 Nr. 2 EStG bei den gemeinsamen Vorschriften aller Einkunftsarten kann damit erklärt werden, daß für diese Einkünfte keine eigenen Ermittlungsvorschriften geschaffen werden sollten, sondern zweckmäßigerweise auf die Einkunftsart zurückgegriffen werden sollte, denen sie als „Einkünfte als Rechtsnachfolger" zugeordnet werden. Da der Rechtsnachfolger diese abgeleiteten Einkünfte nicht durch eine Teilnahme am Markt erzielt hat, müßte man, wenn man die Markteinkommenstheorie[331] in ihrer Reinform vertritt, eine Erfassung als Einkommen ablehnen. Es ist aber zulässig, daß der Gesetzgeber im Enumerativsystem des § 2 Abs. 1 S. 1 EStG auch solche Einkünfte besteuert, die nicht am Markt erwirtschaftet wurden[332]. Maßgebend für den Ansatz von steuerbaren Einnahmen ist, daß die wirtschaftliche Leistungsfähigkeit des Erben, nicht die des

---

329 TRZASKALIK, StuW 1979, 97 (111); die Kritiker dieser Auffassung stören sich vor allem an den praktischen Problemen, die eine solche Abschlußveranlagung mit sich bringen würde, vgl. GÖRING, Gesamtrechtsnachfolge, 1986, S. 66, 72; STADIE, Zurechnung, 1983, S. 75.

330 A. A. GÖRING, Gesamtrechtsnachfolge, 1986, S. 69; HORN, in: HERRMANN/HEUER/RAUPACH, EStG, § 24 Anm. 3.

331 Vgl. hierzu KIRCHHOF, Juristentag-Gutachten, 1988, S. F 21 f.; DERS., in: KIRCHHOF/SÖHN, EStG, § 2 Rdnr. A 364 ff.; LANG, in: RUPPE (Hrsg.), DStJG 4, 1980, S. 54 ff.; DERS., Bemessungsgrundlage, 1981/88, S. 18, 87 ff., 229 f., 235 ff.; RAUPACH/SCHENCKING, in: HERRMANN/HEUER/RAUPACH, EStG, § 2 Rdnr. 62 ff.; RUPPE, in: TIPKE (Hrsg.), DStJG 1, 1978, 7 (16 ff.); SÖHN, in: LANG (Hrsg.), TIPKE-Festschrift, 1995, 343 ff.; STEICHEN, in: LANG (Hrsg.), TIPKE-Festschrift, 1995, 365 ff.; TIPKE, Steuerrechtsordnung II, 1993, S. 566 ff.; WITTMANN, Markteinkommen, 1992; DERS., StuW 1993, 35 ff.

332 SÖHN, in: LANG (Hrsg.), TIPKE-Festschrift, 1995, 343 (351, 363); TIPKE, Steuerrechtsordnung II, 1993, S. 585 f., 589.

Erblassers durch die „Einkünfte als Rechtsnachfolger“ erhöht wird. Der Leistungsfähigkeitszuwachs beim Erben kann im Rahmen der „Einkünfte als Rechtsnachfolger“ systematisch zutreffend erfaßt werden.

ccc. Die letzte periodenungebundene Veranlagung des Erblassers

Auch bei der der Besteuerung im Erbfall muß das Gebot einer Besteuerung nach der Leistungsfähigkeit beachtet werden. Wenn nach einer Auffassung im Schrifttum[333] die letzte Veranlagung des Erblassers auch diejenigen Einkünfte erfassen soll, die erst seinem Rechtsnachfolger zufließen, hieße dies, daß sich die steuerliche Leistungsfähigkeit des Erblassers nach dem Tode noch verändert haben müßte. Leistungsfähigkeit kann jedoch nur eine lebende Person „erwerben“. Die Steuerpflicht im Sinne einer persönlichen Leistungsfähigkeit endet unmittelbar mit dem Tode des Steuersubjekts, nicht erst mit dem Ende der steuerlichen Abwicklung des Erbfalls. Alle später eintretenden Umstände können die Leistungsfähigkeit des verstorbenen Steuersubjekts nicht mehr erhöhen oder vermindern[334]. Eine nicht periodengebundene Veranlagung des Erblassers, in der auch diejenigen Einkünfte des Erblassers erfaßt werden, die nach seinem Tode dem Erben zufließen, ist somit abzulehnen. Diese Einkünfte sind gemäß § 24 Nr. 2 EStG dem Rechtsnachfolger zuzurechnen, der sie nach seinen eigenen Verhältnissen zu versteuern hat.

cc. Abzüge beim Rechtsnachfolger

Welche Abzüge beim Erben als Rechtsnachfolger vorzunehmen sind, darf sich nur nach seinen eigenen persönlichen Verhältnissen richten. Dies ergibt sich unmittelbar aus der Forderung des Individualbesteuerungsgrundsatzes, daß jede Person einkommensteuerlich gesondert betrachtet werden muß. Ein Ausgleich oder Abzug von Verlusten des Erblassers würde dem Gedanken einer Besteuerung nach der individuellen Leistungsfähigkeit widersprechen[335]. Eine korrespon-

---

[333] TRZASKALIK, StuW 1979, 97 (111).

[334] So auch RUPPE, in: SCHULZE-OSTERLOH (Hrsg.), DStJG 10, 1987, 45 (57).

[335] Ebenso - z. T. mit Einschränkungen -: v. GROLL, in: KIRCHHOF/SÖHN, EStG, § 10 d Rdnr. 196 f.; KNOBBE-KEUK, Bilanz- und Unternehmenssteuerrecht[9], 1993, S. 307; ORTH, in: HERRMANN/HEUER/RAUPACH, EStG, § 10 d Anm. 120; RING, DStZ 1981, 24; RUPPE, in: SCHULZE-OSTERLOH (Hrsg.), DStJG 10, 1987, S. 45 (94 ff.); STADIE, Zurechnung, 1983, S. 78; STRNAD, FR 1998, S. 935 ff.; TRZASKALIK, StuW 1979, 97 (102 f.);

außerdem die **ältere Rechtsprechung**, vgl. RFH v. 7. 11. 1934 - VI A 875 - StuW II 1935 Sp. 47; RFH v. 12. 5. 1936 - I A 84/36 -, RStBl. 1936, 789 (790); RFH v. 19. 5. 1936 - I A 107/36, RStBl. 1936, 790 (791); RFH v. 2. 7. 1941 - VI 433/40- , RStBl 1941, 658; vgl. dagegen aber auch RFH v. 26. 10. 1933 - VI A 2067/32 -, RStBl. 1934, 404;

dierende Besteuerung[336] in dem Sinne, daß der Erbe den Verlustabzug geltend machen kann, der vom Erblasser nicht in Anspruch genommen wurde, ist abzulehnen.

Ebenso ist ein Abzug der Sonderausgaben des Erblassers beim Erben nur dann systematisch richtig, wenn diese Abzüge auch für den Erben die Voraussetzungen der §§ 10 ff. EStG erfüllen[337]. Grund hierfür ist der höchstpersönliche Charakter der Sonderausgaben[338], der sich aus der Bindung der Einkommensteuerpflicht an die einzelne Person ergibt[339]. Die Abzugsfähigkeit beim Erben folgt nicht daraus, daß der Erblasser die Sonderausgaben hätte geltend machen können, sondern entsteht allein aufgrund der Tatsache, daß die eigene Leistungsfähigkeit des Erben durch die Sonderausgaben verringert wurde.

dd. Das Verhältnis der Einkommensteuer zur Erbschaftsteuer

aaa. Lösungsmöglichkeiten

Wenn dem Erben nachträglich Einkünfte zufließen, die der Erblasser erwirtschaftet hat, stellt sich die Frage, wie das Konkurrenzverhältnis zwischen Einkommensteuer und Erbschaftsteuer zu bewerten ist[340]. Nach der unterschiedli-

---

a. A.: BORGGREVE, in: LITTMANN/BITZ/HELLWIG, § 10 d Rdnr. 40 ff.; GÖRING, Gesamtrechtsnachfolge, 1986, S. 219 f.; HORLEMANN, in: BLÜMICH, EStG, § 10 d Rdnr. 32; TIPKE/LANG, Steuerrecht[16], 1998, § 9 Rdnr. 65; sowie die **neuere BFH-Rechtsprechung** seit dem Urteil v. 22. 6. 1962 - VI 49/61 S -, BStBl III 1962, 386 (387); BFH v. 17. 5. 1972 - I R 126/70 -, BStBl II 1972, 621 (622); BFH v. 10. 4. 1973 - VIII R 132/70 -, BStBl II 1973, 679; BFH v. 13. 11. 1979 - VIII R 193/77 -, BStBl. II 1980, 188 (189).

Der I. Senat des BFH hat sich mittlerweile der Kritik aus der Literatur angeschlossen und die Frage nach der Vererbbarkeit des Verlustabzugs dem IV., VIII. und XI. Senat vorgelegt. Möglicherweise wird es hier eine erneute Änderung der Rechtsprechung geben, vgl. BFH v. 29. 3. 2000 – I R 76/99 –, DStR 2000, 1220 ff.

336 Zum Korrespondenzprinzip s. oben B III 5.

337 RUPPE, in: SCHULZE-OSTERLOH (Hrsg.), DStJG 10, 1987, 45 (93).

338 RING, DStZ 1981, 24 (25 f.); **a. A.:** STEPHAN, in: LITTMANN/BITZ/ HELLWIG, EStG, § 10 Rdnr. 15.

339 Vgl. bereits oben B III 4.

340 Zu diesem Problemkreis vgl. CREZELIUS, BB 1979, 1342 ff.; GLANEGGER, in: SCHMIDT, EStG[18], 1999, § 35 Rdnr. 1; JESSE, Erbschaftsteuer/Einkommensteuer, 1992; KAPP, StFR 1970, 1 (3); KEUK, DB 1973, 634 ff.; KNOBBE-KEUK, Bilanz- und Unternehmenssteuerrecht[9], 1993, S. 981 ff.; MAßBAUM, BB 1992, 606 ff.; MEINCKE, in: LANG (Hrsg.), TIPKE-Festschrift, 1995, S. 391 ff.; DERS., Erbschaftsteuergesetz[12], 1999, Einf. Rdnr. 3; MERTEN, FR 1975, 595 ff.; MIRRE, StuW 1933, Sp. 919 ff.; MITTELSTEINER, StKongrRep 1963, 108 ff.; RING, DStZ 1981, 24 (26 f.); RUPPE, in: SCHULZE-OSTERLOH

chen Zielsetzung dieser beiden Steuerarten ist es systematisch nicht zu beanstanden, wenn ein und derselbe Gegenstand (z. B. eine Honorarforderung des Erblassers, die erst vom Erben eingezogen wird) mit zwei unterschiedlichen Steuerarten doppelt besteuert wird[341]. Schließlich wurde auch das sonstige Vermögen des Erblassers – möglicherweise – bereits als Einkommen versteuert[342]. Die gegenwärtige Rechtslage, nach der weder die gezahlte Erbschaftsteuer in der Bemessungsgrundlage der Einkommensteuer, noch die gezahlte (oder zu zahlende) Einkommensteuer in der Bemessungsgrundlage der Erbschaftsteuer berücksichtigt wird, verstößt jedoch gegen das Leistungsfähigkeitsprinzip.

Wie auch die Einkommensteuer geht die Erbschaftsteuer vom objektiven Nettoprinzip aus[343], d. h. als Bemessungsgrundlage wird nur das herangezogen, was dem Steuerpflichtigen tatsächlich verbleibt. Daraus folgt, daß bei einer der beiden Steuerarten berücksichtigt werden muß, daß die Leistungsfähigkeit des Steuerpflichtigen durch die Zahlung der anderen Steuer verringert ist. Die überwiegende Meinung in der Literatur geht daher zutreffend davon aus, daß die Folgen einer doppelten Belastung – entgegen der gegenwärtigen Rechtslage – gemildert werden müssen[344]. Folgt man dieser Ansicht, kämen zwei Wege in Betracht, wie die Doppelbelastung vermieden oder gemildert werden kann: Je nach der zeitlichen Reihenfolge der beiden Steuern kann man entweder zunächst die zu zahlende Einkommensteuer vom Nachlaß abziehen und den Nettobetrag der Erbschaftsteuer unterwerfen, oder man läßt einen Abzug der zuerst gezahlten Erbschaftsteuer bei der Veranlagung zur Einkommensteuer zu. Eine modifizierte Version der zweiten Möglichkeit hatte der Gesetzgeber mit der – viel kritisier-

---

(Hrsg.), DStJG 10, 1987, 45 (60); SEGEBRECHT, Besteuerung[5], 1982, S. 112 ff.; TROLL, DStZ 1956, 333 ff.; DERS., DStZ 1957, 201 f.; zur Konkurrenz von Erbschaftsteuer und Einkommensteuer vgl. ferner auch ANDEL, in: NEUMARK (Hrsg.), Handbuch der Finanzwissenschaft II[3], 1980, S. 331 (354 f.).

341 Vgl. dazu die amtliche Begründung zu § 35 EStG 1974, BT-Drs. 7/2180, S. 21; BFH v. 9. 9. 1988 – III R 191/84 -, BStBl. II 1989, 9 (11); R. FISCHER, Rechtsnachfolge, 1991, S. 34 f.; GÖRING, Gesamtrechtsnachfolge, 1986, S. 78 ff.; MERTEN, FR 1975, 595 (597); MITTELSTEINER, StKongrRep 1963, 108; RING, DStZ 1981, 24 (26);

allgemein zum Nebeneinander verschiedener Steuern: KIRCHHOF, in: KIRCHHOF/SÖHN, EStG, § 2 Rdnr. A 190 ff.; DERS., DStR 1979, 275 ff.

342 So bereits MIRRE, StuW 1933, Sp. 919 (921).

343 MEINCKE, Erbschaftsteuergesetz[12], 1999, § 10 Rz. 5.

344 CREZELIUS, BB 1979, 1342 (1346); MEINCKE, Erbschaftsteuergesetz[12], 1999, Einf. Rdnr. 3; KNOBBE-KEUK, Bilanz- und Unternehmenssteuerrecht[9], 1993, S. 982.

ten[345] und inzwischen aus Vereinfachungsgründen abgeschafften[346] – Billigkeitsregelung[347] des § 35 EStG[348] gewählt: Wenn Einkünfte bereits erbschaftsteuerlich erfaßt wurden, reduzierte sich die auf diese Einkünfte entfallende Einkommensteuer.

Zum Teil wird hingegen die Doppelbelastung mit Erbschaft- und Einkommensteuer hingenommen, weil auf diese Weise nur der „Normalzustand" hergestellt werde, der sich bei rechtzeitigem Zufluß beim Erblasser ertragsteuerlich ergeben hätte[349]. Einen „Normalzustand" kann es aber nur dann geben, wenn man die These vertritt, daß der Rechtsnachfolger genau die Steuerlast zu tragen hat, die auch dem Rechtsvorgänger auferlegt worden wäre. Eine solche Vorstellung von der Identität der Steuerlasten, die zu einer Art einkommensteuerlicher „Haftungseinheit" von Rechtsnachfolger und -vorgänger führen würde, mag zwar der Fortsetzungsthese entsprechen; sie ist aber mit dem Grundsatz der Individualbesteuerung nicht vereinbar[350]. Sowohl beim Erblasser als auch beim Erben ist die Einkommensbesteuerung an verschiedene persönliche Faktoren geknüpft[351]. Von

---

345 Vgl z. B. CREZELIUS, BB 1979, 1342 (1343); JESSE, Erbschaftsteuer/Einkommensteuer, 1992, S. 139 f., 145; KNOBBE-KEUK, Bilanz-und Unternehmenssteuerrecht[9], 1993, S. 982.

346 S. Steuerentlastungsgesetz 1999/2000/2002 v. 24. 3. 1999, BStBl. I 1999, 304 ff.; zu einer möglichen Wiedereinführung vgl. KROSCHEL/WELLISCH, BB 1999, S. 2533 ff.

347 So die Gesetzesbegründung in BT-Drs. 7/2180, S. 21: „besondere Härten, die einer Milderung bedürfen"; MOENCH, DStR 1985, 551 (553) spricht von einem „Trostpflaster".

348 § 35 EStG lautete in seiner letzten Fassung:

„[1]Sind bei der Ermittlung des Einkommens Einkünfte berücksichtigt worden, die im Veranlagungszeitraum oder in den vorangegangenen vier Veranlagungszeiträumen als Erwerb von Todes wegen der Erbschaftsteuer unterlegen haben, so wird auf Antrag die um sonstige Steuerermäßigungen gekürzte tarifliche Einkommensteuer, die auf diese Einkünfte anteilig entfällt, um den in Satz 2 bestimmten Hundertsatz ermäßigt. [2]Der Hundertsatz bemißt sich nach dem Verhältnis, in dem die festgesetzte Erbschaftsteuer zu dem Betrag steht, der sich ergibt, wenn dem erbschaftsteuerpflichtigen Erwerb (§ 10 Abs. 1 Erbschaftsteuergesetz) die Freibeträge nach den §§ 16 und 17 und der steuerfreie Betrag nach § 5 des Erbschaftsteuergesetzes hinzugerechnet werden. [3]Die Sätze 1 und 2 gelten nicht, soweit Erbschaftsteuer nach § 10 Abs. 1 Nr. 1 a abgezogen wird."

349 R. FISCHER, Rechtsnachfolge, 1991, S. 34 f.; GÖRING, Gesamtrechtsnachfolge, 1986, S. 86; RING, DStZ 1981, 24 (26).

350 Vgl. oben B III 5 c.

351 So auch der BFH: Die Einkommensteuer treffe den Steuerpflichtigen „nicht in seiner Eigenschaft als Erwerber des Nachlasses, sondern nach Maßgabe seiner persönlichen Verhältnisse und seines Einkommens", Urt. v. 26. 11. 86 - II R 190/81 -, BStBl. II 1987, 175 (177).

einem „Normalzustand" – einer idealen Belastung für Rechtsvorgänger und -nachfolger gleichzeitig – kann man schon deshalb nicht sprechen. Durch das Stichtagsprinzip[352] (vgl. § 11 ErbStG) kann es zwar zu unterschiedlichen Ergebnissen kommen, je nachdem, ob z. B. eine Forderung des Erblassers vor oder nach dem Erbfall beglichen wird. Diese Unterschiede sind aber sachlich gerechtfertigt, da mit dem Tod auch die persönliche Steuerpflicht endet.

bbb. Abzug der Erbschaftsteuer als „Erwerbsaufwendungen"

Systematisch folgerichtig wäre es, die Erbschaftsteuer aus Sicht des Erben als logisch vorrangig zu betrachten, weil dies auch der zeitlichen Reihenfolge der jeweils für die Besteuerung maßgeblichen Zeitpunkte entspricht. Einkünfte des Erblassers, die ihm selbst noch *vor* dem Erbfall zufließen, werden – insofern unproblematisch – im Rahmen der letzten Veranlagung des Erblassers erfaßt und nach seinen persönlichen Verhältnissen der Einkommensteuer unterworfen. Der Erbfall ist der entscheidende Zeitpunkt für die Entstehung der Erbschaftsteuer (§§ 9, 11 ErbStG). Vom Erblasser erwirtschaftete Einkünfte, die dem Erben *nach* dem Erbfall zufließen, werden bei der Einkommensteuer des Erben gemäß § 24 Nr. 2 EStG erfaßt. Da aus der Sicht des Erben die Erbschaftsteuer zeitlich vor der Einkommensteuer einzuordnen ist, wäre es systematisch richtig anzunehmen, daß die Erbschaftsteuer auch logisch vorrangig ist. Daraus folgt, daß die Erbschaftsteuer unbeeinflußt von der Einkommensteuer erhoben werden müßte, während man bei der Einkommensteuer die Belastung der „Einkünfte als Rechtsnachfolger" mit der Erbschaftsteuer berücksichtigen müßte.

Wenn man die „Einkünfte als Rechtsnachfolger" als eigene Einkunftsart ansieht[353] und einer Einkunftsart i. S. des § 2 Abs. 1 EStG zuordnet, ist es nur konsequent, auch einen Abzug für „Erwerbsaufwendungen" zuzulassen. Erwerbsaufwendungen wären alle Aufwendungen, die durch die Einnahmen als Rechtsnachfolger veranlaßt sind, also z. B. auch die gezahlte Erbschaftsteuer[354]. Der BFH hatte zwar die Qualifizierung der Erbschaftsteuer als Werbungskosten u. a. mit folgender Begründung abgelehnt:

> „Der Werbungskostenbegriff ist in erster Linie ein finaler, d. h. die Aufwendungen müssen zum Zwecke der Erwerbung, Sicherung und Erhaltung der Einkünfte gemacht werden. Die jährliche Erbschaftsteuer steht mit den Nutzungen nicht in fi-

[352] Zur Problematik des Stichtagsprinzips s. KNOBBE-KEUK, Bilanz- und Unternehmenssteuerrecht[9], 1993, S. 982 f.

[353] S. oben B IV 2 d cc bbb.

[354] Nach der geltenden Rechtslage verhindert § 12 Nr. 3 EStG einen solchen Abzug.

> nalem, sondern in kausalem Verhältnis; d. h. sie wird geschuldet und gezahlt, *weil* der Steuerpflichtige etwas im Erbwege erworben hat."[355]

Da der rein finale Werbungskostenbegriff aber mittlerweile der Vergangenheit angehört[356], reicht diese Argumentation nicht aus, um eine Anrechnung der Erbschaftsteuer auf die Einkommensteuer auszuschließen. Der Konflikt zwischen Erbschaftsteuer und Einkommensteuer könnte also systematisch korrekt gelöst werden, indem man einen Abzug der gezahlten Erbschaftsteuer bei der Einkommensteuer als „Erwerbsaufwendungen" zuließe[357]. Auf diese Weise würde auch das objektive Nettoprinzip bei einer selbständigen Einkünfteart „Einkünfte als Rechtsnachfolger" verwirklicht.

Der abgeschaffte § 35 EStG beruhte auf der an sich richtigen Vorstellung, daß die Erbschaftsteuer logisch vor der Einkommensteuer des Erben entsteht. Diese Vorstellung war jedoch gesetzlich nicht in letzter Konsequenz umgesetzt worden. Eine entsprechende Gesetzeskorrektur zum Abzug der Erwerbsaufwendungen bei den „Einkünften als Rechtsnachfolger" würde eine systematische Verbesserung darstellen. Die vom Gesetzgeber „aus Vereinfachungsgründen"[358] gewählte Lösung stellt dagegen einen Verstoß gegen das Leistungsfähigkeitsprinzip dar, weil nicht berücksichtigt wird, daß sich die Leistungsfähigkeit des Steuerpflichtigen in Höhe der zu zahlenden Erbschaftsteuer vermindert.

---

355 BFH v. 15. 11. 57 - VI 79/55 U -, BStBl. III 1958, 103 (104), Hervorhebung im Original; ebenso RFH v. 25. 6. 1930 – VI A 916/30 -, RStBl. 1930, 618 (619).

356 So zumindest die ständige Rechtsprechung und die ganz h. M. in der Literatur, vgl. nur v. BORNHAUPT, in: SÖHN (Hrsg.), DStJG 3, 1980, 149 (167 ff.; 199); SÖHN, StuW 1983, 193 (194, 204 f.); TIPKE/LANG, Steuerrecht[16], 1998, § 9 Rdnr. 227.

357 So im Ergebnis auch MIRRE, StuW 1933, Sp. 919 (923).

358 In der Begründung, BT-Drs. 14/23, S. 183, heißt es wörtlich: „Zwar mildert die Vorschrift eine dem Leistungsfähigkeitsprinzip widersprechende Doppelbelastung von Einkünften mit Einkommen- und Erbschaftsteuer. Eine Aufhebung wird jedoch aus Vereinfachungsgründen für vertretbar gehalten."

C. Die Übertragung von Abschreibungswerten bei Wirtschaftsgütern des Privatvermögens

I. Problembeschreibung

Gegenstand der Untersuchung waren bislang allgemeine Fragen im Zusammenhang mit dem Grundsatz der Individualbesteuerung und dessen Ausprägungen in verschiedenen Bereichen des Einkommensteuerrechts. Die hierbei aufgestellten Thesen sollen im folgenden Abschnitt auf den speziellen Problemkreis der Übertragung einer „Abschreibungsberechtigung" bei Wirtschaftsgütern des Privatvermögens angewandt werden.

Wenn ein Wirtschaftsgut entgeltlich von einem Steuersubjekt auf ein anderes übertragen wird, bemessen sich die Absetzungen für Abnutzung (AfA) nach den Anschaffungskosten oder Herstellungskosten des Erwerbenden (§ 7 Abs. 1 EStG) [359]. Beim unentgeltlichen Erwerb werden gemäß § 11 d EStDV als Bemessungsgrundlage die Anschaffungs- oder Herstellungskosten des Rechtsvorgängers herangezogen. Der Erwerber setzt nach dieser Vorschrift die AfA-Werte des Vorgängers fort. Absetzungen sind nur solange zulässig, bis das Wirtschaftsgut insgesamt einmal abgeschrieben ist (§ 11 d Abs. 1 S. 2 EStDV). Auch erhöhte Absetzungen führt der Rechtsnachfolger fort (§ 11 d Abs. 1 S. 3 EStDV).

II. Historische Entwicklung

1. Die Preußischen Klassensteuergesetze

Nach dem preußischen Gesetz „betreffend die Einführung einer Klassen- und klassifizierten Einkommensteuer" vom 1. 5. 1851[360] (PrEStG 1851) konnten bereits Absetzungen für jährliche Abnutzung geltend gemacht werden[361]. Diese Ab-

---

[359] Daß die Anschaffungs-/ Herstellungskosten die zutreffende Bemessungsgrundlage für die Absetzungen darstellen, war nicht immer unumstritten. Diskutiert wurden auch Absetzungen vom Wiederbeschaffungswert im Sinne eines Erneuerungsfonds, vgl. KUHN/WIENEKE, EStG 1925, § 16 Anm. 11; PIßEL/KOPPE, EStG 1925, S. 117; STRUTZ, Absetzungen², 1924, S. 16, 30; siehe unten C II 2.

[360] PrGS 1851, 193 ff.

[361] § 30 II 2 PrEStG 1851 lautete:

„Als Ausgaben dürfen dabei, außer der üblichen Absetzung für jährliche Abnutzung von Gebäuden und Utensilien, nur solche in Abzug gebacht werden, welche behufs der Fortführung des Handels oder Gewerbebetriebes u. s. w. in dem bisherigen Umfange gemacht worden sind, mithin nicht solche Ausgaben, welche sich auf die Bestreitung des Haushalts des Steuerpflichtigen und des Unterhalts seiner Angehörigen beziehen, oder setzungen betrafen aber nur das Einkommen aus Handel und Gewerbe. Absetzungen für Wirtschaftsgüter im Privatvermögen waren diesem Gesetz fremd.

2. Die Preußischen Einkommensteuergesetze 1891 / 1906

Anders dagegen die Preußischen Einkommensteuergesetze[362] vom 24. 6. 1891[363] (PrEStG 1891) und vom 19. 6. 1906[364] (PrEStG 1906): Hier waren die Absetzungen für Abnutzung ausdrücklich als Werbungskosten aufgeführt; sie konnten bei sämtlichen Einkunftsarten abgezogen werden (§ 9 Abs. 1 Nr. 5 PrEStG 1891[365] / § 8 Abs. 1 Nr. 4 PrEStG 1906[366]).

Es gab damals keine ausdrückliche AfA-Regelung für den Fall einer unentgeltlichen Übertragung von Privatvermögen. Der Rechtsprechung und Literatur kann jedoch entnommen werden, wie solche Fälle behandelt wurden. Der wirtschaftliche Grund für die AfA lag nach der Rechtsprechung des Preußischen Oberverwaltungsgerichts in Staatssteuersachen darin, „daß am Schlusse der maßgebenden Wirtschaftsperiode aus der Roheinnahme der Quelle derjenige Betrag, um welchen sich der Wert des Stammvermögens durch Verwendung von einzelnen Bestandteilen zur Erzielung der Roheinnahme seit dem Beginne der Periode tatsächlich verringert hat, ausgesondert werden muß, bevor sich Reineinkommen ergeben kann"[367]. Das OVG wandte sich in der Entscheidung der vereinigten Steuersenate ausdrücklich gegen die Vorstellung, der gewährte Absetzungsbetrag

---

welche in einer Kapitalanlage zur Erweiterung des Geschäfts oder zu Verbesserungen aller Art bestehen."

362 Die Preußischen Einkommensteuergesetze gelten als die direkten Vorläufer der Reichseinkommensteuergesetze, aus denen wiederum die bundesdeutschen Einkommensteuergesetze hervorgegangen sind, vgl. KLINGER, Drittaufwendungen, 1996, S. 111; LANG, FR 1993, 661.

363 PrGS 1891, 175 ff.

364 PrGS 1906, 259 ff.

365 § 9 Abs. 1 PrEStG 1891:

„Von dem Einkommen (§. 7) sind in Abzug zu bringen: ... 5) die regelmäßigen jährlichen Absetzungen für Abnutzung von Gebäuden, Maschinen, Betriebsgeräthschaften u. s. w., soweit solche nicht bereits unter den Betriebsausgaben verrechnet sind; ..."

366 § 8 Abs. 1 PrEStG 1906:

„Als Werbungskosten gelten auch: ... 4. die regelmäßigen jährlichen Absetzungen für Abnutzung der Gebäude, Maschinen sowie des sonstigen toten Inventars, sofern die Kosten der Beschaffung nicht unter den Betriebsausgaben verrechnet sind; ..."

367 So das grundlegende Urteil der vereinigten Steuersenate des PrOVG/St v. 27. 11. 1896 - Rep VI 10/95 -, OVGSt 5, 270 (279).

sei eine Art Erneuerungsfonds, also eine Rücklage für die Neuanschaffung eines entsprechenden Gegenstands[368]. Nach diesem AfA-Verständnis mußte somit der jährliche Wertverzehr des Wirtschaftsgutes ermittelt werden.

Für die Berechnung war nicht der Buchwert oder der ursprüngliche Wert[369] entscheidend, sondern der tatsächliche Wert am Anfang des Veranlagungszeitraumes oder bei Beginn der Nutzung zur Erzielung von Einkünften[370]. Bei der Ermittlung des Zeitwertes ging die Verwaltung – in Zusammenarbeit mit dem Steuerpflichtigen[371] – nicht von den Anschaffungs- / Herstellungskosten aus[372]. Der Wert wurde vielmehr mit Hilfe der Feuerversicherungssumme[373], durch Schätzungen[374] oder durch Sachverständige[375] festgestellt.

---

368 PrOVG/St v. 27. 11. 1896 - Rep VI 10/95 -, OVGSt 5, 270 (279): „Die Ansammlung eines Erneuerungsfonds ist nicht Grund und Zweck, sondern nur eine mögliche und regelmäßig auch nützliche Folge der Abschreibung..."; vgl. auch die parlamentarische Diskussion um das Reichseinkommensteuergesetz 1920, abgedr. bei GLASER, EStG 1920, § 13 Anm. 55 (S. 227 f.); PIßEL/KOPPE, EStG 1925, § 16, S. 117;

a. A.: Verfügung des Finanzministers vom 7. 2. 1893, abgedruckt bei OVGSt 5, 270 (276).

369 FUISTING/STRUTZ, EStG 1906[8], § 8 Rdnr. 33 (S. 267).

370 PrOVG/St v. 14. 6. 1893 - Rept. V. A. 93/93 -, OVGSt 2, 58 (64); PrOVG/St v. 31. 1. 1894 - Rep. V. A. 660/93 -, OVGSt 2, 391 (394); PrOVG/St v. 16. 6. 1896 - Rep. V. A. 817/95 -, OVGSt 5, 159 (161); PrOVG/St v. 27. 11. 1896 - Rep VI 10/95 -, OVGSt 5, 270 (279); PrOVG/St v. 10. 7. 1897 - Rep. VI. A. 136/96 -, OVGSt 6, 161 (176); PrOVG/St v. 14. 5. 1900 - Rep. VI. a. 228/99 -, OVGSt 9, 87 (89); PrOVG/St v. 15. 3. 1913 - XIII. b. 85/12 -, OVGSt 16, 132 (135); PrOVG/St v. 23. 2. 1921 - IV. a. 314/20 -, OVGSt 19, 81 (82); PrOVG/St v. 26. 1. 1921 - IV. a. 202/19 -, OVGSt 19, 82 (84).

FUISTING, EStG 1891[3], § 9 Anm. 23; FUISTING/STRUTZ, EStG 1906[8], § 8 Anm. 33 (S. 267); MROZEK, EStG 1906, 1914, § 8 Anm. 10 (S. 99); STRUTZ, Absetzungen[2], 1924, S. 24 ff.

371 Die Ausführungsanweisung des Finanzministers vom 5. 8. 1891 gestattete den Steuerpflichtigen in Art. 18 Abs. 3 einen „angemessenen Prozentsatz des Substanzwerthes" als Abzugsbetrag, abgedruckt bei FUISTING, EStG 1891, S. 282.

372 PrOVG/St v. 14. 5. 1900 - Rep. VI. a. 228/99 -, OVGSt 9, 87 (89).

373 PrOVG/St v. 2. 3. 1893 - Rep. V. 901/92 -, OVGSt 1, 235 (236 f.); PrOVG/St v. 14. 6. 1893 - Rept. V. A. 93/93 -, OVGSt 2, 58 (64); PrOVG/St v. 20. 12. 1913 - III. 59/13 -, OVGSt 16, 128 (131); Verfügung des Finanzministers, abgedruckt bei MROZEK, EStG 1906, § 8 Anm. 10 D a. (S. 101); kritisch zu dieser Praxis: GLASER, EStG 1920, § 13 Anm 74 (S. 239); siehe auch das Formular zur Steuererklärung, abgedruckt bei GLASER, EStG 1920, Anh. 4, S. 83.

374 S. MROZEK, EStG 1906, § 8 Anm. 10 E (S. 103).

375 Das Gutachten eines Sachverständigen (in der Entscheidung des PrOVG/St v. 14. 5. 1900 - Rep. VI. a. 228/99 -, OVGSt 9, 87 (89) des „Regierungsbaumeisters N.") konnte frei-

Bei der Bestimmung der voraussichtlichen Restnutzungsdauer sollten nach damaligen Vorstellungen viele Merkmale des Wirtschaftsgutes in die Beurteilung mit einfließen[376], so z. B. bei Gebäuden der bauliche Zustand, die örtliche Lage, die Benutzungsart, die Zahl der Bewohner etc. Bereits damals wurde erkannt, daß die Verwaltung nicht in der Lage ist, jedes Gebäude einzeln zu bewerten. Es wurden daher Durchschnittssätze festgelegt, bis zu denen die von von den Steuerpflichtigen beanspruchten Abnutzungsquoten unbeanstandet zugelassen wurden[377]. Eine darüber hinausgehende Abnutzung mußte der Steuerpflichtige im Einzelfall begründen und gegebenenfalls beweisen[378]. Außerdem richtete sich der AfA-Betrag im „Normalfall", d. h. wenn die Werte der vergangenen Jahre ermittelt werden konnten, nach den Durchschnittswerten der letzten drei Jahre[379] (§ 10 EStG 1891[380]).

---

lich nur in Ausnahmefällen eingeholt werden. In diesem Fall ging es um ein Anwesen mit insgesamt 187 Gebäuden.

376 Verfügung des Finanzministers, abgedruckt bei MROZEK, EStG 1906, § 8 Anm. 10 D a. (S. 102).

377 FUISTING/STRUTZ, EStG 1906, § 8 Anm. 33 (S. 268); PrOVG/St v. 16. 3. 1912 - J. N. I. a. 10; Rep. I. a. 7/12 -, abgedr. in OVGSt 15, 90 (Fußnote).

378 PrOVG/St v. 2. 3. 1893 - Rep. V. 901/92 -, OVGSt 1, 235 (236 f.); PrOVG/St v. 24. 4. 1893 - Rep. V. 812/92 -, OVGSt 1, 364 (367); PrOVG/St v. 14. 6. 1893 - Rept. V. A. 93/93 -, OVGSt 2, 58 (63); PrOVG/St v. 16. 6. 1896 - Rep. V. A. 817/95 -, OVGSt 5, 159 (160 f.); PrOVG/St v. 27. 11. 1896 - Rep. VI. 10/95 -, OVGSt 5, 270 (297 f.); PrOVG/St v. 15. 3. 1913 - XIII. b. 85/12 -, OVGSt 16, 132 (133 ff.); PrOVG/St v. 20. 12. 1913 - III. 59/13 -, OVGSt 16, 128 (131); PrOVG/St v. 26. 1. 1921 - IV. a. 202/19 -, OVGSt 19, 82 (83).

379 PrOVG/St v. 27. 11. 1896 - Rep VI 10/95 -, OVGSt 5, 270 (295); vgl. dazu auch STRUTZ, Absetzungen[2], 1924, S. 24 ff.

380 § 10 PrEStG 1891 lautete:

„Feststehende Einnahmen sind nach ihrem Betrage für das Steuerjahr, ihrem Betrage nach unbestimmte oder schwankende Einnahmen, sowie das steuerpflichtige Einkommen der Aktiengesellschaften u. s. w. (§. 16), nach dem Durchschnitte der drei der Veranlagung unmittelbar vorangegangenen Jahre, jedoch bei der nach diesem Gesetze stattfindenden erstmaligen Veranlagung nach dem Durchschnitte zweier Jahre zu berechnen. Wenn Einnahmen der letztgedachten Art noch nicht so lange bestehen, so sind sie nach dem Durchschnitte des Zeitraumes ihres Bestehens, nöthigenfalls nach dem muthmaßlichen Jahresertrage in Ansatz zu bringen. Die gleichen Grundsätze gelten für die Berechnung der abzugsfähigen Ausgaben."

Die Durchschnittsermittlung wurde allerdings mit der EStG-Novelle vom 19. 6. 1906 auf den Geschäftsgewinn aus Handel Gewerbe und Bergbau und auf juristische Personen beschränkt.

Im Falle der unentgeltlichen Übertragung von Wirtschaftsgütern des Privatvermögens wurde eine Neubewertung beim Rechtsnachfolger vorgenommen, in der der Zeitwert und die sich möglicherweise neu ergebende Nutzungsdauer zugrundegelegt wurden. Es gab keine Übertragung von Abschreibungswerten von einem Steuerpflichtigen auf einen anderen, weil die Abschreibungswerte nur als Hilfsgrößen bei der Ermittlung der tatsächlichen Abnutzung dienten. Eine Fortsetzung von AfA-Werten beim unentgeltlichen Erwerb, wie sie nach der jetzigen Rechtslage vorgeschrieben wird, hätte gegen die Grundprinzipien der damaligen AfA-Regeln verstoßen. Eine Entwicklung in diese Richtung erschien undenkbar; in der steuerrechtlichen Literatur dieser Zeit wurde diese Frage folglich nicht aufgeworfen.

3. Das Reichseinkommensteuergesetz 1920

Durch das Einkommensteuergesetz vom 29. 3. 1920[381] trat keine grundlegende Änderung der vorherigen Rechtslage ein. Prägend für die Beurteilung der AfA-Vorschriften (§ 13 EStG 1920) war noch immer der Wertverzehrgedanke[382]. Der Ausdruck „Absetzungen für Wertverminderung" wurde zwar durch „Absetzungen für Abnutzung" ersetzt[383]. Mit der Änderung wollte der Gesetzgeber sich aber nicht von der Wertverzehrtheorie distanzieren[384]. Es sollte nur klargestellt werden, daß einerseits für die Absetzungen ein Wertverlust nicht unbedingt erforderlich war (z. B. bei steigenden Preisen), andererseits ein geringerer Wert *ohne* Abnutzung (z. B. durch Preisverfall, Veralten infolge neuer Erfindungen) nicht berücksichtigt werden konnte[385]. Zur Bestimmung des Wertverzehrs stellte die Rechtsprechung nicht mehr auf den durch Schätzung zu ermittelnden wirklichen Substanzwert ab. In den Vordergrund rückten vielmehr die Anschaffungs- / Herstellungskosten des Wirtschaftsguts[386]. So führte der Reichsfinanzhof – in Abkehr von der Rechtsprechung des Preußischen Oberverwaltungsgerichts in Staatssteuersachen – aus:

> „Es bleibt deshalb nach Lage der Gesetzgebung nur übrig, der Berechnung des der Abnutzung entsprechenden Betrags den Geldbetrag der Anschaffungs- und Herstellungskosten als feststehenden Faktor zugrunde zu legen. Der abzusetzende Betrag kommt danach der Quote des Anschaffungs- und Herstellungspreises gleich,

---

381 RGBl. I 1920, 359 ff.

382 GLASER, EStG 1920, § 13 Anm. 57 ff.; 73.

383 Novelle v. 24. 3. 1921, RGBl. I 1921, S. 313 ff.

384 Siehe die Begründung, abgedruckt bei GLASER, EStG 1920, § 13 Anm. 55 a (S. 229).

385 STRUTZ, EStG 1920, § 13 Anm. 22 (S. 111).

386 Vgl. dazu KLINGER, Drittaufwendungen, 1996, S. 121 ff.

die der im Laufe des Jahres eingetretenen Abnahme der Brauchbarkeit im Verhältnis zur gesamten Verwendbarkeit des Gegenstandes entspricht."[387]

Daß diese Änderung der Rechtsprechung nicht nur rechtsdogmatische Bedeutung hatte, sondern für den Steuerpflichtigen zu einer erheblichen Mehrbelastung führte, leuchtet ein, wenn man an die zu dieser Zeit herrschende Inflation denkt[388]. Die neue Rechtsprechung war dementsprechend umstritten[389]. Auch der RFH hielt diese Rechtslage „in Zeiten fortschreitender Geldentwertung" für „unbillig", fühlte sich aber an den eindeutig zum Ausdruck gebrachten Willen des Gesetzgebers gebunden[390].

Bei der Bewertung eines Wirtschaftsguts, das der Steuerpflichtige unentgeltlich erworben hatte – nämlich immer dann, wo kein Anschaffungs- oder Herstellungspreis zur Verfügung stand –, diente der „gemeine Wert"[391] (Verkehrswert) als Basis für die Absetzungen für Abnutzung[392]. Für Wirtschaftsgüter des Betriebsvermögens erlaubte die Novelle vom 24. 3. 1921[393] den Ansatz von fiktiven Anschaffungskosten[394] (§ 33a EStG 1921[395]).

---

387 RFH v. 19. 10. 1922 - III A 371/22 -, RFHE 11, 238 (246); siehe auch RFH v. 28. 11. 1923 - VI e A 158/23 -, RFHE 13, 74 f.

388 In der Enscheidung des RFH v. 28. 11. 1923 - VI e A 158/23 -, RFHE 13, 74 f. war der Zeitwert um das Zehnfache höher als der Anschaffungspreis.

389 Kritisch äußerte sich STRUTZ, in: STRUTZ (Hrsg.), Handbuch[3], 1927, S. 375 f.; DERS., Absetzungen, 1924[2], S. 53 ff.; DERS., EStG 1920, § 13 Anm. 24; ähnliche Ansichten wie die des RFH finden sich dagegen bei GLASER, EStG 1920, § 13 Anm. 59 f., 74 und KUHN, EStG 1920[3], § 13 Anm. 3 b (S. 108).

390 Vgl. RFH v. 28. 11. 1923 - VI e A 158/23 -, RFHE 13, 74 (75).

391 Der gemeine Wert war in § 137 RAO 1919 (RGBl. I 1919, 1993) definiert als der Preis, „der im gewöhnlichen Geschäftsverkehre nach der Beschaffenheit des Gegenstandes unter Berücksichtigung aller den Preis beeinflussenden Umstände bei einer Veräußerung zu erzielen wäre; ungewöhnliche oder lediglich persönliche Verhältnisse sind nicht zu berücksichtigen." Der Begriff geht zurück auf das Preußische Allgemeine Landrecht (Teil I, Titel 2, § 112): „Der Nutzen, welchen die Sache einem jeden Besitzer gewähren kann, ist ihr gemeiner Werth". Nachfolgenorm des § 137 RAO 1919 ist der heutige § 9 BewG, vgl. RÖSSLER/TROLL, Bewertungsgesetz[17], 1995, § 9 Rdnr. 1.

392 GLASER, EStG 1920, § 13 Anm. 74 (S. 239).

393 RGBl. 1921, 313 ff.

394 Vgl. dazu RFH v. 13. 5. 1925 - VI e A 202/24 -, RFHE 16, 185 ff.

395 § 33a Abs. 1 EStG 1921 lautete:

„[1]Soweit für einen Gegenstand des Betriebsvermögens ein Anschaffungs- oder Herstellungspreis gegeben ist, gilt bei Ermittlung des Betriebsgewinns oder des Geschäftsgewinns im Sinne der §§ 32, 33 als Wert dieses Gegenstandes der Anschaffungs- oder Her-

4. Das Reichseinkommensteuergesetz 1925

Im Reichseinkommensteuergesetz vom 10. 8. 1925[396] normierte der Gesetzgeber erstmals einen AfA-Tatbestand, der sowohl für Gewinn- als auch für Überschußeinkunftsarten galt[397]. Der Gesetzgeber schloß sich zugleich der Rechtsprechung des RFH an[398] und legte als AfA-Bemessungsgrundlage die Anschaffungs- / Herstellungskosten fest[399]. Obwohl § 16 EStG 1925 damit zu einer Verteilungsvorschrift wurde[400], hielt man aber noch immer am Wertverzehrgedanken als Zweck der AfA fest[401].

---

stellungspreis nach Abzug der zulässigen Absetzungen für Abnutzung oder Substanzverringerung. [2]Ist ein Anschaffungs- oder Herstellungspreis für einen Gegenstand des Betriebsvermögens nicht gegeben, so gilt als solcher der Betrag, der für den Erwerb des Gegenstandes im Zeitpunkt seiner Anschaffung oder Herstellung durch den Steuerpflichtigen unter gemeingewöhnlichen Verhältnissen hätte aufgewendet werden müssen. [3]Übersteigt für einen Gegenstand der Anschaffungs- oder Herstellungspreis nach Abzug der zulässigen Absetzungen für Abnutzung oder Substanzverringerung den gemeinen Wert, so ist der gemeine Wert dieses Gegenstandes als sein Wert anzusetzen. ..."

396 RGBl. I 1925, 189 ff.

397 Vgl. §§ 6, 7 II, 13 S. 2, 16 Abs. 2 u. 3 EStG 1925; s. dazu auch die Gesetzesbegründung v. 23. 4. 1925, Verh. d. Reichstages, 3. Wahlperiode 1924, Band 400, Nr. 795, S. 19 f.

398 STRUTZ, in: STRUTZ, (Hrsg.), Handbuch[3], 1927, S. 375; zustimmend BECKER, EStG 1925, § 16 Bem. 56 (S. 578).

399 § 16 EStG 1925 lautete:

„... (2) [1]Aufwendungen für die Anschaffung oder Herstellung von Gegenständen, deren Verwendung oder Nutzung durch den Steuerpflichtigen sich bestimmungsgemäß auf einen längeren Zeitraum erstreckt, dürfen nicht in dem Steuerabschnitte der Anschaffung oder Herstellung voll abgezogen werden. [2]Sie können vielmehr für einen Steuerabschnitt höchstens mit dem Betrage berücksichtigt werden, der sich bei der Verteilung auf die Gesamtdauer der Verwendung oder Nutzung ergibt (Absetzung für Abnutzung).

(3) [1]Die Absetzungen für Abnutzung sind nur zulässig für Maschinen und sonstiges Betriebsinventar, für gewerbliche, literarische und künstlerische Urheberrechte, für Gebäude, Be- und Entwässerungsanlagen und fischereiwirtschaftliche Anlagen. [2]Die Absetzungen bemessen sich nach der gemeingewöhnlichen Nutzungsdauer des Gegenstandes. Absetzungen für außergewöhnliche Abnutzung in einem Steuerabschnitt sind zulässig, bedürfen jedoch besonderen Nachweises. [3]Die Absetzungen dürfen von keinem höheren als dem Anschaffungs- oder Herstellungspreise (§ 19 Abs. 2) vorgenommen werden und sind nach Hundertsätzen zu bemessen. ..."

400 KUHN/WIENEKE, EStG 1925, § 16 Anm. 14 (S. 328); PIßEL/KOPPE, EStG 1925, § 16 S. 117 f.; RFH v. 28. 5. 1927 - VI A 154/27 -, RFHE 21, 201 (205); RFH v. 17. 12. 1930 - VI A 1119/30 -, RStBl. 1931, 198; RFH v. 19. 12. 1934 - VI A 532/33 -, StuW 1935, Sp. 344 (346); RFH v. 3. 2. 1937 - VI A 442/36 -, RStBl. 1937, 909 (910); Gesetzesbegründung v. 23. 4. 1925, Verh. d. Reichstages, 3. Wahlperiode 1924, Band 400, Nr. 795, S.

Als besonders interessant im Rahmen dieser Untersuchung erscheint der Verweis des § 16 Abs. 3 auf § 19 Abs. 2 EStG 1925[402]. Hier war geregelt, welcher Wert als Ausgangspunkt für die AfA diente, wenn ein Anschaffungs- oder Herstellunspreis nicht gegeben war. Der unentgeltliche Erwerb fiel unter §§ 16 Abs. 3, § 19 Abs. 2 EStG 1925, weil es in diesem Fall keine Herstellung oder (entgeltliche) Anschaffung gegeben hatte[403]. Nicht anwendbar waren diese Vorschriften hingegen, wenn es zwar Anschaffungs-/ Herstellungskosten gab, diese aber aus anderen Gründen nicht zu ermitteln waren.

Nach §§ 16 Abs. 3, 19 Abs. 2 EStG 1925 konnte der Steuerpflichtige seine Absetzungen von den fiktiven Anschaffungskosten berechnen[404]. Diese Vorschriften enthielten somit die erste gesetzlich normierte AfA-Regelung für den Fall des unentgeltlichen Erwerbs von Wirtschaftsgütern des Privatvermögens. Die fiktiven Anschaffungskosten des § 19 Abs. 2 EStG 1925 unterschieden sich vom gemeinen Wert dadurch, daß sie den *An*kaufswert darstellten, nicht den *Ver*kaufswert[405]. Während diese Differenzierung beispielsweise bei einem Händler den Unterschied zwischen Großhandels- und Einzelhandelspreis ausmachte, dürfte sie

---

19 (48); **kritisch:** BECKER, EStG 1925, § 16 Anm. 53 a („wunderliche Ausdrucksweise"); **ablehnend:** STRUTZ, EStG 1925, § 16 Anm. 29 (S. 934); DERS., in: STRUTZ (Hrsg.), Handbuch[3], 1927, S. 375.

401 BLÜMICH/SCHACHIAN, EStG 1925, § 16 Anm. 12 (S. 224), 13 (S. 225); KUHN/WIENEKE, EStG 1925, § 16 Anm. 11 (S. 323); PIßEL/KOPPE, EStG 1925, S. 117; RFH v. 28. 5. 1927 - VI A 154/27 -, RFHE 21, 201 (204 f.); RFH v. 26. 7. 1933 - VI A 1169/32 -, RFHE 34, 60 (63); s. auch die Gesetzesbegründung v. 23. 4. 1925, Verh. d. Reichstages, 3. Wahlperiode 1924, Band 400, Nr. 795, S. 19 (48);

zur heutigen Diskussion um die Auslegung des § 16 EStG 1925 vgl. weiterhin V. BORNHAUPT, FR 1982, 313 (320); HIRSCH, Abflußprinzip, 1987, S. 164 f.; KLINGER, Drittaufwand, 1996, S. 126 ff.; KRUSE, FR 1981, 473 (477); PRINZ, Werbungskosten, 1984, S. 159 ff.; WERNDL, in: KIRCHHOF/SÖHN, EStG, § 7 Rdnr. A 323 f.

402 § 19 Abs. 2 EStG 1925 lautete:

„[1]An Stelle des gemeinen Wertes kann der Steuerpflichtige den Anschaffungs- oder Herstellungspreis unter Abzug der nach § 16 Abs. 2 bis 4 zulässigen Absetzungen für Abnutzung und Substanzverringerung einsetzen. [2]Ist ein Anschaffungs- oder Herstellungspreis nicht gegeben, so gilt als solcher der Betrag, der für den Gegenstand im Zeitpunkt seines Erwerbes durch den Steuerpflichtigen unter gemeingewöhnlichen Verhältnissen hätte aufgewendet werden müssen."

403 BECKER, EStG 1925, § 16 Bem. 56 b) (S. 579).

404 S. auch BECKER, EStG 1925, § 16 Bem. 56 b) (S. 579).

405 Vgl. dazu BLÜMICH/SCHACHIAN, EStG 1925, § 19 Anm. 11 (S. 280); KUHN/WIENEKE, EStG 1925[5], § 19 Anm. 8 IV (S. 383); MROZEK, EStG 1925, § 19 Anm. 2 I 6 (S. 113).

bei Gegenständen im Privatvermögen keine große Rolle gespielt haben. Außerdem war weder auf den Anfang noch auf das Ende des Veranlagungszeitraumes abzustellen, sondern auf den Zeitpunkt des tatsächlichen Erwerbs durch den Steuerpflichtigen[406].

Welche Absetzungen der Rechtsvorgänger auf ein Wirtschaftsgut gemacht hatte, war auch nach dem EStG 1925 für die steuerliche Beurteilung des Nachfolgers unerheblich. Das AfA-Volumen des Erben oder Beschenkten bemaß sich ausschließlich nach seinen eigenen fiktiven Anschaffungskosten.

KUHN/WIENEKE sprachen zwar damals schon von einer „Kontinuität der Veranlagung"[407]. Gemeint war aber nur die inter*temporale* Kontinuität bei der Veranlagung, also die Sicherstellung, daß ein Steuerpflichtiger – unabhängig von einzelnen Veranlagungen – insgesamt nur einmal die Anschaffungs-/Herstellungskosten absetzen konnte. Eine inter*personale* Kontinuität, also die Übertragung der Abschreibungswerte von einem Steuersubjekt auf ein anderes, war nach der damaligen Rechtslage – so wie sie ausgelegt wurde – weiterhin ausgeschlossen.

5. Das Reichseinkommensteuergesetz 1934 / EStDV 1935

Das Reichseinkommensteuergesetz vom 16. 10. 1934 (EStG 1934)[408] brachte einige Änderungen in die AfA-Vorschriften. So wurde der AfA-Tatbestand jetzt bei den Gewinneinkünften plaziert (§ 7 EStG 1934[409]), im Bereich der Überschußeinkünfte galt er durch eine Verweisung (§ 9 S. 3 Nr. 6 EStG 1934)[410].

---

406 BLÜMICH/SCHACHIAN, EStG 1925, § 19 Anm. 11 (S. 280).

407 KUHN/WIENEKE, EStG 1925[5], § 16 Anm. 14 II (S. 331).

408 RStBl. I 1934, 1005 ff.

409 § 7 EStG 1934 lautete:

„(1) [1]Bei Gebäuden und sonstigen Wirtschaftsgütern, deren Verwendung oder Nutzung durch den Steuerpflichtigen zur Erzielung von Einkünften sich erfahrungsgemäß auf einen Zeitraum von mehr als einem Jahr erstreckt, kann jeweils für ein Jahr der Teil der Anschaffungs- oder Herstellungskosten abgesetzt werden, der bei Verteilung dieser Kosten auf die Gesamtdauer der Verwendung oder Nutzung auf ein Jahr entfällt (Absetzung für Abnutzung). [2]Die Absetzung bemißt sich hierbei nach der betriebsgewöhnlichen Nutzungsdauer des Wirtschaftsguts. [3]Absetzungen für außergewöhnliche technische oder wirtschaftliche Abnutzung sind zulässig.

(2) ..."

410 Auch die klare Trennung zwischen Gewinn und Überschußeinkunftsarten war eine Neuerung des EStG 1934, s. KLINGER, Drittaufwand, 1996, S. 132; WOLFF-DIEPENBROCK, DStR 1983, S. 250 (255; Fn. 54).

Neu war am EStG 1934 außerdem, daß Absetzungen für alle abnutzbaren Wirtschaftsgüter des Anlagevermögens gewährt wurden, nicht mehr nur für einen begrenzten Katalog. Darüber hinaus ließ der Gesetzgeber jetzt auch Absetzungen für außergewöhnliche Abnutzung zu. Alles in allem wurden die AfA-Vorschriften durch das EStG 1934 in eine Form gebracht, die sie bis heute behalten haben[411]. Eine grundlegende materielle Änderung war mit der Neufassung der Absetzungsregeln aber nicht beabsichtigt[412]; das EStG 1934 knüpfte an die bestehende Rechtslage an[413].

Eine Regelung über die steuerlichen Auswirkungen einer unentgeltlichen Übertragung von Wirtschaftsgütern des Privatvermögens fehlte im EStG 1934 und wurde erst kurze Zeit nach Inkrafttreten dieses Gesetzes in der „Ersten Verordnung zur Durchführung des Einkommensteuergesetzes" vom 6. 2. 1935 (EStDV 1935) getroffen[414]. Bis heute ist die Plazierung der AfA-Regelungen für den unentgeltlichen Erwerb bei Wirtschaftsgütern des Privatvermögens (für Wirtschaftsgüter im Betriebsvermögen vgl. § 6 Abs. 4 EStG n. F.) in einer Durchführungsvorschrift beibehalten worden; dies zeigt, daß der Gesetzgeber dieser Problematik offensichtlich nur wenig Bedeutung im Grundsätzlichen (dogmatisch/systematisch) beimaß[415].

---

411 BRINGEWAT, Drittaufwand, 1990, S. 55; HUCHATZ/DAENNER, in: HERRMANN/HEUER/RAUPACH, EStG, Dok. 1 Anm. 50; KLINGER, Drittaufwand, 1996, S. 132; MEINCKE, in: LITTMANN/BITZ/HELLWIG, § 7 EStG Rdnr. 34; WERNDL, in: KIRCHHOF/SÖHN, EStG, § 7 Rdnr. A 325.

412 WERNDL, in: KIRCHHOF/SÖHN, EStG, § 7 Rdnr. A 326: „bloße Anpassung an die damalige Rechtspraxis"; s. dazu auch die Begründung zu § 7, RStBl. 1935, S. 33 (39), die ausdrücklich Bezug nimmt auf das Urteil des RFH v. 12. 12. 1928 - VI A 274/28 -, RStBl. 1929, 87 ff; s. auch KAEMMEL/BACCIOCCO, EStG 1934, § 7 Anm. 1.

413 Vgl. die Einleitung zur Gesetzesbegründung, RStBl. 1935, 33: „Das Einkommensteuergesetz vom 16. Oktober 1934 hat daher an das bisher geltende Einkommensteuergesetz vom 10. August 1925 überall da anknüpfen können, wo dessen Vorschriften in ihrer Grundhaltung nationalsozialistischen Gedankengängen nicht entgegenstanden und in ihrer Ausführung den Belangen der praktischen Verwendbarkeit entsprachen."

414 RStBl. 1935, 209 (210).

415 Aus der Gesetzesbegründung (RStBl. 1935, 33): „Das neue Einkommensteuergesetz hat zunächst die Grundgedanken des Einkommensteuerrechts in Anlehnung an die Ergebnisse der Praxis, der Rechtsprechung und des Schrifttums in eindeutigen und klaren Begriffen festgelegt und die lediglich für die Durchführung der Vorschriften erforderlichen, für das Verständnis aber entbehrlichen Vorschriften in die Durchführungsbestimmungen verwiesen."

§ 12 EStDV 1935[416] legte fest, daß bei einem unentgeltlichen Erwerb von Wirtschaftsgütern des Privatvermögens die fiktiven Anschaffungs- oder Herstellungskosten durch den Rechtsnachfolger als Bemessungsgrundlage angesetzt werden durften. Der fiktive Anschaffungs- / Herstellungspreis bezog sich auf den Zeitpunkt des tatsächlichen Erwerbs.

6. EStDV 1951 / EStDV 1955

Die Einkommensteuer-Durchführungsverordnung vom 17. 1. 1952 (EStDV 1951)[417] änderte die Rechtslage geringfügig. Unentgeltlich erworbene Gebäude waren nunmehr mit dem Einheitswert anzusetzen, während es für sonstige Wirtschaftsgüter im Privatvermögen bei der alten Rechtslage (fiktive Anschaffungskosten im Zeitpunkt des Erwerbs) blieb[418].

---

416 § 12 EStDV 1935 lautete:

„(1) Bei Gebäuden und sonstigen Wirtschaftsgütern, die vor dem 1. Januar 1925 angeschafft, hergestellt oder unentgeltlich erworben worden sind und nicht zu einem Betriebsvermögen gehören, gilt für die Bemessung der Absetzung für Abnutzung oder Substanzverringerung als Anschaffungs- oder Herstellungskosten der Betrag, den der Steuerpflichtige für die Anschaffung oder Herstellung am 1. Januar 1925 hätte aufwenden müssen.

(2) Bei Gebäuden und sonstigen Wirtschaftsgütern, die nach dem 31. Dezember 1924 unentgeltliche erworben worden sind und nicht zu einem Betriebsvermögen gehören, gilt für die Bemessung der Absetzung für Abnutzung oder Substanzverringerung als Anschaffungs- oder Herstellungskosten der Betrag, den der Steuerpflichtige für die Anschaffung oder Herstellung im Zeitpunkt des Erwerbs hätte aufwenden müssen."

417 BStBl. I 1952, 65 (69).

418 § 13 EStDV 1951 lautete:

„Gehört ein Gebäude oder ein sonstiges Wirtschaftsgut nicht zu einem Betriebsvermögen, so sind für die Bemessung der Absetzung für Abnutzung oder Substanzverringerung als Anschaffungs- oder Herstellungskosten zugrunde zu legen:

1. bei einem Gebäude, das unentgeltlich erworben oder vor dem 21. Juni 1948 angeschafft oder hergestellt worden ist, der letzte Einheitswert.

...

2. bei einem sonstigen Wirtschaftsgut,

a) das vor dem 21. Juni 1948 angeschafft, hergestellt oder unentgeltlich erworben worden ist, der Betrag, den der Steuerpflichtige für die Anschaffung am 31. August 1948 hätte aufwenden müssen;

b) das nach dem 20. Juni 1948 unentgeltlich erworben worden ist, der Betrag, den der Steuerpflichtige für die Anschaffung im Zeitpunkt des Erwerbs hätte aufwenden müssen."

Den nächsten Schritt in Richtung einer Übertragung des AfA-Volumens machte die EStDV vom 21. 12. 1955[419]. Bei Gebäuden, die nach 1948 hergestellt wurden[420], richtete sich jetzt die AfA nach den Anschaffungs- oder Herstellungskosten des Rechtsvorgängers, abzüglich der Absetzungen nach §§ 7 und 7 b EStG, zuzüglich der Herstellungskosten des Erwerbers[421].

7. Die Einkommensteuer-Durchführungsverordnung 1965

Während bis dahin die seit 1935 geltende Rechtslage abgesehen von der Sonderregelung für Gebäude im Kern über 30 Jahre unverändert geblieben war, führte die Einkommensteuer-Durchführungsverordnung 1965[422] zu einer wichtigen Änderung: Erstmals wurde vorgeschrieben, daß bei allen Wirtschaftsgütern des

---

419 BGBl. I 1955, 756 ff.

420 Für die Rechtslage bei älteren Gebäuden vgl. den Wortlaut der Vorschrift in der folgenden Fußnote.

421 § 27 EStDV 1955 lautete:

„Gehört ein Gebäude oder ein sonstiges Wirtschaftsgut nicht zu einem Betriebsvermögen, so sind für die Bemessung der Absetzungen für Abnutzung oder Substanzverringerung als Anschaffungs- oder Herstellungskosten zugrunde zu legen:

1. bei einem Gebäude

...

b) das unentgeltlich erworben und vor dem 21. Juni 1948 hergestellt worden ist, der am 21. Juni 1948 maßgebende Einheitswert zuzüglich der nach dem 20. Juni 1948 aufgewendeten Herstellungskosten abzüglich der nach dem 20. Juni 1948 von dem Rechtsvorgänger vorgenommenen Absetzungen für Abnutzung im Sinn des § 7 des Gesetzes;

c) das unentgeltlich erworben und nach dem 20. Juni 1948 hergestellt worden ist, die Anschaffungs- oder Herstellungskosten des Rechtsvorgängers abzüglich der von ihm vorgenommenen Absetzungen für Abnutzung im Sinn des § 7 des Gesetzes und der erhöhten Absetzungen im Sinn des § 7 b des Gesetzes zuzüglich der vom Erwerber aufgewendeten Herstellungskosten.

...

2. bei einem sonstigen Wirtschaftsgut,

...

b) das nach dem 20. Juni 1948 unentgeltlich erworben worden ist, der Betrag, den der Steuerpflichtige für die Anschaffung im Zeitpunkt des Erwerbs hätte aufwenden müssen."

422 Verordnung v. 14. 4. 1966 zur Änderung der EStDV v. 30. 4. 62, BStBl. I 1966, 243 ff., BGBl. I 1966, 209 ff., 245 ff.

Privatvermögens der unentgeltlich Erwerbende an die AfA-Werte des Rechtsvorgängers gebunden war[423]. In der Begründung durch die Bundesregierung heißt es:

> „... Außerdem stellt die Vorschrift in konsequenter Fortführung des Gedankens des Einrückens des Rechtsnachfolgers in die Rechtsstellung des Rechtsvorgängers klar, daß sich für den unentgeltlichen Erwerber die Absetzungen für Abnutzung nach der gleichen Bemessungsgrundlage und dem gleichen Hundertsatz bemessen, die für den Rechtsvorgänger maßgebend sein würden, wenn er noch Eigentümer wäre, und daß der Rechtsnachfolger zur Geltendmachung von Absetzungen für Abnutzung nur befugt ist, solange die vom Rechtsvorgänger und vom Rechtsnachfolger zusammen vorgenommenen Absetzungen für Abnutzung, erhöhten Absetzungen und Abschreibungen bei dem jeweiligen Wirtschaftsgut noch nicht zur vollen Absetzung geführt haben."[424]

Der Verordnungsgeber folgte damit ausdrücklich[425] der Rechtsprechung des Bundesfinanzhofs zu § 7 b EStG[426], daß ein erhöhtes AfA-Volumen nach § 7 b EStG sowohl bei Gesamt- als auch bei (unentgeltlicher) Einzelrechtsnachfolge auf den Rechtsnachfolger übertragen wurde[427]. Obwohl die Vorschrift des § 11 d EStDV in der Literatur nicht unumstritten ist[428], hat sich an der Rechtslage seit 1965 nichts geändert.

---

423 Der Wortlaut des § 11 d EStDV 1965 entspricht dem zur Zeit geltenden § 11 d EStDV 1997 (BGBl. I 1997, 1558).

424 Begründung vom 21. 1. 1966, BR-Drs. 29/66, S. 4.

425 Siehe in der Begründung, BR-Drs. 29/66, S. 4.

426 NISSEN, DStR 1966, 195 (196); SCHIEL, DStR 1968, 370 (371); THIEL, Inf 1966, 145; TRZASKALIK, StuW 1983, 126 (132).

427 BFH v. 19. 12. 1960 - VI 206/59 U -, BStBl. III 1961, 37 (38); BFH v. 23. 8. 1963 - VI 81/62 U -, BStBl. III 1963, 484; BFH v. 15. 1. 1965 - VI 233/63 U -, BStBl. III 1965, 252 (253); BFH v. 13. 12. 1957 - VI 234/56 U -, BStBl. III 1958, 72; im späteren Urteil v. 5. 6. 1973 - VIII R 118/70 -, BStBl. II 1973, 702 (704) bestätigt der BFH wiederum die durch die EStDV 1965 geschaffene Rechtslage.

428 **Kritisch** HANDZIK, in: LITTMANN/BITZ/HELLWIG, EStG, § 7 Rdnr. 94 („im Fall der Einzelrechtsnachfolge nicht ohne weiteres plausibel"); RUPPE, in: SCHULZE-OSTERLOH (Hrsg.), DStJG 10, 1987, S. 45 (76); TRZASKALIK, StuW 1979 (107 f.); DERS., StuW 1983, 126 (132); DERS., in: RAUPACH/UELNER, SCHMIDT-Festschrift, 1993, 51 (60 ff.); zur allgemeinen Kritik an der Fortsetzungsthese siehe oben B IV 2 c.

III. Die Rechtsnatur der Absetzungen für Abnutzung

1. Stand der Diskussion

Über die Rechtsnatur der AfA ist viel diskutiert worden, ohne daß bislang ein eindeutiges, allgemein akzeptiertes Ergebnis erzielt werden konnte.

In den Anfangsjahren der Einkommensbesteuerung ging der Streit um die Frage, ob Absetzungen eine Rücklage im Sinne eines Erneuerungsfonds darstellen oder ob sie den Wertverzehr ausgleichen sollen[429]. Von diesen beiden Deutungsmöglichkeiten hat nur die zweite, die Wertverzehrtheorie überlebt. Heute wird als Gegenansicht hierzu die sog. Verteilungsthese[430] vertreten. Nach der Verteilungsthese besteht der alleinige Sinn der AfA darin, die Anschaffungs- oder Herstellungskosten auf die Nutzungsdauer zu verteilen.

Grund für diesen langandauernden Streit um die Rechtsnatur ist die Zurückhaltung des Gesetzgebers in dogmatischen Fragen. Der Gesetzgeber bezieht – ähnlich wie in anderen Bereichen des Einkommensteuerrechts[431] – nicht eindeutig Position, wie er die Rechtsnatur der AfA verstanden haben will, sondern beschränkt sich auf eine pragmatische Regelung der Materie[432]. Die einzelnen Bestandteile der AfA-Vorschriften werden von den Vertretern der gegensätzlichen Positionen jeweils im Sinne der von ihnen favorisierten Theorie ausgelegt und erklärt. Eine abschließende Entscheidung ist auf diese Weise bislang nicht in Sicht[433].

---

429 Vgl. FUISTING/STRUTZ, EStG 1906, § 8 Rdnr. 33 (S. 265); GLASER, EStG 1920, § 13 Anm. 59 f. (S. 232 ff.); PrOVG/St v. 27. 11. 1896 - Rep. VI. 10/95 -, OVGSt 5, 270 (276 ff.; 280 ff.); s. a. oben C II 2.

430 Auch Aufwandverteilungs- oder Kostenverteilungsthese genannt.

431 So z. B. beim Streit um Reinvermögens-, Quellen- oder Markteinkommenstheorie, dem der Gesetzgeber aus dem Weg gegangen ist, indem er das Einkommen duch den Einkünftekatalog des § 2 Abs. 1 S. 1 EStG definierte; vgl. dazu TIPKE/LANG, Steuerrecht[16], 1998, § 9 Rdnr. 53, BT-Drs. 7/1470, S. 211.

432 Vgl. aber auch die „Legal"definition in § 25 Abs. 1 der 2. Berechnungsverordnung (BGBl. I 1984, S. 553, 565): „[1]Abschreibung ist der auf jedes Jahr der Nutzung fallende Anteil der verbrauchsbedingten Wertminderung der Gebäude, Anlagen und Einrichtungen. [2]Die Abschreibung ist nach der mutmaßlichen Nutzungsdauer zu errechnen."

433 BRINGEWAT, Drittaufwand, 1990, S. 42; CHRIST, Drittaufwand, 1992, S. 126; COSTEDE, StuW 1986, 44; CREZELIUS, Steuerrecht II[2], 1994, § 8 Rdnr. 67; DRENSECK, in: SCHMIDT[19], EStG, 2000, § 7 Rdnr. 2; JAKOB, Einkommensteuer[2], 1996, § 4 Rdnr. 142; JAKOB/WITTMANN, FR 1988, 540; KARRENBAUER, Abschreibung, 1993, S. 94; KLINGER, Drittaufwand, 1996, S. 103.

2. Wertverzehrtheorie

Die Vertreter der Wertverzehrtheorie[434] gehen davon aus, daß durch die AfA der Wertverlust ausgeglichen werden soll, der durch den Gebrauch/Verbrauch eines Wirtschaftsgutes zur Erzielung von Einkünften entsteht. Die Anschaffung oder Herstellung selbst sei nur die einkommensteuerlich neutrale Umschichtung von Vermögenswerten. Werbungskosten (§ 9 Abs. 1 S. 1 EStG) oder Betriebsausgaben (§ 4 Abs. 4 EStG) entstünden erst dann, wenn durch die Verwendung des Wirtschaftsgutes im Rahmen einer Einkunftsart ein Wertverzehr eintrete. Die Anschaffungskosten / Herstellungskosten dienten nur als Bemessungsgrundlage für den Wertverzehr, keinesfalls aber seien diese Kosten selbst bereits Werbungskosten oder Betriebsausgaben.

3. Verteilungsthese

Nach der Verteilungsthese hat die AfA den Charakter einer reinen Kostenverteilungsvorschrift[435]. Zweck der AfA-Vorschriften sei die periodengerechte Verteilung der erwerbsbezogenen Anschaffungs- oder Herstellungskosten eines mehr-

---

434 V. BORNHAUPT, in: KIRCHHOF/SÖHN, EStG, § 9 Rdnr. B 97 ff; DERS., FR 1981, 497 (499 f.); DERS., FR 1982, 313 (320 f.); DERS., in: SÖHN (Hrsg.), DStJG 3, 1980, S. 149 (162); BRINGEWAT, Drittaufwand, 1990, S. 46 ff.; CHRIST, Drittaufwand, 1992, S. 130, 142; COSTEDE, StuW 1986, 44 (45 f.); KARRENBAUER, Abschreibung, 1993, S. 94 ff.; KNOBBE-KEUK, DB 1985, 144 (146 f.); DIES., Bilanz- und Unternehmenssteuerrecht[9], 1993, § 5 V 2 b (S. 190); LEY, Nießbrauch, 1986, S. 70; D. MEYER, BB 1986, 986 (987); MITTMANN, DStR 1985, 99 (100); DERS., DStR 1988, 251; PETZOLDT, BB 1975, 1430 (1432); RUPPE, in: SCHULZE-OSTERLOH (Hrsg.), DStJG 10, 1987, S. 45 (75 f.); TIPKE/LANG, Steuerrecht[16], 1998, § 9 Rdnr. 474.

435 Die Verteilungsthese wird vertreten von:

BIERGANS, FR 1984, 297 (302); DERS., FR 1986, 365 (368); CLAUSEN, DStZ/A 1976, 371 (379); CREZELIUS, Steuerrecht II[2], 1994, § 8 Rdnr. 67; DRENSECK, in: SCHMIDT, EStG[18], 1999, § 7 Rdnr. 2; FROTSCHER, in: FROTSCHER, EStG, § 9 Rdnr. 36; GLANEGGER, DStZ 1984, 583 (585); HIRSCH, DStR 1988, 197 ff.; DERS., Abflußprinzip, 1987, S. 157 ff.; IPPISCH, DStR 1985, 263 (264 f.); JAKOB, Einkommensteuer[2], 1996, § 4 Rdnr. 142; DERS., Steuern I, 1980, S. 237; DERS., DStR 1987, 784 (789 f.); JAKOB/WITTMANN, FR 1988, 540 (550 ff.); JAKOB/JÜPTNER, FR 1988, 141 (149 ff.); KRUSE, FR 1981, 473 (477 f.); MARTIN, in: RICK/GUNSENHEIMER/MARTIN/SCHNEIDER, Einkommensteuer[10], 1999, Rdnr. 1085, 1089; PRINZ, FR 1986, 397 (409); DERS., Werbungskosten, 1984, S. 273 ff.; DERS., in: HERRMANN/HEUER/ RAUPACH, EStG, § 9 Anm. 588; RASENACK, Vermietung, 1993, S. 18; SCHELLENBERGER, FR 1980, 25 f.; DERS., DStR 1981, 395 (401); SCHMIDT-LIEBIG, FR 1978, 77 (79 f.); SÖHN, StuW 1991, 270 (277); DERS., in: KIRCHHOF/SÖHN, EStG, § 4 Rdnr. E 240, 242; STADIE, Zurechnung, 1983, S. 38 f.; STUHRMANN, in: BORDEWIN/BRANDT, EStG, § 7 Rdnr. 5 f.; THÜRMER, in: BLÜMICH, EStG, § 9 Rdnr. 109; TIEDKE, Einkommensteuer- und Bilanzsteuerrecht, 1983, S. 292.

jährig abnutzbaren Wirtschaftsguts auf dessen voraussichtliche Nutzungsdauer. Die Anschaffungs- oder die Herstellungskosten erfüllen nach dieser Ansicht bereits alle Tatbestandsmerkmale des Werbungskosten- / Betriebsausgabenbegriffs. Über §§ 9 Abs. 1 S. 3 Nr. 7, 7 Abs. 1 EStG werde lediglich das Abflußpinzip des § 11 Abs. 2 EStG außer Kraft gesetzt. Ohne die Verteilungsvorschrift wären nach der Verteilungsthese die Anschaffungs-/Herstellungskosten sofort absetzbar.

4. Mischtheorien

Neben diesen gegensätzlichen Positionen in Reinform existieren auch Mischtheorien[436], die die Rechtsnatur der AfA aufgrund weitergehender Differenzierungen erklären möchten[437]. Nach WOLFF-DIEPENBROCK soll beispielweise die Rechtsnatur der AfA bei Überschußeinkünften anders zu beurteilen sein als bei Gewinneinkünften (Überschußeinkünfte: Kostenverteilung – Gewinneinkünfte: Ausgleich des Wertverzehrs)[438]. B. MEYER differenziert ebenfalls nach der Einkünfteermittlungsart, kommt aber zu genau umgekehrten Ergebnissen[439]. In letzter Zeit mehren sich die Stimmen, die keinen Gegensatz zwischen Aufwandsverteilungs- und Wertverzehrthese sehen[440]. So soll beispielsweise nach der Ursache und dem Wesen der AfA-Normen unterschieden werden: Ursache für die Existenz der Absetzungen sei der Wertverzehr. Der Ausgleich des Wertverzehrs werde durch die Verteilung der Kosten auf die Gesamtdauer der Nutzung erreicht.

---

436 Anzeichen für eine Kombination beider Ansichten sind schon in der Gesetzesbegründung v. 23. 4. 1925 zu finden, siehe Verh. d. Reichstages, 3. Wahlperiode 1924, Band 400, Nr. 795, S. 19 (48); man kann hier aber noch nicht von einer einheitlichen Theorie sprechen.

437 TRZASKALIK, StuW 1983, 126 (132, Fn. 41), lehnt differenzierende Ansichten ab; ähnlich: WASSERMEYER, FR 1983, 157 (164); **a. A.**: CHRIST, Drittaufwand, 1992, S. 127 (getrennte Zuordnung der AfA-Zweckbestimmung).

438 WOLFF-DIEPENBROCK, DStZ 1982, 331 (332); DERS., in: LITTMANN/BITZ/HELLWIG, § 9 Rdnr. 404; DERS., DStR 1983, 250 (254 f.).

439 B. MEYER, DStR 1981, 131 ff.; DERS., FR 1981, 577 f.

440 ADAMIK, Drittaufwand, 1993, S. 72; BRANDIS, in: BLÜMICH, EStG, § 7 Rdnr. 32 f.; HANDZIK, in: LITTMANN/BITZ/HELLWIG, EStG, § 7 Rdnr. 18; KAUFFMANN, in: FROTSCHER, EStG, § 7 Rdnr. 51 f.; KESSLER, BB 1985, 1386 (1391 f.); KLEIN, FR 1986, 249 (250 f.); KLINGER, Drittaufwendungen, 1996, S. 145; STRIBRNY, Nießbrauch, 1990, S. 113 f.; WASSERMEYER, FR 1983, 157 (163); WERNDL, in: KIRCHHOF/SÖHN, EStG, § 7 Rdnr. A 15;

aus der **Rechtsprechung:** BFH v. 27. 6. 1978 - VIII R 12/72 -, BStBl. II 1979, 38 (39); BFH GrS v. 4. 7. 1990 - GrS 1/89 -, BStBl. II 1990, 830 (837).

Die Rechtsprechung schwankt in ihrer Beurteilung der AfA-Rechtsnatur zwischen der Verteilungsthese[441] und der Wertverzehrtheorie[442]. Eine klare Linie oder konkrete Unterscheidungskriterien sind angesichts der sehr kasuistischen Betrachtungsweise des BFH nicht erkennbar[443].

5. Nichterforderlichkeit einer einheitlichen Theorie

Die zur Zeit bestehenden Abschreibungsregeln nur nach der Verteilungsthese oder nur nach der Wertverzehrtheorie zu erklären, ist nicht möglich und auch nicht erforderlich. Der Gesetzgeber hat mit der Schaffung der AfA-Vorschriften keine neue Abschreibungstheorie aus einem Guß geschaffen, sondern nur die historisch gewachsenen Regelungen auf pragmatischer Grundlage weitergeführt. Dementsprechend findet man in den §§ 7 ff., 9 Abs. 1 S. 1 Nr. 7 EStG Anhaltspunkte sowohl für die Wertverzehr- als auch für die Verteilungsthese. Für die richtige Anwendung und möglicherweise eine schrittweise Weiterentwicklung durch Rechtsprechung und Gesetzgebung sollte man sich bewußt machen, in welchem Verhältnis die verschiedenen Einflüsse zueinander stehen.

6. Wertverzehr als ratio legis

Ohne Wertverzehr gäbe es keine Absetzung für Abnutzung. Nur wenn ein Wirtschaftsgut durch den Einsatz für eine steuerbare Tätigkeit (einerlei, ob im Privat- oder im Betriebsvermögen) an Wert verliert, müssen nach dem objektiven Nettoprinzip Absetzungen gewährt werden. Im Wertverzehr ist die „ratio legis" für die Absetzungsvorschriften zu sehen. Dies gilt auch für die außergewöhnliche AfA: Die außergewöhnliche AfA ist zwar vom tatsächlichen Wert des Wirtschaftsgutes weitgehend unabhängig (anders die Teilwertabschreibung). Aber auch hier geht es darum, einen Wertverlust zu kompensieren, der bei der Nutzung im Rahmen einer Einkunftsart entstanden ist.

---

[441] BFH v. 23. 6. 1977 - IV R 17/73 -, BStBl. II 1977, 825 (826); BFH v. 14. 2. 1978 - VIII R 176/73 -, BStBl. II 1978, 343 (344); BFH v. 28. 5. 1979 - I R 66/76 -, BStBl. II 1979, 624; BFH v. 28. 10. 1982 - IV R 73/81 -, BStBl. II 1983, 106 (108); BFH v. 5. 12. 1985 - IV R 112/85 -, BFH/NV 1986, 402 (403).

[442] BFH GrS v. 7. 12. 1967 - Gr. S. 1/67 -, BStBl. II 1968, 268 (270); BFH v. 26. 3. 1974 - VIII R 210/72 -, BStBl. II 1975, 6 (7); BFH v. 7. 2. 1975 - VI R 133/72 -, BStBl. II 1975, 478 (479); BFH v. 18. 8. 1977 - V III R 93/74 -, BStBl. II 1977, 835 (836); BFH v. 27. 6. 1978 - VIII R 168/73 -, BStBl. II 1978, 674 (675); BFH v. 9. 8. 1989 - X R 131-133/87 -, BStBl. II 1990, 50 (51 f.); BFH v. 26. 7. 1991 - VI R 82/89 -, BStBl. II 1992, 1000 (1004).

[443] ADAMIK, Drittaufwand, 1993, S. 45; JAKOB, DStR 1987, 784 (789, Fn. 30); KLINGER, Drittaufwand, 1996, S. 108.

7. Erfassung des Wertverzehrs

a. Ermittlungsmethoden für den Wertverzehr

Da die Einkommensteuer jährlich erhoben wird (§§ 2 Abs. 7, 25 Abs. 1 EStG), müßte auch der Wertverzehr periodisch ermittelt werden. Dies kann auf zwei Arten erreicht werden: mit Hilfe von Schätzungen oder durch regelmäßige Wertermittlung.

b. Periodische Wertermittlung

Eine periodische Bewertung aller abnutzbaren Wirtschaftsgüter würde die Verwaltung und die Steuerpflichtigen vor unlösbare Probleme stellen[444]. Außerdem wäre eine den tatsächlichen Wertverzehr erfassende Regelung auch im Hinblick auf den Gleichheitssatz nicht unbedenklich. Das EStG beruht auf einem nominalen, nicht auf einem valorisierten Einkünftebegriff, der auf den Verkehrswert abstellt[445]. Bei einer periodischen Bewertung müßte aber jeweils der aktuelle Verkehrswert angesetzt werden. Auf diese Weise würde bei den abnutzbaren Wirtschaftsgütern das Nominalwertprinzip (1 Mark = 1 Mark) außer Kraft gesetzt, denn die Abschreibungen würden – zu Lasten des Steuerpflichtigen – um die nominale, inflationsbedingte Wertsteigerung verringert.

Bei langlebigen Wirtschaftsgütern (z. B. bei Gebäuden) müßten konsequenterweise sogar Zuschreibungen für Wertsteigerungen anstelle von Abschreibungen für Abnutzung vorgenommen werden. Eine Besteuerung des Wertzuwachses auch bei Wirtschaftsgütern im Privatvermögen wäre die Folge. Dies widerspricht aber der Systematik des gegenwärtigen Einkommensteuerrechts und ist somit abzulehnen.

Es darf ferner nicht übersehen werden, daß eine periodische Bewertung des ruhenden Vermögens nur scheinbar genaue Ergebnisse liefert. Auch in diesem Fall

---

444 Zu den Schwierigkeiten bei der Bewertung des ruhenden Vermögens vgl. nur TIPKE/LANG, Steuerrecht[16], 1998, § 4 Rz. 105 f.; § 13 Rz. 2 f.; TIPKE, Steuerrechtsordnung II, 1993, S. 847 ff.; 884 f.; vgl. auch den Beschluß des BVerfG v. 22. 5. 1995 - 2 BvL 37/91 -, BVerfGE 93, 121 (146 ff.).

445 Vgl. hierzu BVerfG v. 19. 12. 1978 - 1 BvR 335, 427, 811/76 -, BVerfGE 50, 57 (80 ff.); BFH v. 14. 5. 1974 - VIII R 95/72 -, BStBl. II 1974, 572 (576 ff.); KIRCHHOF, in: KIRCHHOF/SÖHN, EStG, § 2 Rdnr. A 102 ff; RAUPACH/SCHENCKING, in: HERRMANN/HEUER/RAUPACH, EStG, § 2 Anm. 12; RUPPE, in: HERRMANN/HEUER/RAUPACH, Einf. EStG, Anm. 550.

müßte mit hypothetischen Werten gearbeitet werden, denn der tatsächliche Wert ergibt sich oft erst beim einem Verkauf, also bei einer Realisierung am Markt[446].

c. Schätzung des Wertverzehrs

Es stehen zwei Schätzmethoden zur Auswahl, die ex-ante- und die ex-post-Schätzung. Die ex-post-Schätzung des Wertverzehrs nach dem völligen Verschleiß des Wirtschaftsgutes[447] hätte den Vorteil, daß die Nutzungsdauer bekannt wäre. Dafür ist dieses Verfahren bei langlebigen Wirtschaftsgütern, die möglicherweise oft verkauft oder vererbt werden, nicht praktikabel. Außerdem wäre auch hier die Verteilung des Wertverzehrs auf die einzelnen Steuerperioden ungewiß[448]. Es bleibt als einzig praktikable Möglichkeit zur Ermittlung des jährlichen Wertverzehrs die ex-ante-Schätzung nach den Anschaffungs-/Herstellungskosten und der voraussichtlichen Nutzungsdauer. Diese auch vom Gesetzgeber gewählte Methode entspricht genau den Schlußfolgerungen der Verteilungsthese.

8. Ausgestaltung: Kostenverteilung

Die praktische Ausgestaltung der AfA-Regelungen beruht somit auf dem Kostenverteilungsgedanken. Anknüpfungspunkt für die Einkommensteuer können nur die Anschaffungs- / Herstellungskosten sein, die im Rahmen einer großzügigen Typisierung auf die voraussichtliche Lebensdauer eines Wirtschaftsgutes verteilt werden. Weil Theorie und Praxis der AfA-Rechtsnatur hier auseinanderfallen, kann man durchaus auch von einer Doppelnatur[449] sprechen.

9. Pagatorischer Charakter der Einkommensteuer

Ein weiteres Argument spricht dafür, die Verteilung der Kosten als Grund für die AfA anzusehen: Nur dies entspricht dem „pagatorischen Charakter"[450] der Einkommensteuer. Auch in anderen Bereichen des Einkommensteuerrechts kommt es nicht auf den tatsächlichen Wert, sondern lediglich auf den Geldzufluß oder -abfluß an. Zahlt der Steuerpflichtige beispielsweise im Rahmen einer Einkunftsart für ein Wirtschaftsgut oder eine Dienstleistung einen bestimmten Geldbetrag, fragt das Steuerrecht nicht danach, ob dieser Betrag dem Wert entspricht, sondern

---

446 TIPKE/LANG, Steuerrecht[16], 1998, § 4 Rz. 105.

447 S. hierzu KESSLER, BB 1985, 1386 (1392).

448 So unterliegt erfahrungsgemäß ein vermietetes Objekt einem höheren Verschleiß als ein eigengenutztes etc.

449 KLINGER, Drittaufwand, 1996, S. 140.

450 S. hierzu D. MEYER, BB 1986, 986 (987).

nur, ob das Geld tatsächlich abgeflossen ist[451]. Bei Absetzungen für Abnutzung darf nichts anderes gelten. Der Wertverzehr als solcher ist nach den Prinzipien des Einkommensteuerrechts kein tauglicher Anknüpfungspunkt, wenn es darum geht, die Minderung der objektiven Leistungsfähigkeit des Steuerpflichtigen praktikabel zu ermitteln.

10. „Grenzen" der Verteilungsthese

Während der Kostenverteilungsgedanke im Normalfall im Vordergrund steht, kommt die Wertverzehrtheorie zum Zuge, wenn die Aufwandverteilungsthese an ihre Grenzen stößt und keine Lösung ermöglicht.

Ein solcher Grenzfall ist der unentgeltliche Erwerb. Auf den ersten Blick erscheint es so, als dürfte es hier keine Absetzungen geben, weil der Steuerpflichtige keine Anschaffungs-/ Herstellungskosten zu tragen hatte. Der Vergleich mit dem entgeltlichen Erwerb zeigt aber, daß eine solche Auffassung zu unbefriedigenden Ergebnissen führen würde. Den einzigen Unterschied zwischen diesen beiden Varianten (bei Nutzung im Rahmen einer Einkunftsart) bildet die „Herkunft" des Wirtschaftsgutes. Die Schenkung spielt sich aber im einkommensteuerlich neutralen Bereich ab; die hierdurch gesteigerte Leistungsfähigkeit wird allein bei der Erbschaft-/Schenkungsteuer relevant.

In beiden Fällen erleidet der Steuerpflichtige bei der Erzielung von Einkünften Einbußen an eigenen Wirtschaftsgütern. Um eine nicht gerechtfertigte Ungleichbehandlung zu vermeiden, müßte der Beschenkte/Erbe so gestellt werden, als hätte er einen Anschaffungs- oder Herstellungspreis gezahlt; ihm müßten Absetzungen von fiktiven Anschaffungs-/Herstellungskosten erlaubt sein. Hier setzt dann aber wieder der Verteilungsgedanke ein: Sobald die fiktiven AK/HK (nicht der gemeine Wert) ermittelt sind, müssen diese Kosten wie gewohnt auf die voraussichtliche Nutzungsdauer verteilt werden; eine Absetzung nach dem tatsächlichen Wertverlauf wäre systemwidrig.

11. Ergebnis

Die Aufwandverteilungsthese ist die für die „normale" Anwendung der Absetzungsvorschriften maßgebliche Theorie. Dort, wo die Verteilungsthese an ihre Grenzen stößt, weil keine verteilungsfähigen Aufwendungen vorliegen, muß die Wertverzehrtheorie herangezogen werden[452], aber nicht in dem Sinne, daß dadurch der Verteilungsgedanke völlig verdrängt wird, sondern so, daß die Berück-

---

451 Dies gilt freilich nur in den Grenzen der §§ 9 Abs. 5, 4 Abs. 5 S. 1 EStG.

452 Ähnlich: KAUFFMANN, in: FROTSCHER, EStG, § 7 Rdnr. 51 f.

sichtigung des Wertverzehrs nur die Anfangswerte für die weitere Kostenverteilung liefert.

12. Rechtsnatur des AfA-Volumens

a. Bedeutung der Rechtsnatur

Wenn AfA-Werte von einem neuen Eigentümer fortgesetzt werden, wird damit auch ein vorhandenes AfA-Restvolumen übertragen[453]. Welche Rechtsnatur das AfA-*Volumens* hat, wird kaum diskutiert. Lediglich die Übertragung durch Rechtsgeschäft wird für unzulässig erachtet[454]: Über den gesetzlich entstandenen Steueranspruch (§ 3 AO) könne der Steuerpflichtige nicht verfügen[455].

b. Übertragbarkeit des AfA-Volumens als subjektiv-öffentliches Recht?

§§ 7 ff., 9 Abs. 1 S. 3 Nr. 7 EStG gewähren dem Steuerpflichtigen das Recht, bestimmte Beträge steuermindernd abzusetzen. Dies könnte ein subjektiv-öffentliches Recht des Steuerpflichtigen zur Absetzung eines bestimmten AfA-Volumens sein, das als solches (möglicherweise[456]) auch auf andere Steuerpflichtige übertragen werden kann.

---

453 Vgl. nur HANDZIK, in: LITTMANN/BITZ/HELLWIG, EStG, § 7 Rdnr. 93 f.

454 ADAMIK, Drittaufwand, 1993, S. 101; BRINGEWAT, Drittaufwand, 1990, S. 19; CLAßEN, in: LADEMANN, EStG, § 7 Anm. 66; HEUER/JANSEN, in: HERRMANN/HEUER/RAUPACH, EStG, § 7 Anm. 71; HUTTER, DStZ 1981, 47 (52); KAISER, Abzugsfähigkeit, 1993, S. 54; KARRENBAUER, Abschreibung, 1993, S. 261; KLINGER, Drittaufwendungen, 1996, S. 148; PAUS, Inf 1978, 103 (104); PLÜCKEBAUM, FR 1981, 181 (186); PRINZ, in: HERRMANN/HEUER/RAUPACH, EStG, § 9 Anm. 47; SCHELLENBERGER, DStR 1981, 395 (401); STÖCKINGER, Nießbrauch, 1978, S. 259; WERNDL, in: KIRCHHOF/SÖHN, EStG, § 7 Rdnr. A 104, A 215; WOLFF-DIEPENBROCK, DStZ 1982, 331 (334);

PrOVG/St v. 8. 2. 1900 - J. N. III. 606-608 - Rep. III. 297-299/99; BFH v. 21. 2. 1967 - VI 263/65 -, BStBl. III 1967, 311; BFH v. 27. 6. 1978 - VIII R 168/73 -, BStBl. II 1978, 674 (675); BFH v. 7. 10. 1986 - IX R 167/83 -, BStBl. II 1987, 322 (324);

a. A.: CONZE, BB 1975, 319 (320 f.); i. E. auch PETZOLDT, BB 1975, 1430 (1432 f.).

455 ADAMIK, Drittaufwand, 1993, S. 101.

456 Zur Übertragbarkeit subjektiv-öffentlicher Rechte vgl. ERICHSEN, in: ERICHSEN (Hrsg.), Allg. Verwaltungsrecht[11], § 11 Rdnr. 50 f.; zur verfassungsrechtlichen Seite der subjektiv-öffentlichen Rechte s. KIMMINICH, in: DOLZER/VOGEL (Hrsg.), Bonner Kommentar, Art 14 Rdnr. 65.

Die Absetzungsvorschriften sind Teil eines komplexen Tatbestandssystems[457]. Dieses System schließt viele einzele Teiltatbestände ein, die in ihrer Kombination zur vorgesehenen Rechtsfolge führen, nämlich zur Entstehung der Steuerschuld. Letztlich kann dies auch die Entstehung eines subjektiven Rechts des öffentlichen Rechts zur Folge haben, beispielsweise wenn der Steuerpflichtige aufgrund der Veranlagung zur Einkommensteuer einen Erstattungsanspruch hat. Der einzelne Teiltatbestand – in diesem Fall die Gewährung eines bestimmten AfA-Volumens – begründet aber noch kein subjektives Recht des Steuerpflichtigen. Die AfA-Vorschriften sind nur unselbständige Hilfsgrößen zur Ermittlung der „richtigen" Steuer.

Falls die Verwaltung die Vorschriften falsch anwendet und daraufhin die Steuer zu hoch festsetzt, kann der Steuerpflichtige sich gegen den Verstoß wehren. Einen selbständigen „Anspruch auf Absetzung", der sich von dem konkreten Besteuerungsverfahren abtrennen und möglicherweise auf andere Steuerpflichtige übertragen ließe, gibt es jedoch nicht.

c. Schlußfolgerung aus der Rechtsnatur des AfA-Volumens

Aus der Rechtsnatur der AfA-Vorschriften als bloße Teiltatbestände folgt, daß weder ein subjektives „Recht auf Absetzung"[458] noch ein „Recht auf Nur-einmal-Absetzung" existiert. Das AfA-Volumen ist – wie auch andere Teiltatbestände der Bemessungsgrundlage im Einkommensteuerrecht – an die Person gebunden, deren Steuerpflicht zu ermitteln ist („Personensteuer"), nicht an den Gegenstand, der abgeschrieben werden soll. Die Übertragbarkeit von Abschreibungswerten und damit des AfA-Volumens ist schon aus diesen Gründen zu verneinen.

Die Finanzverwaltung muß bei dem Versuch, die Steuer für jeden nach der individuellen Leistungsfähigkeit zu bestimmen, die einzelnen Teiltatbestände jeweils von neuem prüfen und dabei die individuellen Verhältnisse berücksichtigen. Der Rückgriff auf steuerrelevante Fakten, die bei einem anderen Steuerpflichtigen vorliegen (hier: die Abschreibungswerte des Rechtsvorgängers), ist nicht mit dem

---

457 Zum Aufbau des Steuertatbestandes s. BAYER, FR 1985, 337 ff; BIERGANS/WASMER, FR 1985, 57 ff.; LEHNER/WALDHOFF, in: KIRCHHOF/SÖHN, EStG, § 1 Rdnr. A 40; RUPPE, in: HERRMANN/HEUER/RAUPACH, Einf. EStG, Anm. 631; TIPKE/LANG, Steuerrecht[16], 1998, § 7 Rz. 17.

458 Ähnlich DÖLLERER, StbJb 1984/85, 55 (70) und SÖHN, in: KIRCHHOF/SÖHN, EStG, § 4 Rdnr. E 242 Fn. 356: Kein allgemeiner Grundsatz des Einkommensteuerrechts, daß Anschaffungs- und Herstellungskosten eines Gebäudes bei irgendeinem Steuerpflichtigen zur steuerwirksamen AfA führen müssen; PLÜCKEBAUM, FR 1986, 53 (56): Kein „Gesetzesplan, nach dem AfA von einem der Erzielung von Einkünften dienenden abnutzbaren Wirtschaftsgut steuerlich nicht verloren gehen darf".

Grundsatz der Individualbesteuerung zu vereinbaren. Die Einkommensteuer muß die Einzelperson als Steuersubjekt erfassen; sie darf nicht auf der Vermengung der Besteuerungsgrundlagen mehrerer Steuerpflichtiger beruhen.

IV. AfA-Übertragung und Individualbesteuerung

1. Anwendbarkeit des Grundsatzes der Individualbesteuerung auf die AfA-Vorschriften

Welche Auswirkungen eine konsequente Anwendung des Grundsatzes der Individualbesteuerung auf die Übertragung von Abschreibungswerten hat, kann erst geklärt werden, wenn feststeht, daß dieses Prinzip auch für die AfA-Regeln gilt. Dies ist deshalb fraglich, weil die AfA-Vorschriften über das Einkommensteuergesetz hinaus Anwendung finden und sich auf diese Weise möglicherweise als eigenes Teilrechtsgebiet verselbständigt haben.

Die Regeln des Einkommensteuergesetzes über die Absetzungen für Abnutzung und sonstige Abschreibungen (§§ 7 bis 7 k EStG) befinden sich bei den Vorschriften über die Gewinnermittlung (§§ 4 ff. EStG), sie gehören somit in erster Linie zu den Gewinneinkunftsarten[459]. Über § 9 Abs. 1 S. 3 Nr. 7 EStG kommmen sie aber auch bei den Überschußeinkunftsarten zur Anwendung. Hier werden die AfA-Beträge als Werbungskosten abgezogen. Die AfA-Regeln sind also auf alle Einkünfteermittlungsarten und fast alle Einkunftsarten anwendbar[460]. Sie stellen ein Kernstück der einkommensteuerrechtlichen Vorschriften zur Ermittlung der Bemessungsgrundlage dar[461].

§ 8 KStG erklärt die Vorschriften zur Ermittlung des Einkommens des EStG – und damit auch die AfA-Vorschriften[462] – im Körperschaftsteuerrecht für anwendbar. Darüber hinaus sind die §§ 7 ff. EStG durch die Verschränkung von Handelsbilanz und Steuerbilanz auch im Handelsrecht indirekt von Bedeutung[463].

---

459 HANDZIK, in: LITTMANN/BITZ/HELLWIG, EStG, § 7 Rdnr. 1; WERNDL, in: KIRCHHOF/SÖHN, EStG, § 7 Rdnr. A 5; BFH v. 7. 12. 1967 - GrS 1/67 -, BStBl. II 1968, S. 268 (270); BFH v. 26. 11. 1973 - GrS 5/71 -, BStBl. II 1974, 132 (134).

460 JAKOB/WITTMANN, FR 1988, 540.

461 Zur Bedeutung des § 7 EStG s. WERNDL, in: KIRCHHOF/SÖHN, EStG, § 7 Rdnr. A 400.

462 Einen Überblick über alle anwendbaren Vorschriften des Einkommensteuerrechts gibt WREDE, in: HERRMANN/HEUER/RAUPACH, KStG, § 8 Rdnr. 17.

463 Zum Maßgeblichkeitsgrundsatz bei Absetzungen für Abnutzung vgl. HEUER/JANSEN, in: HERRMANN/HEUER/RAUPACH, EStG, § 7 Anm. 21; WERNDL, in: KIRCHHOF/SÖHN, EStG, § 7 Rdnr. A 290.

Hieraus kann aber nicht abgeleitet werden, daß die Vorschriften über AfA und andere Abschreibungen ein eigenes „Abschreibungssteuerrecht" bilden, das eine andere Dogmatik aufweist als der Rest des Einkommensteuerrechts.

Der Grundsatz der Individualbesteuerung gilt im gesamten Einkommensteuerrecht, nicht nur in einzelnen Teilbereichen. Sowohl Tarif als auch Bemessungsgrundlage müssen auf die einzelne Person bezogen sein[464]. Eine konsequent durchgeführte individuelle Ermittlung der Bemessungsgrundlage ist wirkungslos, wenn die konsequente Trennung durch einen Gesamttarif, der für mehrere Steuersubjekte gilt, wieder zunichte gemacht wird, genauso wie ein individueller (progressiver) Tarif nur Sinn macht, wenn auch in der Bemessungsgrundlage genau zwischen den Steuersubjekten abgegrenzt wurde.

Gleiches gilt für die einzelnen Teilnormierungen[465] zur Ermittlung der Bemessungsgrundlage. Auch hier muß der Grundsatz der Individualbesteuerung generell gelten, damit er überhaupt Wirkung zeigen kann. Der Individualbesteuerungsgrundsatz ist somit auch auf die AfA-Regeln als Teil der Ermittlungsvorschriften für die Bemessungsgrundlage anwendbar.

2. Individuelle Leistungsfähigkeit und AfA-Übertragung

a. Maßgeblichkeit der Leistungsfähigkeit

Eine systematisch zutreffende Einkommensbesteuerung bei der unentgeltlichen Übertragung von Wirtschaftsgütern muß dem Grundsatz der Besteuerung nach der individuellen Leistungsfähigkeit entsprechen. Wenn der BFH[466] und der Verordnungsgeber[467] bei der Einführung des § 11 d EStDV nur auf den Nachfolgegedanken abstellen, wird eine gesonderte Betrachtung jedes einzelnen Steuerpflichtigen verhindert. Die steuerliche Leistungsfähigkeit ist nämlich nicht an einzelne Wirtschaftsgüter geknüpft, sondern an zahlreiche Umstände, die mit der Person des Steuerpflichtigen zusammenhängen[468]; sie ist also personengebunden.

---

464 LEHNER/WALDHOFF, in: KIRCHHOF/SÖHN, EStG, § 1 Rdnr. A 89; S. dazu auch oben B III 1.

465 Zum gestreckten Tatbestand siehe bereits oben C III 7 b.

466 BFH v. 19. 12. 1960 - VI 206/59 U -, BStBl. III 1961, 37 (38); BFH v. 23. 8. 1963 - VI 81/62 U -, BStBl. III 1963, 484; BFH v. 15. 1. 1965 - VI 233/63 U -, BStBl. III 1965, 252 (253); BFH v. 13. 12. 1957 - VI 234/56 U -, BStBl. III 1958, 72.

467 Verordnungsbegründung, BR-Drs. 29/66, S. 4.

468 Bindung der Einkommensteuerpflicht an die *Person*; vgl. TRZASKALIK, StuW 1979, 97 ff., insb. S. 107; JAKOB, Einkommensteuer[2], 1996, § 1 Rdnr. 2; siehe ferner auch oben B III 4.

Zwar können einzelne Gegenstände im Rahmen eines größeren Vermögens durchaus Indikatoren für steuerliche Leistungsfähigkeit sein[469]. Die Einkommensteuer erfaßt aber die durch Einkommen repräsentierte Leistungsfähigkeit einer natürlichen Person. Folglich muß für jedes Steuersubjekt gesondert untersucht werden, wie sich die (durch das Einkommen ausgedrückte) Leistungsfähigkeit verändert, wenn ein Wirtschaftsgut unentgeltlich übertragen wird.

b. Leistungsfähigkeit des Rechtsvorgängers

aa. Berücksichtigung der finanziellen Einbußen

Falls der Rechtsvorgänger ein Wirtschaftsgut nicht zur Erzielung von Einkünften verwendet hat, kann die Übertragung zwar Steuerpflichten (z. B. Grunderwerbsteuer, Schenkungsteuer) auslösen, sie bleibt aber ohne Einfluß auf die Einkommensbesteuerung des Übertragenden. Anders ist es, wenn der Übertragende das übertragene Wirtschaftsgutes im Rahmen einer Überschußeinkunftsart[470] nutzt: Hier setzt der Steuerpflichtige das Wirtschaftsgut zur Erzielung von Einkünften ein. Das objektive Nettoprinzip[471] gebietet, daß der Steuerpflichtige die finanziellen Einbußen steuerlich geltend machen kann, die mit der Verwendung des Wirtschaftsgutes zur Einkünfteerzielung verbunden sind[472]. Dies ist in der Theorie nicht umstritten, als problematisch erweist sich nur die genaue Bestimmung der durch eine steuerbare Tätigkeit veranlaßten Werteinbußen.

---

469 Zu den Indikatoren für die Leistungsfähigkeit s. BIRK, Leistungsfähigkeitsprinzip, 1983, S. 32; TIPKE/LANG, Steuerrecht[16], 1998, § 4 Rdnr. 92; KIRCHHOF, in: KIRCHHOF/SÖHN, EStG, § 2 Rdnr. A 273.

470 Diese Untersuchung ist auf Wirtschaftsgüter des Privatvermögens beschränkt, befaßt sich daher auch nur mit den Überschußeinkunftsarten. Die Parallelproblematik bei Gewinneinkunftsarten wird von SCHMITT, Übertragung stiller Reserven, 1993, ausführlich behandelt.

471 Auch erwerbssicherndes Nettoprinzip genannt, vgl. KIRCHHOF, in: KIRCHHOF/SÖHN, EStG, § 2 Rdnr. A 127.

472 Zum objektiven Nettoprinzip vgl. KIRCHHOF, in: KIRCHHOF/SÖHN, EStG, § 2 Rdnr. A 127; DERS., Juristentag-Gutachten, 1988, S. F 47; LANG, Bemessungsgrundlage, 1981/88, S. 60, 183 ff.; LEHNER/WALDHOFF, in: KIRCHHOF/SÖHN, EStG, § 1 Rdnr. A 151 f.; RUPPE, in: SÖHN (Hrsg.), DStJG 3, 1980, S. 103 (105 ff.); SÖHN, in: SÖHN (Hrsg.), DStJG 3, 1980, S. 13 (17 f.); TIPKE, StuW 1974, 84 ff.; TIPKE/LANG, Steuerrecht[16], 1998, § 9 Rz. 42; 54 f.;

aus der - eher zurückhaltenden - Rechtsprechung des **BVerfG**: BVerfG v. 2. 10. 1969 - 1 BvL 12/68 -, BVerfGE 27, 58 (64 ff.); BVerfG v. 7. 11. 1972 - 1 BvR 338/68 -, BVerfGE 34, 103 (115 ff.); BVerfG v. 23. 11. 1976 - 1 BvR 150/75 -, BVerfGE 43, 108 (119); BVerfG v. 23. 1. 1990 - 1 BvL 4, 5, 6, 7/87 -, BVerfGE 81, 228 (237 f.).

Um die folgenden Ausführungen anschaulicher zu gestalten, sei hier ein Beispiel angeführt, das in seiner Vereinfachung einen Hauptanwendungsfall der zu untersuchenden Problematik darstellt:

V kauft ein vermietetes Haus für 1.000.000 und erzielt 10 Jahre lang Einkünfte aus Vermietung und Verpachtung (Einnahmen abzüglich laufender Kosten 500.000). Er überträgt seinem Sohn S das Haus im Rahmen einer vorweggenommenen Erbfolge. Zu diesem Zeitpunkt hätte er das Haus für 800.000 verkaufen können. S vermietet das Miethaus ebenfalls 10 Jahre lang und verzeichnet einen Überschuß der Mieteinnahmen über die laufenden Kosten in Höhe von 600.000. Der Sohn verkauft daraufhin das Haus für 700.000.

bb. Gesamtaufwendungen – theoretisch betrachtet

Wenn der Steuerpflichtige das Wirtschaftsgut völlig „verbraucht", also etwa ein vermietetes Gebäude bis zum Abriß in seinem Privatvermögen behält, bemessen sich seine Gesamtaufwendungen nach den ursprünglichen Anschaffungs-/Herstellungskosten des Gebäudes zuzüglich sämtlicher Instandhaltungskosten[473]. Schwieriger wird es, wenn das Wirtschaftsgut schon vor seiner Vernichtung aus dem Vermögen des Steuerpflichtigen ausscheidet. Zur Bestimmung der Gesamtbelastung müßte man hier den am Schluß erzielten Erlös von den ursprünglichen Anschaffungs-/Herstellungskosten abziehen und den zwischenzeitlich entstandenen Erhaltungsaufwand hinzuaddieren.

Hätte V das Haus an S für 800.000 verkauft, beliefen sich seine Gesamtaufwendungen auf 200.000 (Anschaffungspreis ./. Verkaufspreis) zuzüglich der Instandhaltungskosten. Bei einer unentgeltlichen Übertragung fallen dagegen die Einnahmen aus der Veräußerung weg. Die Gesamtaufwendungen des V sind damit um 800.000 höher als bei einem Verkauf.

Falls das Wirtschaftsgut ohne Gegenleistung aus dem Vermögen des Steuerpflichtigen ausscheidet, z. B. bei Erbschaft oder Schenkung, müßte der unter Fremden hypothetisch zu erzielende Verkaufspreis an die Stelle des tatsächlichen Erlöses bei einem Verkauf treten[474]. Ansonsten würde die Schenkung zu Abzügen in Höhe des Wertes des verschenkten Gegenstandes von der Bemessungsgrundlage der Einkommensteuer führen, obwohl dieser Vorgang sich nur in der privaten Vermögenssphäre des Schenkers abspielt.

---

473 Die laufenden Instandhaltungskosten können freilich sofort abgesetzt werden.

474 Insofern ist hier tatsächlich der Wert ausschlaggebend. Dies aber nicht, weil der Wertverzehr ermittelt werden muß, sondern weil festgestellt muß, welche Summe der Steuerpflichtige im Falle eines Verkauf bekommen hätte.

Obwohl V also keinen Gegenwert erhalten hat, muß ein fiktiver Veräußerungserlös i. H. v. 800.000 von seinen Anschaffungskosten abgezogen werden, damit seine Schenkung keine steuermindernde Funktion hat[475].

Diese Gesamtkosten müßten – eine gleichmäßige Abnutzung vorausgesetzt – auf die einzelnen Nutzungsjahre verteilt werden, damit sich beim Ausscheiden des Wirtschaftsguts aus dem Privatvermögen keine unangemessen hohe (oder auch niedrige) Steuerbelastung durch die Übertragung ergibt. Dies folgt aus der Periodizität der Einkommensteuer. Die zu verteilenden Kosten können zwar erst bei einem Ausscheiden des Wirtschaftsgutes aus dem Vermögen des Steuerpflichtigen quantifiziert werden, sie entstehen aber schon früher, nämlich durch die Abnutzung des Wirtschaftsgutes. Da sich die Gesamtbelastung des Steuerpflichtigen auf diese Weise erst am Ende feststellen läßt, müßten alle Veranlagungen der auf die Nutzungsdauer entfallenden Jahre nachträglich korrigiert werden.

Im obigen Beispiel liegen die Gesamtausgaben des V in bezug auf dieses Objekt und die Einkunftsart „Vermietung und Verpachtung" bei 1.000.000 (Anschaffungskosten) zuzüglich der Instandhaltungskosten. Dem stehen Einnahmen gegenüber in Höhe von 50.000 jährlich, also insgesamt 500.000. Hinzu kommen 800.000 als fiktiver Veräußerungserlös. Der Vater hat somit einen Überschuß von 300.000 erzielt, der – auf die Jahre verteilt – zu jährlichen Einkünften aus Vermietung und Verpachtung in Höhe von 30.000 führt. Sinkt der Wert des Grundstückes während seiner Nutzungszeit auf 600.000 (z. B. durch einen in der Nähe gebauten Flughafen), müssen die Einkünfte des V auf jährlich 10.000 korrigiert werden.

cc. Gesamtaufwendungen als Typisierung

In der Praxis wäre die geschilderte Methode zur Bestimmung der Gesamtaufwendungen in bezug auf ein Wirtschaftsgut des Privatvermögens nicht durchführbar. Der Gesetzgeber ordnet daher zulässigerweise – wie in den meisten Fällen, in denen eine genaue Erfassung nicht möglich ist – eine Typisierung der Gesamtkosten an[476].

Bei dieser Typisierung werden die Gesamtaufwendungen[477] den Anschaffungs- bzw. Herstellungskosten gleichgesetzt[478]. Diese Werte stimmen genau dann mit

---

475 Eine ähnliche Zielsetzung hat § 12 Nr. 2 EStG: auch hiernach dürfen freiwillige Zuwendungen nicht von der Bemessungsgrundlage abgezogen werden.

476 Zum Vereinfachungscharakter der AfA s. BFH GrS v. 7. 12. 1967 - GrS 1/67 -, BStBl. II 1968, 268 (270).

477 Der Erhaltungsaufwand, der nach beiden Methoden abgesetzt werden kann, wird hier der Vereinfachung wegen weggelassen.

den tatsächlichen Kosten überein, wenn der Restwert, also der bei einem Verkauf unter Fremden zu erzielende Erlös, gleich Null ist. Um das wiederum zu gewährleisten, soll über die ex-ante-Festlegung der Nutzungsdauer erreicht werden, daß im Zeitpunkt der völligen Abschreibung auch kein Restwert mehr vorhanden ist. Die Nutzungsdauer ist daher nicht nur für die Frage der periodengerechten Aufteilung von Bedeutung, sondern legt indirekt auch das insgesamt absetzbare Volumen fest.

dd. Übertragung während der Abschreibungsdauer

Scheidet das Wirtschaftsgut während der Abschreibungsdauer aus dem Vermögen des Vorgängers aus, bleibt ein Rest-AfA-Volumen. Im Idealfall ist dieses Volumen identisch mit dem Restwert. In den meisten Fällen wird sich – bedingt durch die ungenauen Prognosemöglichkeiten der Verwaltung[479] – eine erhebliche Abweichung ergeben. Die Abweichung führt zu eine Besteuerung, die gegen das objektive Nettoprinzip verstößt. Dieser Verstoß ist aber notwendig und auch sinnvoll, weil anders die steuerliche Berücksichtigung der Werbungskosten nicht möglich wäre.

Im Beispiel entspricht das AfA-Restvolumen bei einer linearen Abschreibung über 50 Jahre genau dem Zeitwert. (Jährliche AfA: 2 % v. 1.000.000 = 20.000; 20.000 x 10 Jahre = 200.000; 1.000.000 ./. 200.000 = 800.000 Restvolumen). Schon bei einer Änderung der AfA-Methode oder der Abschreibedauer ergeben sich aber Differenzen zwischen AfA-Restvolumen und dem Restwert.

Die steuerliche Leistungsfähigkeit des Rechtsvorgängers ist somit durch seine Aufwendungen gemindert. Der Minderung wird aber durch die jährlichen AfA-Beträge ausreichend Rechnung getragen, so daß sich auch bei unentgeltlichem Ausscheiden des Wirtschaftsguts aus dem Privatvermögen kein Korrekturbedarf wegen eines „Restvolumens" ergibt.

c. Leistungsfähigkeit beim Rechtsnachfolger

aa. Gesamtaufwendungen beim Rechtsnachfolger

Für den Rechtsnachfolger gelten die für den Rechtsvorgänger gemachten Ausführungen spiegelbildlich. Auch beim Nachfolger sind die Gesamtaufwendungen auf das Wirtschaftsgut den „Einnahmen"[480] gegenüberzustellen. Als Einnahmen kann

---

478 Zu dieser „schematischen Berechnung vgl. RUPPE, in: SCHULZE-OSTERLOH (Hrsg.), DStJG 10, 1987, 45 (76).

479 SEITRICH, FR 1985, 9.

480 Gemeint sind hier alle Zuflüsse, nicht nur die Einnahmen im technischen Sinne.

der Eigentümer z. B. die laufenden Mieteinnahmen sowie den Erlös bei einem Verkauf des Wirtschaftsgutes verbuchen. Abflüsse bestehen in den laufenden Instandhaltungskosten. Wie auch beim Vorgänger können nicht die tatsächlichen Aufwendungen und Zuflüsse erfaßt werden, es greift wieder die Typisierung im Rahmen der Absetzungsvorschriften. Die Unsicherheit liegt beim unentgeltlichen Erwerb in der genauen Bestimmung der Anschaffungskosten, weil der Erwerber keinen Kaufpreis gezahlt hat, den er in Ansatz bringen könnte.

bb. Kein Unterschied zwischen Kauf und unentgeltlichem Erwerb

Wenn man den Eigentümer eines unentgeltlich erworbenen Wirtschaftsgutes mit dem Käufer eines ähnlichen Objekts vergleicht, ergibt sich nach dem geltenden Recht ein Verstoß gegen das Gebot einer gleichmäßigen Besteuerung. Aus Sicht des Einkommensteuerrechts besteht hier nämlich kein Unterschied in der Leistungsfähigkeit. Zwar erhöht die Schenkung oder Erbschaft strenggenommen die wirtschaftliche Leistungsfähigkeit des Empfängers, nach der geltenden Systematik des Einkommensteuerrechts bleiben solche Zuwendungen aber außer Betracht. Abgeschöpft wird diese gesteigerte Leistungsfähigkeit lediglich über die Erbschaft-/ Schenkungsteuer.

Der Beschenkte oder der Erbe muß folglich einkommensteuerrechtlich genauso dastehen wie der Käufer eines Wirtschaftsgutes; der Unterschied zwischen Kauf und unentgeltlichem Erwerb darf sich nicht in der Einkommensteuer niederschlagen[481]. Auf den ersten Blick scheint es gleichgültig, ob ein Steuerobjekt von der Erbschaftsteuer oder der Einkommensteuer erfaßt wird. Für jede Steuer gilt aber eine andere Systematik; auch die verfassungsrechtlichen Anforderungen sind nicht dieselben. Zwischen diesen beiden Steuern muß daher genau unterschieden werden[482].

Wenn die Nutzung eines Wirtschaftsgutes nach unentgeltlichem und nach entgeltlichem Erwerb einkommensteuerrechtlich gleich zu beurteilen ist, müssen auch die Absetzungen für Abnutzung in beiden Fällen gleich hoch sein. Dieses Ergebnis kann nur dadurch erzielt werden, daß als fiktive Anschaffungskosten der Zeitwert des Wirtschaftsgutes angesetzt wird, und nicht – wie § 11 d Abs. 1 EStDV es vorschreibt – die fortgeführten Anschaffungskosten des Rechtsvorgängers. Bezogen auf die AfA-Werte beim unentgeltlichen Erwerb heißt das, daß zu Beginn der Abschreibungszeit derjenige Wert angesetzt werden muß, der den fiktiven Anschaffungskosten des Erwerbers am nächsten kommt, also der Marktwert des Wirtschaftsgutes zum Zeitpunkt des Erwerbs.

---

[481] RUPPE, in: SCHULZE-OSTERLOH (Hrsg.), DStJG 10, 1987, 45 (76).

[482] Zum Verhältnis dieser Steuern zueinander s. oben B IV 2 d dd.

Für Wirtschaftsgüter, die in das Betriebsvermögen eines anderen Steuerpflichtigen übertragen werden, ordnet § 6 Abs. 4 EStG (früher § 7 Abs. 2 EStDV[483]) folgerichtig diese Bewertungsmethode an[484]. Anders jedoch § 11 d Abs. 1 EStDV: Bei Wirtschaftsgütern des Privatvermögens muß der Erwerber die AfA-Werte des Rechtsvorgängers fortsetzen.

cc. Prognoseirrtum zu Lasten des Rechtsnachfolgers

Der Prognoseirrtum bei der ex-ante-Festlegung der Nutzungsdauer geht auf diese Weise zu Lasten des Rechtsnachfolgers. Der „Fehler", der – gemessen an einer Besteuerung nach der Leistungsfähigkeit – bei der steuerlichen Erfassung des Schenkers / Erblassers gemacht wurde, wirkt sich nach der gegenwärtigen Rechtslage zum Nachteil des Beschenkten bzw. des Erben aus.

Besonders deutlich wird dieser „Fehler", wenn das Wirtschaftsgut vollständig abgeschrieben wurde. Behält im obigen Beispiel der Sohn das Haus 40 Jahre lang und vererbt er es dann an seine Tochter, kann diese gem. § 11 d Abs. 1 S. 2 EStDV keine Absetzungen mehr in Anspruch nehmen. Für die Enkelin wirkt sich der unentgeltlichen Erwerb ihres Vaters ungünstig aus[485]. Erbt dagegen ein anderer Steuerpflichtiger ein vergleichbares Haus, das nicht mit dem „Makel" des unentgeltlichen Vorerwerbs belastet ist, so wird seine Steuerbelastung geringer sein, weil auch noch AfA-Volumen mit vererbt wurde. Trotz gleicher wirtschaftlicher Leistungsfähigkeit in beiden Fällen wird die Erbin eines bereits abgeschriebenen Hauses mit einer höheren Steuer belastet.

Verfolgt man diesen Gedanken weiter, stößt man wieder auf die Vorstellung des Verordnungsgebers von einer „Haftungseinheit"[486] von Rechtsnachfolger und -vorgänger, die zusammen als Garanten für einen einheitlichen Erfolg herangezogen werden: Die Anschaffungs- oder Herstellungskosten sollen auf jeden Fall insgesamt nur einmal abgesetzt werden können[487]; durch die unentgeltliche Übertragung soll kein neues AfA-Volumen geschaffen werden.

---

483 Zur Begründung siehe BT-Drs. 14/23.

484 Anders als die Vorgängernorm § 7 Abs. 2 EStDV spricht § 6 Abs. 4 EStG aber vom gemeinen Wert.

485 So auch TRZASKALIK, in: RAUPACH/UELNER (Hrsg.), SCHMIDT-Festschrift, 1993, S. 51 (59): „Im Anwendungsbereich von § 11 d EStDV darf der Vater seine Geschenke nicht langfristig planen. Seine Besitzzeit geht zu Lasten der Tochter."

486 Vgl. bereits oben B IV 2 d ee aaa.

487 S. hierzu SCHMIDT-LIEBIG, FR 1978, 77 (83).

Dabei wird außer Betracht gelassen, daß im Falle einer zutreffenden Einschätzung zu Beginn des Abschreibungszeitraumes ohnehin kein neues AfA-Volumen entsteht, sondern nur dann, wenn die zugrundegelegte Nutzungsdauer erheblich von der tatsächlichen Lebensdauer abweicht. Die Diskrepanz zwischen dem Restwert eines Wirtschaftsgutes und dem „Buchwert" beweist nur eine falsche Prognose der Abnutzungszeit und – bei nicht-linearer Abnutzung – möglicherweise auch eine falsche AfA-Methode. Sie legitimiert nicht die Übertragung von Abschreibungswerten.

dd. Keine „Absetzungseinheit"

Eine Fehlbewertung des Rechtsvorgängers in bezug auf die Nutzungsdauer darf nicht zu Lasten des Rechtsnachfolgers gehen. Es besteht keine Verbindung zwischen Vorgänger und Nachfolger, die eine Anwendung eines interpersonalen Korrespondenzprinzips gebietet, nach dem der eine Steuerpflichtige nur das absetzen kann, was der andere noch nicht abgesetzt hat[488]. In Einzelfällen mag eine „Absetzungseinheit" im Sinne der jetzigen Rechtslage tatsächlich zu richtigen Ergebnissen führen, z. B. wenn das Wirtschaftsgut nur verschenkt wird, um neues AfA-Volumen zu erzeugen. Diese Fälle können aber im Rahmen des § 42 AO gelöst werden. Ansonsten wird das Leistungsfähigkeitsprinzip zutreffend verwirklicht, wenn auch beim unentgeltlichen Erwerb die (fiktiven) Anschaffungskosten den Ausgangspunkt für die AfA bilden.

ee. Keine Rechtfertigung durch Fortsetzungsthese

Die von der Rechtsprechung vertretene Fortsetzungsthese[489] liefert keine ausreichende Begründung für die Annahme einer systemwidrigen „Absetzungseinheit" zweier natürlicher Personen[490]. Zum einen wurde bereits dargelegt, daß die Fortsetzungsthese mit ihrer „Einheit von Erblasser und Erbe" auf einer falschen Vorstellung von der Gesamtrechtsnachfolge im Einkommensteuerrecht basiert[491]. Die Fortsetzung aller einkommensteuerlich relevanten Umstände einer Person durch eine andere ist mit dem Grundsatz der Individualbesteuerung nicht verein-

---

488 So aber SCHMIDT-LIEBIG, FR 1978, 77 (83), der in § 11 d EStDV die Ausprägung eines allgemeinen Grundsatzes des Abschreibungsrechts sieht: „Der Rechtsnachfolger soll im Konkurrenzfall erst dann und nur insofern abschreibungsbefugt sein, wie der Rechtsvorgänger nicht noch abschreibungsberechtigt ist."

489 Siehe oben B IV 2 b.

490 Gl. A. TRZASKALIK, StuW 1979, 97 (107): „... nicht aus tiefgründigen Sukzessionsvorstellungen zu erklären."

491 Siehe oben B IV 2 d bb.

bar. Deshalb kann die Fortsetzungsthese auch nicht zur Rechtfertigung der Übertragung von AfA-Werten dienen.

Zum anderen wurde die Fortsetzungsthese nur für die Fälle der Gesamtrechtsnachfolge aufgestellt. § 11 d EStDV gilt aber auch in den Fällen der – unentgeltlichen – Einzelrechtsnachfolge[492]. Bei der Einzelnachfolge kann man nicht mehr von einer Fortsetzung der einkommensteuerrechtlichen Position sprechen, die eine „Abschreibungseinheit" zwischen Rechtsvorgänger und -nachfolger begründen könnte[493].

ff. Mögliche Ungenauigkeit als Folge

Zwar können die fiktiven Anschaffungskosten nicht so genau bestimmt werden wie die Abschreibungswerte des Vorgängers. Daß die Erfassung von fiktiven Anschaffungs- oder Herstellungskosten aber grundsätzlich möglich ist und zu vernünftigen Ergebnissen führt, zeigt das Beispiel des früheren § 7 Abs. 2 EStDV (jetzt § 6 Abs. 4 EStG). Eine nur annähernde Erfassung des richtigen Sachverhalts führt zu einer gerechteren Besteuerung als die genaue Feststellung des falschen.

3. Ergebnis

§ 11 d EStDV verstößt gegen das Leistungsfähigkeitsprinzip und den Grundsatz der Individualbesteuerung. Es gibt kein einkommensteuerrechtliches Gebot zur Übertragung von Abschreibungswerten.

Der unentgeltliche Erwerb ist ein Fall, in dem die Verteilungsthese an ihre „Grenzen" stößt und keine Lösungsmöglichkeiten bietet[494]. Es gibt hier keine Anschaffungs- / Herstellungskosten zu verteilen. Dennoch zeigt der Vergleich mit dem Kauf, daß es nicht dem Leistungsfähigkeitsprinzip entspräche, wenn der Erwerber keine eigenen Absetzungen vornehmen dürfte. Nur der Ansatz von fiktiven Anschaffungs- / Herstellungskosten steht im Einklang mit der Doppelnatur der AfA. § 11 d EStDV muß daher ersetzt werden durch eine Regelung, nach der

---

492 TRZASKALIK, StuW 1979, 97 (107), will daher lieber von den Grundsätzen über die Rechtsfolgen unentgeltlicher Übertragung von Wirtschaftsgütern als vom Prinzip der Gesamtrechtsnachfolge sprechen.

493 So schon RUPPE, in: SCHULZE-OSTERLOH, DStJG 10, 1987, 45 (68): „Es ist auch leicht ersichtlich, daß die Begründung des BFH nicht die Singularsukzession durch Schenkung abdeckt. Wie allerdings eine unterschiedliche Behandlung von Erbe und Geschenknehmer gerechtfertigt werden soll, bleibt unerfindlich."

494 S. oben C III 5 f.

die Absetzungen (beim unentgeltlichen Erwerb) von den fiktiven Anschaffungs- / Herstellungskosten vorgenommen werden können.

4. Erhöhte Absetzungen

a. Begriff und Problembeschreibung

Zu den Sonderabschreibungen im weiteren Sinne gehören die erhöhten Absetzungen und die Sonderabschreibungen im engeren Sinne[495]. Während Sonderabschreibungen i. e. S. dem Steuerpflichtigen ein zusätzliches AfA-Volumen gewähren, können die erhöhten Absetzungen nur anstelle der regulären AfA in Anspruch genommen werden[496]. Die erhöhten Absetzungen führen zu einer schnelleren Abschreibung der Wirtschaftsgüter und somit zu einer späteren Versteuerung der Einkünfte als bei der Normal-AfA. Faktisch kommt dies einer zinslosen Steuerstundung gleich[497]. Sonderabschreibungen sind nicht am Leistungsfähigkeitsprinzip zu messen; der Gesetzgeber verfolgt mit diesen Vorschriften außerfiskalische Zwecke („Sozialzwecknormen" [498]). Nach § 11 d Abs. 1 S. 3 EStDV führt der Rechtsnachfolger die erhöhten Absetzungen des Vorgängers fort.

Mit § 7 b EStG ist der Hauptanwendungsfall, der zur Einführung des § 11 d EStDV führte, mittlerweile weggefallen[499]. Die Rechtsprechung sah es als unbillig an, daß dem Rechtsnachfolger die Absetzungen nach § 7 b EStG verlorengehen konnten[500]. Sie erlaubte daher die Übertragung des „7-b-Volumens". Der Verordnungsgeber folgte dieser Rechtsprechung und schrieb mit § 11 d Abs. 1 S. 3 EStDV 1965 die Übertragung vor.

b. Keine ungeprüfte Übertragung des Restvolumens

Wenn ein noch nicht abgeschriebenes Wirtschaftsgut aus dem Privatvermögen ausscheidet, verbleibt ein AfA-Restvolumen. Wenn der Steuerpflichtige nur die

---

495 WERNDL, in: KIRCHHOF/SÖHN, EStG, § 7 Rdnr. A 57.

496 FLEISCHMANN, in: HERRMANN/HEUER/RAUPACH, EStG, § 7 a Anm. 7.

497 WERNDL, in: KIRCHHOF/SÖHN, EStG, § 7 Rdnr. A 57.

498 Zur Natur solcher Sozialzwecknormen vgl. TIPKE/LANG, Steuerrecht[16], 1998, § 4 Rz. 21.

499 § 7 b EStG ist weiterhin anwendbar, allerdings nur für Häuser und Wohnungen, die vor dem 1. 1. 1987 hergestellt oder angeschafft worden sind.

500 BFH v. 13. 12. 1957 - VI 234/56 U -, BStBl. III 1958, 72; BFH v. 19. 12. 1960 - VI 206/59 U -, BStBl. III 1961, 37 (38); BFH v. 23. 8. 1963 - VI 81/62 U -, BStBl. III 1963, 484; BFH v. 15. 1. 1965 - VI 233/63 U -, BStBl. III 1965, 252 (253).

reguläre AfA in Anspruch genommen hatte, wäre es falsch, von einem „AfA-Guthaben" zu sprechen, denn diesem Guthaben stand der der nunmehr aus dem Vermögen ausscheidende Wert gegenüber[501].

> Wenn beispielsweise ein Wirtschaftsgut zur Hälfte abgeschrieben ist und dann verschenkt wird, geht dem Steuerpflichtigen zwar ein AfA-Restvolumen in Höhe der halben Anschaffungs-/ Herstellungskosten „verloren". Der Steuerpflichtige setzt das Wirtschaftsgut aber auch nicht mehr zur Erzielung von Einkünften ein. Ihm entsteht keine weiterer Wertverlust, der nach dem objektiven Nettoprinzip berücksichtigt werden müßte. Im Idealfall ist das Wirtschaftsgut zur Hälfte „verbraucht", der Verbrauch der anderen Hälfte betrifft nicht mehr den Steuerpflichtigen, sondern seinen Rechtsnachfolger. Es ist somit nur konsequent, daß der Steuerpflichtige sein AfA-Restvolumen verliert.

Einen Überschuß kann der Rechtsvorgängers höchstens dann für sich beanspruchen, wenn anstelle der regulären AfA erhöhte Absetzungen gewährt wurden. Mit dem Verlust des Wirtschaftsgutes verliert der Steuerpflichtige auch diese höheren Abschreibungsmöglichkeiten. Dies heißt jedoch nicht, daß das Restvolumen auf den Rechtsnachfolger übertragen werden darf. Eine solche Übertragung wäre systematisch falsch. Wenn der Gesetzgeber eine Subvention in Form von Abschreibungen gewährt und nicht als direkten Zuschuß, bedeutet dies, daß er die Unterstützung von einer bestimmten Nutzung des Wirtschaftsgutes abhängig macht[502]. Es kann durchaus vorkommen, daß auch der Rechtsnachfolger die Voraussetzungen der Subventionsvorschriften erfüllt und somit eine Übertragung des AfA-Volumens dem Zweck der Subvention entspricht. Für manche Subventionszwecke mag dies sogar die beste Lösung sein, z. B. wenn eine Familie unabhängig vom Generationswechsel gefördert werden soll. Dem Gesetzgeber muß aber die Entscheidung vorbehalten bleiben, in welchen Fällen der Rechtsnachfolger die Subvention erhalten soll.

Zum Teil wird die Meinung vertreten, der Nachfolger müsse allein wegen der Natur der Gesamtrechtsnachfolge im Einkommensteuerrecht auch in sämtliche Steuervergünstigungen (Ausnahme: höchstpersönliche Rechtspositionen) eintreten[503]. Für die Vertreter der Fortsetzungsthese[504] ist das eine konsequente Schlußfolgerung. Die Fortsetzungsthese beruht aber ihrerseits auf einer falschen Vor-

---

501 S. oben C IV 2 b dd.

502 Die Fälle, in denen die Subventionsform der Abschreibung gewählt wird, um die Subvention zu verschleiern und gegenüber politischen Gegnern besser durchsetzen zu können, seien hier außer Betracht gelassen.

503 GEILERT, Erbfolge, 1966, S. 97 ff.; THEIS, Erbe, 1962, S. 73.

504 S. oben B IV 2 c.

stellung von der Rechtsnatur der persönlichen Steuerpflicht[505]. Für die Annahme, daß der Nachfolger die einkommensteuerlichen Positionen des Vorgängers fortsetzt, gibt es keine Begründung, also auch nicht für die ungeprüfte Übertragung von Vergünstigungen.

Eine generelle Übertragungsvorschrift für alle erhöhten Absetzungen, wie sie § 11 d Abs. 1 S. 3 EStDV darstellt, widerspricht den Prinzipien des Einkommensteuerrecht. Es darf nicht danach unterschieden werden, ob die Rechtsnachfolge entgeltlich oder unentgeltlich eingetreten ist, sondern nur danach, ob die Subvention ihren Zweck auch beim Nachfolger erfüllt[506].

5. Anwendung des § 11 d EStDV in anderen Bereichen

In der Vergangenheit hat es viele Versuche gegeben, § 11 d EStDV teleologisch zu erweitern[507] oder analog auf andere Fälle (Beispiel: Drittaufwand) anzuwenden[508]. Dies ist aus mehreren Gründen abzulehnen.

Zum einen handelt es sich um eine Ausnahme[509]- und Vereinfachungsvorschrift[510]. Eine solche Ausnahmevorschrift als Basis für eine teleologische

---

505 S. oben B IV 2 d.

506 So auch RUPPE, in: SCHULZE-OSTERLOH, DStJG 10, 1987, 45 (90).

507 JAKOB, DStR 1987, 784 (788 ff.); JAKOB/JÜPTNER, FR 1988, 141 (149 ff.).

508 BIERGANS, FR 1984, 297 (304); DERS., Einkommensteuer[6], 1992, S. 1065; BRANDENBERG, Nießbrauch[2], 1985, Rdnr. 104; DRENSECK, in: SCHMIDT, EStG[18], 1999, § 7 Rdnr. 38 c; HEINICKE, in: SCHMIDT, EStG[18], 1999, § 4 Rdnr. 510; HEUER/JANSEN, in: HERRMANN/ HEUER/RAUPACH, EStG, § 7 Anm. 84; HUTTER, DStZ/A 1981, 47 (52); RUPPE, in: SCHULZE-OSTERLOH (Hrsg.), DStJG 10, 1987, 45 (84); L. SCHMIDT, FR 1978, 542; DERS., FR 1985, 620 (621); DERS., FR 1990, 487; STADIE, Zurechnung, 1983, S. 43 f.; DERS., DB 1984, 578; WISMETH, Einlage, 1985, S. 67;

FG Münster v. 23. 10. 85 - VII 2579/82 E -, EFG 1986, 172; FG Rheinland-Pfalz v. 27. 1. 1987 - 2 K 286/85 -, EFG 1987, 452 (453);

gegen die Analogie: BIERGANS, FR 1986, 365 (368); V. BORNHAUPT, in: KIRCHHOF/SÖHN, EStG, § 9 Rdnr. I 212 ff (aber AfA über § 9 Abs. 1 S. 1 EStG); BRANDIS, in: BLÜMICH, EStG, § 7 Rdnr. 184; DÖLLERER, StbJb 1984/85, 55 (70); KLINGER, Drittaufwendungen, 1996, S. 200; KNOBBE-KEUK, StuW 1979, 305 (311); PREIßER, DStR 1985, 498 (499); SÖHN, in: KIRCHHOF/SÖHN, EStG, § 4 Rdnr. E 242; BFH GrS v. 23. 8. 1999 – GrS 2/97 –, BStBl. II 1999, 782 (786).

Zur direkten Anwendung des § 11 d EStDV im Rahmen der sog. Splittertheorie vgl. WERNDL, in: KIRCHHOF/SÖHN, § 7 Rdnr. A 216 ff.

509 PREIßER, DStR 1985, 498 (499); SÖHN, in: KIRCHHOF/SÖHN, EStG, § 4 Rdnr. E 242.

510 TRZASKALIK, StuW 1983, 126 (132).

Erweiterung oder analoge Anwendung zu nehmen, ist rechtssystematisch zumindest bedenklich („singularia non sunt extendenda"[511]).

Außerdem hätte eine analoge Anwendung des § 11 d EStDV in anderen Bereichen des Einkommensteuerrechts Änderungen zur Folge, die in diesem Umfang nicht im Wege der richterlichen Rechtsfortbildung herbeigeführt werden dürfen. Eine Regelung dieses Themenkreises muß dem Gesetzgeber vorbehalten bleiben[512].

Hinzu kommt – und das ist entscheidend –, daß nach der hier vertretenen Auffassung § 11 d EStDV auf einer falschen Vorstellung von der Natur der Gesamtrechtsnachfolge im Einkommensteuerrecht beruht. Die Fortsetzungsthese des BFH ist falsch; ihre Auswirkungen müssen korrigiert werden. Allein aus diesem Grund muß jede Erweiterung des Anwendungsbereiches für § 11 d EStDV abgelehnt werden: „Quod contra rationem juris receptum est, non est producendum ad consequentias."[513]

---

511 Vgl. LARENZ, Methodenlehre[6], 1991, S. 355; PAWLOWSKI, Methodenlehre[3], 1999, Rdnr. 489a.

512 SÖHN, in: KIRCHHOF/SÖHN, EStG, § 4 Rdnr. E 242; ebenso BFH GrS v. 23. 8. 1999 – GrS 2/97 –, BStBl. II 1999, 782 (786); s. hierzu auch die weiteren Entscheidungen des Großen Senats vom 30. 1. 95 – GrS 4/92 –, BStBl. II 1995, 281 ff., und vom 23. 8. 1999 – GrS 1/97 u. GrS 3/97 –, BStBl. II 1999, 778 ff. u. 787 ff.

513 Dig. 1, 3, 14 = 50, 17, 141 pr. (PAULUS); ebenso TRZASKALIK, StuW 1983, 126 (132, Fn. 39), zu § 7 Abs. 1 EStDV (inzwischen § 6 Abs. 3 EStG).

D. Zusammenfassung der Ergebnisse

1. Unter dem ungeschriebenen Grundsatz der Individualbesteuerung ist das Prinzip zu verstehen, nach dem bei der Einkommensteuer Bemessungsgrundlage und Tarif auf die einzelne natürliche Person zu beziehen sind (s. B III 1).

2. Der Grundsatz der Individualbesteuerung beruht auf dem Prinzip der Besteuerung nach der individuellen Leistungsfähigkeit (s. B III 1).

3. Das Leistungsfähigkeitsprinzip ist im Grundgesetz verankert; durch entgegenstehende Wertungen der Verfassung kann es eingeschränkt werden (s. B II).

4. Der Individualbesteuerungsgrundsatz kann in einen vertikalen und einen horizontalen Aspekt unterteilt werden; der vertikale Aspekt ist beim Übergang von Einkunftsquellen entscheidend, während der horizontale Aspekt die Größe der Besteuerungseinheit betrifft (s. B III 1).

5. Die persönliche Steuerpflicht ist höchstpersönlicher Natur und kann nicht auf andere Steuersubjekte übertragen werden (s. B III 4 a).

6. Die Annahme eines Korrespondenzprinzips, nach dem die Besteuerung des einen Steuerpflichtigen von der (Nicht-) Besteuerung eines anderen abhängig ist, verstößt gegen den Grundsatz der Individualbesteuerung (s. B III 5 d).

7. Der Individualbesteuerungsgrundsatz wird durch das Ehegattensplitting durchbrochen; dieser Verstoß ist aber durch verfassungsimmanente Wertungen des Einkommensteuerrechts gerechtfertigt (s. B IV 1 c dd).

8. Das Splitting stellt eine zulässige und praktikable – wenn auch nicht die einzig mögliche – Methode der Ehegattenbesteuerung dar (s. B IV 1 c dd).

9. Die Entwicklung von einer vollständigen Familienbesteuerung zur Individualbesteuerung ist noch nicht abgeschlossen. Früher oder später wird das Einkommensteuerrecht möglicherweise zur ausnahmslosen Individualbesteuerung übergehen müssen, allerdings nicht ohne eine vorherige Änderung des Familienrechts (s. B IV 1 c dd).

10. Das Wahlrecht des § 26 EStG muß abgeschafft werden (s. B IV 1 c ee).

11. Das Gnadensplitting muß durch eine Regelung ersetzt werden, die Verwitweten für eine Übergangszeit einen höheren Grundfreibetrag gewährt (s. B IV 1 c ff).

12. Eltern sind wegen der Unterhaltsverpflichtung gegenüber ihren Kindern (subjektiv) weniger leistungsfähig als Kinderlose mit einem vergleichbaren Einkommen. Diese verminderte Leistungsfähigkeit muß vom Gesetzgeber realitätsgerecht berücksichtigt werden (s. B IV 1 d cc).

13. Für die Freistellung der Eltern muß der „angemessene Unterhalt" maßgebend sein, nicht das Existenzminimum des Kindes (s. B IV 1 d dd ddd).

14. Das Familien-Tarifsplitting und das Familien-Einkünftesplitting sind nicht mit dem Grundsatz der Individualbesteuerung vereinbar (s. B IV 1 d ff, gg).

15. Es gibt keine einkommensteuerliche Gesamtrechtsnachfolge. Die „Fortsetzungsthese" der Rechtsprechung, nach der Erbe und Erblasser „eine Person" bilden, beruht auf einer falschen Vorstellung von der Rechtsnatur der persönlichen Steuerpflicht (s. B IV 2 d).

16. § 24 Nr. 2 EStG konstituiert, daß die „Einkünfte als Rechtsnachfolger" zu versteuern sind. Welche Abzüge beim Rechtsnachfolger vorzunehmen sind, darf sich allein nach dessen persönlichen Verhältnissen richten (s. B IV 2 d cc).

17. Die auf die „Einkünfte als Rechtsnachfolger" entfallende Erbschaftsteuer muß bei diesen Einkünften als Erwerbsaufwendungen abzuziehen sein (s. B IV 2 d dd bbb).

18. Grund für die AfA ist der Wertverzehr der Wirtschaftsgüter, die für die Erzielung von Einkünften eingesetzt werden. Die praktische Ausgestaltung der AfA ist aber nach der Verteilungsthese zu beurteilen, weil der Wertverzehr keinen praktikablen Anknüpfungspunkt zur Erfassung der Minderung der Leistungsfähigkeit darstellt (s. C III 11).

19. Eine Übertragung von AfA-Volumen ist systemwidrig, weil die Absetzungen an die Person, nicht an einen Gegenstand gebunden sind (s. C III 12).

20. Es besteht – auch bei unentgeltlichem Erwerb – keine Absetzungseinheit zwischen Rechtsvorgänger und Nachfolger (s. C IV 2 c dd).

21. § 11 d EStDV verstößt gegen den Grundsatz der Individualbesteuerung. Die Vorschrift muß ersetzt werden durch eine Regelung, die Absetzungen von den fiktiven Anschaffungs- / Herstellungskosten zuläßt (s. C IV 3).

22. Für erhöhte Absetzungen kann der Gesetzgeber eine Übertragung vorschreiben. Diese muß sich aber an dem Zweck der erhöhten Absetzungen orientieren (s. C IV 4).

23. Der Anwendungsbereich des § 11 d EStDV darf weder durch teleologische Extension noch durch analoge Anwendung erweitert werden (s. C IV 5).

Literaturverzeichnis

Adamik, Andrea	Die einkommensteuerrechtliche Behandlung des Drittaufwands, Lang, Frankfurt a. M. 1993 [Drittaufwand]
Albers, Willi	„Die Berücksichtigung der Leistungsfähigkeit in der deutschen Einkommensteuer", Fin. Arch. N. F. Bd. 18 (1957/58), S. 423-446
Albers, Willi	„Transferzahlungen an Haushalte", in: NEUMARK (Hrsg.), Handbuch der Finanzwissenschaft I³, 1977, S. 861-957
Andel, Norbert	„Einkommensteuer", in: NEUMARK (Hrsg.), Handbuch der Finanzwissenschaft II³, 1980, S. 331-401
Arndt, Hans-Wolfgang	Praktikabilität und Effizienz. Zur Problematik gesetzesvereinfachenden Verwaltungsvollzuges und der Effektuierung subjektiver Rechte, Deubner, Köln 1983 [Praktikabilität und Effizienz]
Arndt, Hans-Wolfgang / Schumacher, Andreas	„Einkommensbesteuerung und Grundrechte", AöR 118 (1993), S. 513-590
Arnim, Hans Herbert v.	„Besteuerung und Eigentum", VVDStRL 39 (1981), S. 286-423
Balke, Michael	„Geplante Splitting-Kappung ist nicht verfassungswidrig", FR 1982, S. 449
Bareis, Peter	„'Kinderlast', Steuertarif und Besteuerung nach der Leistungsfähigkeit – Folgerungen aus der Rechtsprechung des BVerfG", DStR 1991, S. 1399-1403, 1434-1437
Bareis, Peter	„Beurteilung möglicher Instrumente zur frauenpolitischen Gestaltung des Einkommensteuerrechts", in: SEEL (Hrsg.), Aspekte, 1996, S. 67-127
Bareis, Peter	„Existenzminimum, Bemessungsgrundlage und Tarifstruktur bei der Einkommensteuer", FR 1991, S. 405-412

Bareis, Peter	„Gebietet das Grundgesetz bei der Ehegattenbesteuerung die Mißachtung ökonomischer Wirkungen? – Analyse eines Rechtsgutachtens Klaus Vogels", StuW 2000, S. 81-90
Bareis, Peter	„Transparenz bei der Einkommensteuer – Zur systemgerechten Behandlung sogenannter ´notwendiger Privatausgaben´", StuW 1991, S. 38-51
Bareis, Peter / Allmendinger, Daniela / Selg, Carmen	„Neuansätze des Familienlastenausgleichs", in: HESSISCHES MINISTERIUM FÜR FRAUEN, ARBEIT UND SOZIALORDNUNG (Hrsg.), Aspekte III, 1998
Bayer, Hermann-Wilfried	„Der Stufenbau des Steuertatbestandes - Einige Bemerkungen zu: BIERGANS/WASMER, Zum Tatbestand der Besteuerung und zum Leistungsfähigkeitsbegrif in der Einkommensteuer (FR 1985, 57 ff.)", FR 1985, S. 337-344
Becker, Enno	„Grundfragen aus den neuen Steuergesetzen", StuW 1927, Sp. 1007-1020
Becker, Enno	Die Grundlagen der Einkommensteuer, Bergmann / Springer, Berlin/München 1940 [Grundlagen]
Becker, Enno	Handkommentar der Reichssteuergesetze II, 1. Teil, §§ 1-18, Das Einkommensteuergesetz vom 10. August 1925, Heß, Stuttgart 1928
Becker, Jürgen	Der „Grundsatz der Individualbesteuerung" im deutschen Einkommensteuerrecht, Diss. Münster 1970 [Individualbesteuerung]
Benda, Ernst / Maihofer, Werner / Vogel, Hans-Jochen (Hrsg.)	Handbuch des Verfassungsrechts der Bundesrepublik Deutschland, de Gruyter, Berlin/New York, 1. Auflage: 1983 [HdbVerfR^1], 2. Auflage: 1994 [HdbVerfR^2]
Bethge, Herbert	„Die verfassungsrechtliche Problematik der Grundpflichten", JA 1985, S. 249-259
Bethge, Herbert	Zur Problematik von Grundrechtskollisionen, Vahlen, München 1977 [Grundrechtskollisionen]

Biergans, Enno	„Überlegungen zur personellen Zurechnung von Betriebsausgaben und Werbungskosten", FR 1984, S. 297-305
Biergans, Enno	„Überlegungen zur Zurechnung latenter Einkünfte im Einkommensteuerrecht", FR 1982, S. 525-531
Biergans, Enno	„Zum Problem der AfA-Berechtigung bei entgeltlichen und unentgeltlichen Nutzungsüberlassungen und zum Problem der Entnahme zunächst unentgeltlich überlassener und dann zurückgemieteter Wirtschaftsgüter des Betriebsvermögens – Anmerkung zum BFH-Urteil vom 30. 7. 1985 VIII R 71/81", FR 1986, S. 365-373
Biergans, Enno	Einkommensteuer, Systematische Darstellung und Kommentar, 6. Auflage, Oldenbourg, München u. a. 1992
Biergans, Enno / Wasmer, Claudius	„Zum Tatbestand der Besteuerung und zum Leistungsfähigkeitsbegriff in der Einkommensteuer", FR 1985, S. 57 - 63
Birk, Dieter	„Die Reform der Besteuerung der Alterseinkünfte", StbKongrRep 1990, S. 39-52
Birk, Dieter	Altersvorsorge und Alterseinkünfte im Einkommensteuerrecht. Verfassungsrechtliche Vorgaben, gesetzliche Regelungen, Neuordnungsmodelle, O. Schmidt, Köln 1987 [Alterseinkünfte]
Birk, Dieter	Das Leistungsfähigkeitsprinzip als Maßstab der Steuernormen, Deubner, Köln 1983 [Leistungsfähigkeitsprinzip]
Birtel, Thomas	Die Zeit im Einkommensteuerrecht, Duncker und Humblot, Berlin 1985 [Zeit]
Blümich, Walter	Einkommensteuergesetz, Körperschaftsteuergesetz, Gewerbesteuergesetz, Kommentar (Loseblatt), hrsg. von KLAUS EBLING, Vahlen, München, 61. Erg.-Lfg. Stand 1999 [EStG]
Blümich, Walter / Schachian, Herbert	Das Einkommensteuergesetz vom 10. August 1925, Vahlen, Berlin 1925 [EStG 1925]

Böckenförde, Ernst-Wolfgang	„Steuergerechtigkeit und Familienlastenausgleich - Eine Diskussionsanregung zur Reform der Familienbesteuerung", StuW 1986, S. 335-340
Bordewin, Arno / Brandt, Jürgen (Hrsg.)	Kommentar zum Einkommensteuergesetz, Forkel, Heidelberg, 1955-1999 (früher Hartmann / Böttcher / Nissen / Bordewin) [EStG]
Bornhaupt, Kurt Joachim von	„Der Begriff der Werbungskosten unter besonderer Berücksichtigung seines Verhältnisses zum Betriebsausgabenbegriff", in: SÖHN (Hrsg.), DStJG 3, 1980, S. 149-199
Bornhaupt, Kurt Joachim von	„Inwieweit können fehlgeschlagene Anschaffungs- oder Herstellungskosten bei Grundstücken und Gebäuden Werbungskosten sein?", FR 1981, S. 497-504
Bornhaupt, Kurt Joachim von	„Zur Problematik des Werbungskostenbegriffs - Zugleich Stellungnahme zu den Ausführungen von KRUSE, RICHTER und WASSERMEYER", FR 1982, S. 313-321
Brandenberg, Hermann B.	Nießbrauch an Privatgrundstücken, Betriebsgrundstücken und Kapitalvermögen. Problemfälle aus der Praxis, 2. Auflage, NWB-Verlag, Herne/Berlin 1985 [Nießbrauch^2]
Bringewat, Bernd	„Steuerliche Berücksichtigung von Drittaufwand am Beispiel einer Absetzung für Abnutzung nach § 7 EStG bei Bestellung eines Nießbrauchs", WiRe-Verlag, Göttingen 1990 [Drittaufwand]
Brockhoff, Hedin	„Sind Sonderausgaben vererblich?", DStR 1962, S. 10-13
Buchholz, Wolfgang	„Der Steuervorteil beim Ehegattensplitting", StuW 1986, S. 64-67
Bühler, Wilhelm u. a. (Hrsg.)	Steuervereinfachung, Festschrift für DIETRICH MEYDING zum 65. Geburtstag, C. F. Müller, Heidelberg 1994 [MEYDING-Festschrift]
Bundesministerium der Finanzen	Denkschrift zur Frage der Ehegattenbesteuerung vom 18. 11. 1955, BT-Drs. 2/1866 [Denkschrift]

Bundesministerium für Arbeit und Sozialordnung (Hrsg.)	Darstellung der Alterssicherungssysteme und der Besteuerung von Alterseinkommen. Gutachten der Sachverständigenkommission vom 19. November 1983, Berichtband 2, Kohlhammer, Stuttgart u. a. 1983 [Alterssicherungssysteme]
Bundesministerium für Wirtschaft und Finanzen (Hrsg.)	Gutachten der Steuerreformkommission, Stollfuß, Bonn 1971
Burmeister, Joachim (Hrsg.)	Verfassungsstaatlichkeit. Festschrift für KLAUS STERN zum 65. Geburtstag, Beck, München 1997 [STERN-Festschrift]
Charlier, Rudolf	„Familienbesteuerung - wachsende Probleme", StbJb 1979/80, S. 479-504
Charlier, Rudolf	„Renten und andere dauernde Lasten - Ihre Behandlung bei der Einkommensteuer", StbJb 1966/67, S. 279-314
Christ, Jürgen	Drittaufwand, Werbungskosten und Einkommensteuersystem, NWB-Verlag, Herne u. a. 1992 [Drittaufwand]
Clausen, Uwe	„Aktivierung und Abschreibung von Nutzungsrechten", DStZ/A 1976, S. 371-380
Conze, Anton Gregor	„Die Berechtigung zur Absetzung für Abnutzung beim Nießbrauch an Grundstücken - Ein Beitrag zur wirtschaftlichen Betrachtungsweise und zugleich eine Stellungnahme zu den BFH-Urteilen vom 21. 2. 1967 und 11. 12. 1973", BB 1975, S. 319-323
Costede, Jürgen	„Grundfragen der Absetzungsbefugnis wegen Abnutzung – betrachtet am Beispiel von Nutzungsrechten an Grundbesitz", StuW 1986, S. 44-52
Crezelius, Georg	„Zusammentreffen von Einkommensteuer und Erbschaftsteuer", BB 1979, S. 1342-1346
Crezelius, Georg	Steuerrecht II - Die einzelnen Steuerarten, 2. Auflage, Beck, München 1994 [Steuerrecht II^2]

Crezelius, Georg — Steuerrechtliche Rechtsanwendung und allgemeine Rechtsordnung: Grundlagen für eine liberale Besteuerungspraxis, Verlag NWB, Herne/Berlin 1983 [Rechtsanwendung]

Debatin, Helmut / Vogel, Hans — „Ein Diskussionsbeitrag zum Beschluß des BVerfG v. 17. 1. 57 I BvL 4 / 54 zur Ehegattenbesteuerung", StuW 1957, Sp. 409 - 414

Dischinger, Jürgen — Typisierung steuersparender Sachverhaltsgestaltungen zwischen Eltern und Kindern im Einkommensteuerrecht, Lang, Frankfurt a. M. u. a. 1997 [Steuersparende Sachverhaltsgestaltungen]

Döllerer, Georg — „Leitgedanken der Nießbrauchbesteuerung bei den Einkünten aus Vermietung und Verpachtung und aus Kapitalvermögen", StbJb 1984/85, S. 55-79

Dolzer, Rudolf / Vogel, Klaus (Hrsg.) — Bonner Kommentar zum Grundgesetz, Loseblatt, C. F. Müller, Heidelberg 1950-99 [Bonner Kommentar]

Drenseck, Walter — Anm. zum Urteil des BFH v. 20.11.1980 - IV R 117/79 -, FR 1981, S. 150

Duden — Deutsches Universalwörterbuch, 2. Auflage, Dudenverlag, Mannheim u. a. 1989 [Universalwörterbuch²]

Dziadkowski, Dieter — „Einkommensteuertarif, Grundfreibetrag und Existenzminimum der Familie – 100 Jahre Einkommensteuer in Preußen", BB 1991, 805-820

Dziadkowski, Dieter — „Existenzminimum und Einkommensbesteuerung", DStR 1991, S. 8 ff.

Dziadkowski, Dieter — „Kindergeld und Besteuerung nach der Leistungsfähigkeit", BB 1981, Beilage Nr. 9, S. 1-12

Ebeling, Jürgen / Geck, Reinhard — Handbuch der Erbengemeinschaft. Zivilrecht. Steuerrecht, Loseblatt, 6. Auflage, O. Schmidt, Köln, 30. Erg.-Lfg. Stand Dezember 1998 [Handbuch]

Ehlers, Ernst-August — Übertragung von Einkunftsquellen, Nießbrauch, Haufe, Freiburg i. Br. 1990

Ehlers, Hans — „Zur Kritik am Spruch von Karlsruhe", StuW 1957, Sp. 413 - 424

Erichsen, Hans-Uwe (Hrsg.) — Allgemeines Verwaltungsrecht, 11. Auflage, de Gruyter, Berlin/New York 1998 [Allg. Verwaltungsrecht[11]]

Esser, Clemens — „Steuerfreistellung des Existenzminimums: Nullzone, Steuerabzug oder Abzug von der Bemessungsgrundlage?", DStZ 1994, S. 517-526

Fiedler, Rolf — Haushaltsbesteuerung im Einkommensteuerrecht, Diss. München 1950 [Haushaltsbesteuerung]

Fischer, Peter (Hrsg.) — Steuervereinfachung, DStJG Band 21, O. Schmidt, Köln 1998 [DStJG 21]

Fischer, Renate — Rechtsnachfolge in einkommensteuerrechtliche Positionen auf dem Gebiet der Privatausgaben im Erbfall, Diss. Passau 1991 [Rechtsnachfolge]

Fitsch, Joachim — „Das Ehegattensplitting - eine ungerechtfertigte Steuervergünstigung?", Stbg 1982, S. 200-202

Forgách, Andreas — „Zur AfA-Berechtigung beim unentgeltlich erworbenen Nießbrauch an vermieteten Gebäuden des Privatvermögens", DStR 1978, S. 635-639

Forsthoff, Ernst — „Begriff und Wesen des sozialen Rechtsstaates", VVDStRL Band 12 (1954), S. 8-36

Friauf, Karl Heinrich — „Eigentumsgarantie und Steuerrecht", DöV 1980, S. 480-488

Friauf, Karl Heinrich — „Steuerrecht und Verfassungsrecht", DStZ/A 1975, S. 359-362

Friauf, Karl Heinrich — „Substanzeingriff durch Steuer-Kumulation und Eigentumsgarantie - Bemerkungen zum Beschluß des BVerfG vom 27. 10. 1975", StuW 1977, S. 59-65

Friauf, Karl Heinrich — „Unser Steuerstaat als Rechtsstaat", StbJb 1977/78, S. 39-63

Friauf, Karl Heinrich	„Verfassungsrechtliche Anforderungen an die Gesetzgebung über die Steuern vom Einkommen und vom Ertrag", in: FRIAUF (Hrsg.), DStJG 12, 1989, S. 3-32
Friauf, Karl Heinrich (Hrsg.)	Steuerrecht und Verfassungsrecht, DStJG Band 12, O. Schmidt, Köln 1989 [DStJG 12]
Friedlaender, Kurt	„Stellungnahme zu vorstehendem Aufsatz über Individualbesteuerung", JR 1961, S. 91-93 [Anmerkung zu: WEISENSEE, JR 1961, 85 ff.]
Frotscher, Gerrit	Kommentar zum Einkommensteuergesetz, (Loseblatt), Haufe, Freiburg i. Br., 94. Erg. Lfg. 1999 [EStG]
Fuchs, Maximilian	„Welche Maßnahmen empfehlen sich, um die Vereinbarkeit von Berufstätigkeit und Familie zu verbessern?", Gutachten F für den 60. Deutschen Juristentag in Münster, Beck, München 1994 [Juristentag-Gutachten]
Fuisting, Bernhard	Das Preußische Einkommensteuergesetz vom 24. Juni 1891 nebst Ausführungsanweisungen, Heymanns, Berlin 1896 [EStG 1891]
Fuisting, Bernhard	Das preußische Einkommensteuergesetz vom 24. Juni 1891 und die Ausführungsanweisung vom 5. August 1891 mit Erläuterungen, 3. Auflage, Berlin 1894 [EStG 1891[3]]
Fuisting, Bernhard / Strutz, Georg	Die preußischen direkten Steuern, Erster Band, Kommentar zum Einkommensteuergesetz, Erste Hälfte, 8. Auflage, Heymanns, Berlin 1915 [EStG 1906]
Fürst, Walther / Herzog, Roman / Umbach, Dieter C. (Hrsg.)	Festschrift für WOLFGANG ZEIDLER, Band 1, de Gruyter, Berlin/New York 1987 [ZEIDLER-Festschrift]
Geilert, Joachim	Erbfolge in Steuervergünstigungen?, Diss. Münster 1966
Gernhuber, Joachim / Coester-Waltjen, Dagmar	Lehrbuch des Familienrechs, 4. Auflage, Beck, München 1994 [Familienrecht[4]]

Glanegger, Peter	„Vermögensveränderungen und Veranlassungsprinzip bei den Überschußeinkünften", DStZ 1984, S. 583-586
Glaser, Fritz	Das Einkommensteuergesetz vom 29. März 1920 in der Fassung der Novellen vom 24. März und 11. Juli 1921 nebst den Ausführungsbestimmungen, Erste Lieferung, Sack, Berlin 1922 [EStG 1920]
Glöggler, Hans	„Was heißt Individualbesteuerung?", DB 1958, S. 412 - 413
Göring, Herbert	Die Gesamtrechtsnachfolge im Einkommensteuerrecht, Diss. Erlangen-Nürnberg 1986 [Gesamtrechtsnachfolge]
Gramlich, Ludwig / Treisch, Corinna	„Korrespondenzprinzip, Unterhaltszahlungen und Einkommensbegriff", DB 1997, S. 2349-2354
Grimm, Claus	„Das Steuerrecht im Spannungsfeld zwischen wirtschaftlicher Betrachtungsweise und Zivilrecht", DStZ/A 1978, S. 283-290
Grönert, Joachim K.	„Ist die Abschaffung des Ehegattensplittings verfassungsrechtlich zulässig?", DStZ 1998, S. 895-897
Gutachen zur Reform der direkten Steuern (1967)	siehe unter: Wissenschaftlicher Beirat beim Bundesministerium für Finanzen
Gutachten der Steuerreformkommission (1971)	siehe unter: Bundesministerium für Wirtschaft und Finanzen (Hrsg.)
Hackmann, Johannes	„Die einkommensteuerliche Berücksichtigung des Existenzminimums", BB 1994, Beilage 19, S. 1-27
Hackmann, Johannes	„Ein Vorschlag zur Ehegattenbesteuerung", Fin. Arch. N. F. Bd. 31 (1972/73), S. 495-518
Haller, Heinz	„Zur Freistellung des 'Existenzminimums' bei der Einkommensbesteuerung", in: KIRCHHOF/OFFERHAUS/SCHÖBERLE (Hrsg.), KLEIN-Festschrift, 1994, S. 409-417

Haller, Heinz	Die Steuern, 3. Auflage, Mohr (Siebeck), Tübingen 1981 [Steuern³]
Haller, Heinz u. a. (Hrsg.)	Theorie und Praxis des finanzpolitischen Interventionismus. FRITZ NEUMARK zum 70. Geburtstag, Mohr, Tübingen 1970 [NEUMARK-Festschrift]
Hartmann, Bernhard	Auslegung und Anwendung von Steuergesetzen, E. Schmidt, Berlin 1984 [Auslegung und Anwendung]
Heilmann, Friedrich	Persönliche Vermögensbelastung als Voraussetzung der Aufwendungstatbestände im Einkommensteuerrecht, Müller, Heidelberg 1992 [Vermögensbelastung]
Heinicke, Wolfgang	„Der Rechtsnachfolger im Sinn des § 24 EStG", in: SCHULZE-OSTERLOH (Hrsg.), DStJG 10, 1987, S. 99-134
Herrmann, Carl / Heuer, Gerhard / Raupach, Arndt	Einkommensteuer- und Körperschaftsteuergesetz, Kommentar, 21. Auflage, O. Schmidt, Köln 1950/96 [EStG]
Herzog, Roman	„Leitlinien und Entwicklungstendenzen der Rechtsprechung des Bundesverfassungsgerichts in Steuerfragen", StbJb 1985/86, S. 27-45
Hesse, Konrad	Grundzüge des Verfassungrechts der Bundesrepublik Deutschland, 20. Auflage, C. F. Müller, Heidelberg 1995 [Grundzüge²⁰]
Hessisches Ministerium für Frauen, Arbeit und Sozialordnung (Hrsg.)	Frauenpolitische Aspekte im Einkommensteuerrecht, Teil 3, Wiesbaden, 1998 [Aspekte III]
Heuermann, Bernd	„Paradigmenwechsel im Leistungsaustausch für Familien", BB 1999, S. 660-665
Hirsch, Eric R.	„Die Einordnung des § 9 Abs. 1 Satz 3 Nr. 7 EStG in das System der Überschußrechnung", DStR 1988, S. 197-200
Hirsch, Eric R.	Das Abflußprinzip als Konkretisierungsstufe des Leistungsfähigkeitsprinzips beim Ansatz von Werbungskosten, Lit, Münster 1987 [Abflußprinzip]

Höhn, Ernst	„Zweck(e) des Steuerrechts und Auslegung", in: LANG (Hrsg.), TIPKE-Festschrift, 1995, S. 213-236
Homburg, Stefan	„Das einkommensteuerliche Ehegattensplitting", StuW 2000, S. 261-268
Hubel	„Die Haushaltsbesteuerung im Einkommensteuerrecht - Eine Betrachtung zum Beschluß des BVerfG v. 17.01.57 I BvL 4 / 54", StuW 1957, Sp. 401 – 408
Hübschmann, Walter / Hepp, Ernst / Spitaler, Armin	Abgabenordnung. Finanzgerichtsordnung, Kommentar (Loseblatt), 10. Auflage, O. Schmidt, Köln 1995 [AO]
Hutter, Ulrich	„Zur steuerlichen Behandlung von Nutzungsrechten an vermieteten Grundstücken – Zugleich eine Besprechung der BFH-Urteile vom 13. Mai 1980 VIII R 63/79, VIII R 75/79 und VIII R 128/78", DStZ 1981, S. 47-53
Ippisch, Ernst	„Teilwerteinlage bei Überschußeinkünften? - Zur Frage der AfA-Bemessungsgrundlage bei erstmaliger Verwendung von Wirtschaftsgütern des Privatvermögens im Rahmen von Überschußeinkunftsarten", DStR 1985, S. 263-268
Isensee, Josef	„Vom Beruf unserer Zeit für Steuervereinfachung", StuW 1994, S. 3-14
Isensee, Josef	Referat zum 57. Deutschen Juristentag, Band II, Sitzungsberichte, Beck 1988, S. N 32-68 [Juristentag-Referat]
Isensee, Josef / Kirchhof, Paul (Hrsg.)	Handbuch des Staatsrechts der Bundesrepublik Deutschland, C. F. Müller, Heidelberg
	Band 1: Grundlagen von Staat und Verfassung, 1987 [Handbuch des Staatrechts I]
	Band 2: Finanzverfassung – Bundesstaatliche Ordnung, 1990 [Handbuch des Staatsrechts IV]
Jakob, Wolfgang	„Zur Abzugsfähigkeit von Drittaufwand und zur AfA-Übertragung im Bereich der Überschußeinkünfte", DStR 1987, S. 784-792

Jakob, Wolfgang	Abgabenordnung: Steuerverwaltungsverfahren und finanzgerichtliches Verfahren, 2. Auflage, Beck, München 1996 [Abgabenordnung²]
Jakob, Wolfgang	Einkommensteuer, 2. Auflage, C. H. Beck, München 1996 [Einkommensteuer²]
Jakob, Wolfgang	Steuern vom Einkommen I - Grundlagen der Einkommensteuer, Überschußeinkünfte, Kohlhammer, Stuttgart u. a. 1980 [Steuern I]
Jakob, Wolfgang / Jüptner, Roland	„Drittaufwand, Nutzungseinlage und Überschußeinkünfte", FR 1988, S. 141-152
Jakob, Wolfgang / Wittmann, Rolf	„Vom Zweck und Wesen steuerlicher AfA", FR 1988, S. 540-553
Janssen, Bernhard	„Zur Gerechtigkeit in der Familienbesteuerung in Theorie und Praxis", DStZ 1991, S. 13-24
Jesse, Lenhard	Liegen die Einkommensteuer und die Erbschaft- und Schenkungsteuer auf „verschiedenen Ebenen"?, Duncker und Humblot, Berlin 1992 [Einkommensteuer/Erbschaftsteuer]
Kaatz	Anm. zum Urteil des BFH v. 1. 3. 57 - VI 57/55 - FR 1957, S. 388
Kaemmel, Ernst / Bacciocco, Eduard	Einkommensteuergesetz vom 16. Oktober 1934 unter Berücksichtigung aller einschlägigen Vorschriften, Veranlagungsrichtlinien und Verwaltungserlasse, München/Berlin 1936
Kaiser, Thomas	Die Abzugsfähigkeit des Drittaufwandes. Betriebsausgaben – Werbungskosten – Abschreibungen – Sonderausgaben – Außergewöhnliche Belastungen, Heymann, Köln u. a. 1993 [Drittaufwand]
Kanzler, Hans-Joachim	„Neue Entwicklungen der Familienbesteuerung", FR 1999, S. 512-517
Kapp, Reinhard	„Konkurrenz zwischen Erbschaftsteuer und anderen Steuern", StbJb 1962/63, S. 327-361

Kapp, Reinhard — „Überlegungen zur Reform der Erbschaftsteuer – Materielle Änderungsvorschläge", FR 1970, S. 1-3

Karrenbauer, Michael — Die Abschreibung im Einkommen- und Bilanzsteuerrecht, Schäffer-Poeschel, Stuttgart, 1993 [Abschreibung]

Kessler, Wolfgang — „Einzelwirtschaftliche Betrachtung der Nießbrauchsbesteuerung - Ökonomische Analyse des Nießbrauchssachverhalts sowie des Tatbestands der Absetzung für Abnutzung, dargestellt am Beispiel des unentgeltlichen Grundstücksnießbrauchs", BB 1985, S. 1386-1393

Keuk, Brigitte — „Doppelbelastung mit Erbschaftsteuer und Einkommensteuer?", DB 1973, S. 634-637

Kirchhof, Paul — „Besteuerung und Eigentum", VVDStRL Band 39 (1981), S. 213 - 285

Kirchhof, Paul — „Der verfassungsrechliche Auftrag zur Besteuerung nach der finanziellen Leistungsfähigkeit", StuW 1985, S. 319-329

Kirchhof, Paul — „Die Rückwirkung steuerkonkurrenzlösender Rechtssätze", DStR 1979, S. 275-283

Kirchhof, Paul — „Ehe und Familie im staatlichen und kirchlichen Steuerrecht", in: Essener Gespräche zum Thema Staat und Kirche, Band 21, Münster 1986, S. 117 ff. [Essener Gespräche]

Kirchhof, Paul — „Ehe- und familiengerechte Gestaltung der Einkommensteuer", NJW 2000, S. 2792-2796

Kirchhof, Paul — „Empfiehlt es sich, das Einkommensteuerrecht zur Beseitigung von Ungleichbehandlungen und zur Vereinfachung neu zu ordnen?", Gutachten F zum 57. Deutschen Juristentag in Mainz, Beck, München 1988 [Juristentag-Gutachten]

Kirchhof, Paul — „Steuergerechtigkeit und sozialstaatliche Geldleistung", JZ 1982, S. 305-312

Kirchhof, Paul	„Steuergleichheit durch Steuervereinfachung", in: FISCHER (Hrsg.), DStJG 21, 1998, S. 9-28
Kirchhof, Paul	„Steuerumgehung und Auslegungsmethoden", SuW 1983, S. 173-183
Kirchhof, Paul	Besteuerungsgewalt und Grundgesetz, Athenäum, Frankfurt a. M. 1973
Kirchhof, Paul / Jakob, Wolfgang / Beermann, Albert (Hrsg.)	Steuerrechtsprechung. Steuergesetz. Steuerreform. Festschrift für KLAUS OFFERHAUS zum 65. Geburtstag, O. Schmidt, Köln 1999 [OFFERHAUS-Festschrift]
Kirchhof, Paul / Offerhaus, Klaus / Schöberle, Horst (Hrsg.)	Steuerrecht. Verfassungsrecht. Finanzpolitik, Festschrift für FRANZ KLEIN, O. Schmidt, Köln 1994 [KLEIN-Festschrift]
Kirchhof, Paul / Söhn, Hartmut	Einkommensteuergesetz, Kommentar (Loseblatt), C. F. Müller, Heidelberg, 1986 ff. [EStG]
Kirchhof, Paul u. a. (Hrsg.)	Staaten und Steuern. Festschrift für Klaus Vogel zum 70. Geburtstag, C. F. Müller, Heidelberg 2000 [VOGEL-Festschrift]
Klein, Franz	„Ehe und Familie im Einkommensteuerrecht", DStZ 1997, S. 105-108
Klein, Franz	„Ehe und Familie im Steuerrecht als verfassungsrechtliches Problem", in: FÜRST/HERZOG/UMBACH (Hrsg.), ZEIDLER-Festschrift, 1987, S. 773-801
Klein, Franz	„Verfassungsrechtliche Probleme der Renten- und Pensionsbesteuerung", in: KIRCHHOF/JAKOB/BEERMANN (Hrsg.), OFFERHAUS-Festschrift, 1999, S. 35-45
Klein, Friedrich	„Bundesverfassungsgericht und Ehegattenbesteuerung", Fin. Arch. N. F. Bd. 18 (1957/58), S. 236 ff.
Klein, Friedrich	„Eigentumsgarantie und Besteuerung", StuW 1966, Sp. 433-486

Kley, Max Dietrich / Sünner, Eckart / Willemsen, Arnold (Hrsg.) — Festschrift für WOLFGANG RITTER zum 70. Geburtstag. Steuerrecht. Steuer- und Rechtspolitik. Wirtschaftsrecht und Unternehmensverfassung. Umweltrecht, O. Schmidt, Köln 1997 [RITTER-Festschrift]

Klinger, Guido — Drittaufwendungen als Werbungskosten des Steuerpflichtigen?: Zur subjektiven Zurechnung von Werbungskosten im Einkommensteuerrecht nach Maßgabe des Leistungsfähigkeitsprinzips, Lang, Frankfurt a. M. u. a. 1996 [Drittaufwendungen]

Knobbe-Keuk, Brigitte — „Die Einkommensbesteuerung der entgeltlichen Überlassung von Bodensubstanz", DB 1985, S. 144-149

Knobbe-Keuk, Brigitte — „Die steuerliche Behandlung von Nutzungsrechten", StuW 1979, S. 305-313

Knobbe-Keuk, Brigitte — Bilanz- und Unternehmensteuerrecht, 9. Auflage, O. Schmidt, Köln 1993

Knöpfle, Franz — „Die Nachfolge in verwaltungsrechtliche Rechts- und Pflichtenstellungen", in: SPANNER u. a. (Hrsg.), MAUNZ-Festschrift, 1971, S. 225-247

Kohlschütter, Richard — Die Haushaltsbesteuerung im deutschen Einkommensteuerrecht, Diss. Leipzig 1938 [Haushaltsbesteuerung]

Krey, Eva-Maria — Die Haushaltsbesteuerung im deutschen Einkommensteuerrecht, Diss. Leipzig 1958 [Haushaltsbesteuerung]

Kroschel, Jörg / Wellisch, Dietmar — „Steuersystematische Überlegungen zu § 35 EStG", BB 1999, S. 2533-2539

Kruse, Heinrich Wilhelm — „Auslegung am Gesetz vorbei - Über den heutigen Umgang mit dem Einkommensteuergesetz", in: KLEY/SÜNNER/WILLEMSEN (Hrsg.) RITTER-Festschrift, 1997, S. 413-425

Kruse, Heinrich Wilhelm — „Die Ansprüche aus dem Steuerverhältnis bei Gesamt- und Einzelrechtsnachfolge", in: SCHULZE-OSTERLOH (Hrsg.), DStJG 10, 1987, S. 1-18

Kruse, Heinrich Wilhelm	„Über Werbungskosten", FR 1981, S. 473-479
Kruse, Heinrich Wilhelm	„Zur Anwendung der §§ 16, 17 EStG, § 7 Abs. 1 EStDV bei gemischten Schenkungen und anderen Sonderformen der Schenkung – Zugleich eine Auseinandersetzung mit dem BFH-Urteil vom 17. Juli 1980 IV R 15/76", StuW 1982, S. 345-351
Kruse, Heinrich Wilhelm	Lehrbuch des Steuerrechts, Band 1, Allgemeiner Teil, Beck, München 1991 [Steuerrecht I]
Kuhn, Karl	Das Einkommensteuergesetz nebst Ausführungsbestimmungen, 3. Auflage, Heymanns, Berlin 1923 [EStG 1920^3]
Kuhn, Karl / Wieneke, Karl	Das Einkommensteuergesetz vom 10. August 1925, 5. Auflage, Heymanns, Berlin 1930 [EStG 1925^5]
Kullmer, Lore	Die Ehegattenbesteuerung, ihre Geschichte, Problematik und Neuregelung in Deutschland, diskutiert unter Berücksichtigung der Erfahrungen in den USA, Klostermann, Frankfurt a. M., 1960 [Ehegattenbesteuerung]
Lademann, Fritz	Kommentar zum Einkommensteuergesetz, Loseblatt, 4. Auflage, Boorberg, Stuttgart u. a. 1997 [EStG]
Lang, Joachim	„Einkommensteuer - quo vadis", FR 1993, S. 661-670
Lang, Joachim	„Familienbesteuerung - Zur Tendenzwende der Verfassungsrechtsprechung durch das Urt. des Bundesverfassungsgerichts vom 3. 11. 1982 und zur Reform der Familienbesteuerung", StuW 1983, S. 103-125
Lang, Joachim	„Reform der Familienbesteuerung", in: KIRCHHOF/OFFERHAUS/SCHÖBERLE (Hrsg.), KLEIN-Festschrift, 1994, S. 437-452
Lang, Joachim	„Reform der Unternehmensbesteuerung auf dem Weg zum europäischen Binnenmarkt und zur deutschen Einheit", StuW 1990, S. 107-129

Lang, Joachim	„Verfassungsrechtliche Gewährleistung des Familienexistenzminimums im Steuer- und Kindergeldrecht - Zu den Beschlüssen des Bundesverfassungsgerichts vom 29. 5. 1990 und vom 12. 6. 1990", StuW 1990, S. 331-348
Lang, Joachim	Die Bemessungsgrundlage der Einkommensteuer, O. Schmidt, Köln 1981/88 [Bemessungsgrundlage]
Lang, Joachim	Die einfache und gerechte Einkommensteuer – Ziele, Chancen und Aufgaben einer Fundamentalreform, O. Schmidt, Köln 1987 [Gerechte Einkommensteuer]
Lang, Joachim (Hrsg.)	Die Steuerrechtsordnung in der Diskussion, Festschrift für KLAUS TIPKE zum 70. Geburtstag, O. Schmidt, Köln 1995 [TIPKE-Festschrift]
Lange, Heinrich / Kuchinke, Kurt	Lehrbuch des Erbrechts, 4. Auflage, Beck, München 1995 [Erbrecht4]
Larenz, Karl	Methodenlehre der Rechtswissenschaft, 6. Auflage, Springer, Berlin u. a. 1991 [Methodenlehre6]
Larenz, Karl / Wolf, Manfred	Allgemeiner Teil des Bürgerlichen Rechts, 8. Auflage, Beck, München 1997 [BGB AT8]
Lehner, Moris	Einkommensteuerrecht und Sozialhilferecht. Bausteine zu einem Verfassungsrecht des sozialen Steuerstaates, Mohr (Siebeck), Tübingen 1993
Ley, Ursula	Besteuerung des Nießbrauchs an Betriebsgrundstücken, Privatgrundstücken und an Wertpapieren, Eul, Berg. Gladbach/Köln 1986 [Nießbrauch]
Lieb, Manfred	„Empfiehlt es sich, die rechtlichen Fragen der nichtehelichen Lebensgemeinschaft gesetzlich zu regeln?", Gutachten A zum 57. Deutschen Juristentag in Mainz, Beck, München 1988 [Juristentag-Gutachten]
Lietmeyer, Volker	„Ehegattensplitting - Zankapfel der Steuerpolitik", DStZ 1998, S. 849-855
Lingemann, Wolfgang	Das rechtliche Konzept der Familienbesteuerung, Duncker u. Humblot, Berlin 1994 [Familienbesteuerung]

List, Heinrich	„Die Rechtsquellen des modernen Steuerrechts", StKongrRep 1975, S. 139-167
Littmann, Eberhard	„Erbe und Erbauseinandersetzung in der Einkommensteuer", FR 1958, S. 506-512
Littmann, Eberhard	„Unentgeltliche Nutzungsüberlassung von Wirtschaftsgütern und Absetzung für Abnutzung", DB 1980, S. 1040-1043
Littmann, Eberhard / Bitz, Horst / Hellwig, Peter	Das Einkommensteuerrecht, Kommentar (Loseblatt), 15. Auflage, Schäffer-Poeschel, Stuttgart, 37. Erg.-Lfg. 1998 [EStG]
Littmann, Konrad	„Besteuerung von Alterseinkommen", in: BUNDESMINISTERIUM FÜR ARBEIT UND SOZIALORDNUNG (Hrsg.), Alterssicherungssysteme, 1983, S. 425-518
Littmann, Konrad	„Ein Valet dem Leistungsfähigkeitsprinzip", in: HALLER u. a. (Hrsg.), NEUMARK-Festschrift, S. 113-134
Littmann, Konrad	„Kritische Marginalien zur Kontroverse 'Individuelle Veranlagung oder Haushaltsbesteuerung`", Fin. Arch. N. F. Bd. 27 (1968), S. 174-186
Loritz, Karl-Georg	Einkommensteuerrecht. Ein Lehrbuch, C. F. Müller, Heidelberg 1988
Lüdeke, Reinar / Scherf, Wolfgang / Steden, Werner	Wirtschaftswissenschaft im Dienste der Verteilungs-, Geld- und Finanzpolitik. Festschrift für ALOIS OBERHAUSER zum 70. Geburtstag, Duncker & Humblot, Berlin 2000 [OBERHAUSER-Festschrift]
Mangoldt, Hermann von / Klein, Friedrich	Das Bonner Grundgesetz, 2. Auflage, Band I (unveränderter Nachdruck), Berlin/Frankfurt a. M. 1966 [Grundgesetz^2]
Mangoldt, Hermann von / Klein, Friedrich / Starck, Christian	Das Bonner Grundgesetz, Kommentar, Band 1: Präambel, Artikel 1 bis 19, 4. Auflage, Vahlen, München 1999 [Grundgesetz^4]
Martini, Peter	Art. 3 Abs. 1 GG als Prinzip des absoluter Rechtsgleichheit, C. Heymanns, Köln u. a. 1997 [Art. 3 Abs. 1 GG]

Maßbaum, Michael	„Die Doppelbelastung mit Erbschaftsteuer und Einkommensteuer", BB 1992, S. 606-614
Matthäus-Maier, Ingrid	„Für einen gerechten und einfachen Familienausgleich", ZRP 1988, S. 252-258
Maunz, Theodor / Dürig, Günter	Kommentar zum Grundgesetz (Loseblatt), 34. Erg.-Lfg., Beck, München, Stand 1998 [Grundgesetz]
Meincke, Jens Peter	„Bürgerliches Recht und Steuerrecht", JuS 1976, S. 693-700
Meincke, Jens Peter	„Die Auswirkung der Rechtsnachfolge auf das Steuerverhältnis", in: SCHULZE-OSTERLOH (Hrsg.), DStJG 10, 1987, S. 19-43
Meincke, Jens Peter	„Zur Abstimmung von Einkommensteuer und Erbschaftsteuer", in: LANG (Hrsg.), TIPKE-Festschrift, 1995, S. 391-401
Meincke, Jens Peter	Erbschaftsteuer- und Schenkungsteuergesetz, Kommentar, 12. Auflage, Beck, München 1999 [Erbschaftsteuergesetz^{12}]
Mennel, Annemarie	„Die Frau im deutschen Einkommensteuerrecht - Internationaler Vergleich der Einkommensbesteuerung nach Erwerbstätigkeit und Familienstand", DStR 1971, 487-494
Mennel, Annemarie	„Ehe und Familie im Einkommensteuerrecht – Ein internationaler Vergleich", StuW 1984, S. 287-294
Mennel, Annemarie	„Welche rechtlichen Maßnahmen sind vordringlich, um die tatsächliche Gleichstellung der Frauen mit den Männern im Arbeitsleben zu gewährleisten?", Gutachten D zum 50. Deutschen Juristentag in Hamburg, 1974 [Juristentag-Gutachten]
Merten, Henning	„Zur Einkommensteuerermäßigung bei Belastung mit Erbschaftsteuer nach § 35 EStRG", FR 1975, 595-597
Meyding, Dietrich	„Wege aus der Krise des Deutschen Steuerrechts", in: KLEY/SÜNNER/WILLEMSEN (Hrsg.), RITTER-Festschrift, 1997, S. 547-564

Meyer, Bernd — „Die Behandlung beruflich genutzter Wirtschaftsgüter des Privatvermögens als Werbungskosten (§ 9 Abs. 1 Nr. 6 und 7 EStG)", DStR 1981, S. 131-135

Meyer, Bernd — „Ist die Nachholung von AfA bei den Einkünften aus Vermietung und Verpachtung mit der Systematik des EStG vereinbar?", FR 1981, S. 577-579

Meyer, Dirk E. — „Drittaufwand und Leistungsfähigkeitsprinzip", BB 1986, S. 986-989

Mirre, Ludwig — „Verhältnis der Erbschaftsteuer zur Einkommensteuer", StuW 1933, Sp. 919-924

Mittelsteiner, Karl-Heinz — „Verhältnis der Einkommensteuer zur Erbschaftsteuer", StKongrRep 1963, S. 108-116

Mittmann, Volker — „Aufwandsverteilung und -übertragung durch AfA nach § 9 EStG?", DStZ 1988, S. 251

Mittmann, Volker — „Die Überspannung des Werbungskostenbegriffs - ein Hindernis für die Erzielung von Einkünften aus Vermietung und Verpachtung", DStR 1985, S. 99-101

Moderegger, Martin — Der verfassungsrechtliche Familienschutz und das System des Einkommensteuerrechts, Nomos, Baden-Baden 1991 [Familienschutz]

Moench, Dietmar — „Erbfall und Erbauseinandersetzung im Steuerrecht (I)", DStR 1985, S. 551-557

Mrozek, Alfons — Handkommentar zum Einkommensteuergesetze vom 10. August 1925 in dessen neuester Fassung, O. Schmidt, Köln 1926 [EStG 1925]

Mrozek, Alfons — Handkommentar zum Preußischen Einkommensteuergesetze, O. Schmidt, Köln 1914 [EStG 1906]

Münch, Eva Marie von — „Ehe und Familie", in: BENDA/MAIHOFER/VOGEL (Hrsg.), HdbVerfR^2, 1994, S. 293-326

Münch, Ingo von / Kunig, Philip (Hrsg.) — Grundgesetz-Kommentar, Band 1, 4. Auflage, Beck, München 1992 [GG I^4]

Münchener Kommentar — Münchener Kommentar zum Bürgerlichen Gesetzbuch, C. H. Beck, München [Münchener Kommentar zum BGB[3]]

Band 7: Familienrecht I, 3. Auflage 1993

Band 8: Familienrecht II, 3. Auflage 1992

Musgrave, Richard A. — The Theory of Public Finance. A Study in Public Economy, McGraw-Hill, New York u. a. 1959 [Public Finance]

Neumark, Fritz — Theorie und Praxis der modernen Einkommensbesteuerung, Francke, Bern 1947 [Einkommensbesteuerung]

Neumark, Fritz (Hrsg.) — Handbuch der Finanzwissenschaft, 3. Auflage, Mohr (Siebeck), Tübingen, Band I: 1977, Band II: 1980 [Handbuch der Finanzwissenschaft I/II[3]]

Nissen, Karl-Heinz — „Die Änderungen der Einkommensteuer-Durchführungsverordnung", DStR 1966, S. 195-200

Obstfelder, Volkmar G. von — Individualbesteuerung oder Haushaltsbesteuerung unter besonderer Berücksichtigung des Ehegatten-Splitting, Lang, Frankfurt a. M. 1976 [Individualbesteuerung]

Ondracek, Dieter — „Zum Gleichmaß der Besteuerung", in: KLEY/SÜNNER/WILLEMSEN (Hrsg.), RITTER-Festschrift, 1997, S. 227-244

Osterloh, Lerke — Gesetzesbindung und Typisierungsspielräume bei der Anwendung der Steuergesetze, Nomos, Baden-Baden 1992 [Gesetzesbindung und Typisierungsspielräume]

Palandt — Bürgerliches Gesetzbuch, 59. Auflage, Beck, München 1999 [Palandt/Bearbeiter, BGB[59]]

Papier, Hans-Jürgen — Die finanzrechtlichen Gesetzesvorbehalte und das grundgesetzliche Demokratieprinzip, Duncker und Humblot, Berlin 1973 [Gesetzesvorbehalte und Demokratieprinzip]

Paus, Bernhard — „AfA-Berechtigung in Fällen des Nießbrauchs an Gebäuden des Privatvermögens - Zugleich Besprechung der BFH-Urteile vom 8. 3. 1977 und vom 11. 12. 1973 -", Inf 1978, S. 103-109

Paus, Bernhard — „Ist die geplante 'Kappung' des Splitting-Vorteils sinnvoll?", Inf 1999, S. 44-48

Pausch, Alfons — „Hitlers Steuerfreiheit", DStZ 1970, S. 182-185

Pawlowski, Hans-Martin — Methodenlehre für Juristen. Theorie der Norm und des Gesetzes, 3. Auflage, C. F. Müller, Heidelberg 1999 [Methodenlehre[3]]

Pechstein, Matthias — Familiengerechtigkeit als Gestaltungsgebot für die staatliche Ordnung. Zur Abgrenzung von Eingriff und Leistung bei Maßnahmen des sog. Familienlastenausgleichs, Nomos, Baden-Baden 1994 [Familiengerechtigkeit]

Petzoldt, Rolf — „Grundstücksübertragung unter Nießbrauchsvorbehalt und Berechtigung zur Absetzung für Abnutzung", BB 1975, S. 1430-1433

Pezzer, Heinz-Jürgen — „Verfassungsrechtliche Anforderungen an die Familienbesteuerung", in: SEEL (Hrsg.), Aspekte, 1996, S. 41-66

Pezzer, Heinz-Jürgen — „Verfassungsrechtliche Perspektiven der Familienbesteuerung", in: FÜRST/HERZOG/UMBACH (Hrsg.), ZEIDLER-Festschrift, 1987, S. 757-772

Pfeifer, Wolfgang (Hrsg.) — Etymologisches Wörterbuch des Deutschen (A-L), 2. Auflage, Zentralinstitut für Sprachwissenschaft, Berlin 1993 [Etymologisches Wörterbuch[2]]

Pieroth, Bodo / Schlink, Bernhard — Grundrechte. Staatsrecht II, 12. Auflage, C. F. Müller, Heidelberg, 1996 [Grundrechte[12]]

Pißel, Ludwig / Koppe, Fritz — Das Einkommensteuergesetz vom 10. August 1925, Spaeth u. Linde, Berlin/Wien 1925 [EStG 1925]

Plückebaum, Rudolf — „Absetzungen für Abnutzung in Fällen unentgeltlich erlangter Nutzungsrechte durch den Nutzungsberechtigten – Eine Bestandsaufnahme nach Ergehen des Urteils des BFH vom 30. 7. 1985 – VIII R 71/81", FR 1986, S. 53-56

Pohmer, Dieter	„Einige Gesichtspunkte zur Familienbesteuerung - Die Behandlung der Steuerpflichtigen mit Kindern im Einkommensteuerrecht", Fin. Arch. N. F. Bd. 27 (1968), S. 139-173
Pohmer, Dieter	„Gesichtspunkte zur Besteuerung der Haushaltungen, Splitting oder getrennte Veranlagung? - Versuch einer wirtschaftswissenschaftlichen Fundierung der vom Gesetzgeber zu fällenden Entscheidung", StuW 1958, Sp. 27- 54
Popitz, Johannes	„Einkommensteuer", in: Handwörterbuch der Staatswissenschaften, 3. Band, 4. Auflage, Jena 1926
Preißer, Michael	„Die betriebliche Nutzung von Wirtschaftsgütern des Nicht-Unternehmer-Ehegatten (Angehörigen), insbesondere die sog. Nutzungsrechtseinlage", DStR 1985, S. 498-505
Prinz, Ulrich	„Grundsatzbetrachtungen zum Werbungskostenbegriff", FR 1986, S. 397-410
Prinz, Ulrich	Werbungskosten bei den Einkünften aus Vermietung und Verpachtung - Systematische steuerliche Analyse unter besonderer Berücksichtigung von Bauherren- und Erwerbermodellen, Mannhold, Gelsenkirchen 1984
Rasenack, Christian	Einkünfte aus Vermietung und Verpachtung: einkommensteuerliche Problemfälle (ohne § 21 II EStG), Verlag Recht und Wirtschaft, Heidelberg 1993 [Vermietung]
Raupach, Arndt / Tipke, Klaus / Uelner, Adalbert	Niedergang oder Neuordnung des deutschen Einkommensteuerrechts?, O. Schmidt, Köln 1985 [Niedergang oder Neuordnung]
Raupach, Arndt / Uelner, Adalbert (Hrsg.)	Ertragsbesteuerung. Zurechnung - Ermittlung - Gestaltung. Festschrift für LUDWIG SCHMIDT zum 65. Geburtstag, C. H. Beck, München 1993 [SCHMIDT-Festschrift]
Rick, Eberhard / Gunsenheimer, Gerhard / Martin, Klaus / Schneider, Josef	Lehrbuch der Einkommensteuer, 10. Auflage, NWB-Verlag, Herne/Berlin 1999 [Einkommensteuer[10]]

Rieger, Norbert	Ehe, Familie und die (Verfassungs-)Widrigkeiten des Einkommensteuerrechts, Lang, Frankfurt a. M. u. a. 1992 [Widrigkeiten]
Ring, Ludwig	„Darf der Erbe Sonderausgaben des Erblassers abziehen und einen Verlustausgleich vornehmen?", DStZ 1981, S. 24-28
Ritzer, H.	„Rechtsnachfolge im Steuerrecht", Inf 1977, S. 251-256
Rössler, Rudolf / Troll, Max	Bewertungsgesetz und Vermögensteuergesetz, 17. Auflage, Vahlen, München 1995 [Bewertungsgesetz17]
Ruland, Franz	„Verfassungsrechtliche Vorgaben des Familienlastenausgleichs", FuR 1991, S. 307-318
Ruppe, Hans Georg	„Die Abgrenzung der Betriebsausgaben / Werbungskosten von den Privatausgaben", in: SÖHN (Hrsg.), DStJG 3, 1980, S. 103-147
Ruppe, Hans Georg	„Einkommensteuerrechtliche Positionen bei Rechtsnachfolge", in: SCHULZE-OSTERLOH (Hrsg.), DStJG 10, 1987, S. 45-97
Ruppe, Hans Georg	„Möglichkeiten und Grenzen der Übertragung von Einkunftsquellen als Problem der Zurechnung von Einkünften", in: TIPKE (Hrsg.), DStJG 1, 1979, S. 7-40
Ruppe, Hans Georg (Hrsg.)	Gewinnrealisierung im Steuerrecht, DStJG Band 4, O. Schmidt, Köln 1981 [DStJG 4]
Sacksofsky, Ute	„Steuerung der Familie durch Steuern", NJW 2000, S. 1896-1903
Schellenberger, Heinz	„Nießbrauch im Steuerrecht – Eine Standortbestimmung", DStR 1981, S. 395-403
Schellenberger, Heinz	„Streitfragen bei Abschreibungen und Absetzungen", FR 1980, S. 25-34

Scherf, Wolfgang — „Das Ehegattensplitting aus finanzwissenschaftlicher Sicht“, StuW 2000, S. 269-278

Schlee, Harald — Einkommensteuerliche Behandlung von Transferzahlungen. Zur Neuordnung der Familienbesteuerung sowie der Besteuerung von Versicherungsleistungen und Sozialtransfers, Lang, Frankfurt a. M. u. a. 1994 [Transferzahlungen]

Schmidt, Kurt — „Grundprobleme der Besteuerung“, in: NEUMARK (Hrsg.), Handbuch der Finanzwissenschaft II^3, 1980, S. 119-171

Schmidt, Ludwig — Anmerkung zum Urteil des Bundesfinanzhofs v. 10.4. 1990 - VII R 289/84 -, FR 1990, 487

Schmidt, Ludwig — Anmerkung zum Urteil des Bundesfinanzhofs v. 27. 6. 1978 - VIII R 12/72 -, FR 1978, 542

Schmidt, Ludwig — Anmerkung zum Urteil des Bundesfinanzhofs v. 30. 7. 1985 - VIII R 71/81 -, FR 1985, 620-621

Schmidt, Ludwig — Einkommensteuergesetz, 19. Auflage, Beck, München 2000 [EStG^{19}], 18. Auflage 1999 [EStG^{18}]

Schmidt-Bleibtreu, Bruno / Schäfer, Hans-Jürgen — „Besteuerung und Eigentum”, DöV 1980, S. 489-496

Schmidt-Liebig, Axel — „Nießbrauch, wirtschaftliches Eigentum und Gebäudeabschreibung - Eine Besprechung des BFH-Urteils vom 8. 3. 1977 VIII R 180/74”, FR 1978, S. 77-83

Schmitt, Joachim — Zur interpersonalen Übertragung stiller Reserven beim Erbfall im Einkommensteuerrecht, Lang, Frankfurt a. M. 1993 [Übertragung stiller Reserven]

Schmitz, Klaus — „Kein Abzug eines ererbten Verlustvortrags gemäß § 10 d EStG bei fehlender wirtschaftlicher Belastung des Erben?”, BB 1996, S. 987-990

Schmoller, Gustav — „Die Lehre vom Einkommen in ihrem Zusammenhang mit den Grundprincipien der Steuerlehre”, ZgS 1863, S. 1-86

Schneider, Dieter „Leistungsfähigkeitsprinzip und Abzug von der Bemessungsgrundlage“, StuW 1984, S. 356-367

Schulze-Osterloh, Joachim (Hrsg.) Rechtsnachfolge im Steuerrecht, DStJG Band 10, O. Schmidt, Köln 1987 [DStJG 10]

Schumpeter, Joseph A. „Ökonomie und Soziologie der Einkommensteuer”, in: STOLPER/SEIDL (Hrsg.), Schumpeter-Aufsätze, 1985, S. 123-132 (ursprünglich abgedruckt in: Der deutsche Volkswirt IV 1929, S. 380 ff.)

Seel, Barbara (Hrsg.) Frauenpolitische Aspekte im Einkommensteuerrecht, Wiesbaden, 1996 [Aspekte]

Seer, Roman „Rechtsformabhängige Unternehmensbesteuerung - Kritische Bestandsaufnahme der derzeitigen Rechtslage”, StuW 1993, S. 113-140

Seer, Roman / Wendt, Volker „Die Familienbesteuerung nach dem so genannten ´Gesetz zur Familienförderung´ vom 22. 12. 1999“, NJW 2000, S. 1904-1911

Seewald, Otfried / Felix, Dagmar „Kindergeld – Sozialleistung mit steuerlicher Entlastungsfunktion?“, VSSR 1991, S. 157-184

Segebrecht, Helmut Besteuerung der Erben und Erbengemeinschaften, 5. Auflage, NWB-Verlag, Herne/Berlin 1982 [Besteuerung^5]

Seidl, Christian „Die steuerliche Berücksichtigung des Existenzminimums: tarifliche Nullzone, Freibetrag oder Steuerabsetzbetrag?“, StuW 1997, S. 142-146

Seidl, Christian „Krise oder Reform des Steuerstaates?“, StuW 1987, S. 185-214

Seithel, Rolf „Inwieweit erhöhen mit dem unentgeltlichen Erwerb verbundene Aufwendungen die fiktiven Anschaffungskosten?”, DStR 1968, S. 370-374

Seitrich, Peter „Nachholung versehentlich unterbliebener Gebäude-AfA im Bereich der Überschußeinkünfte”, FR 1985, S. 9-12

Siegel, Theodor — „Steuerentlastungsgesetz 1999/2000/2002 – Tarifzusammenhänge und Steuerreform“, FR 1999, S. 429-432

Siegel, Theodor / Bareis, Peter — Strukturen der Besteuerung. Betriebswirtschaftliches Arbeitsbuch Steuerrecht. Grundzüge des Steuersystems in Strukturübersichten, Beispielen und Aufgaben, 3. Auflage, Oldenbourg, München/Wien 1999 [Strukturen der Besteuerung[3]]

Siegel, Theodor / Schneider, Dieter — „Existenzminimum und Familienlastenausgleich: Ein Problem der Reform des Einkommensteuerrechts“, DStR 1994, S. 597-604

Smith, Adam — Der Wohlstand der Nationen, dtv, München 1974 (neue Übersetzung von: An Inquiry into the Nature and the Causes of the Wealth of Nations, 1776, nach der 5. Auflage, 1789) [Wohlstand der Nationen]

Söhn, Hartmut — „Abzug von Rentenversicherungsbeiträgen als Sonderausgaben (§ 10 Abs. 1 Nr. 2 EStG) und Ertragsanteilsbesteuerung von Leibrenten (§ 22 Nr. 1 Satz 3 Buchstabe a EStG)", StuW 1986, S. 324-334

Söhn, Hartmut — „Anschaffungskosten/Herstellungskosten und Betriebsausgabenbegriff", StuW 1991, S. 270-277

Söhn, Hartmut — „Ehegattensplitting und Verfassungsrecht", in: LÜDEKE/SCHERF/STEDEN (Hrsg.), OBERHAUSER-Festschrift, S. 413-437

Söhn, Hartmut — „Einkommensteuer und subjektive Leistungsfähigkeit – Die Rechtsprechung des Bundesverfassungsgerichts zu Kinderfreibetrag/Kindergeld und persönlichem Existenzminimum", Fin. Arch. N. F. Bd. 51 (1994), S. 372-409

Söhn, Hartmut — „Erwerbsbezüge, Markteinkommenstheorie und Besteuerung nach der Leistungsfähigkeit", in: LANG (Hrsg.), TIPKE-Festschrift, 1995, S. 343-364

Söhn, Hartmut — „Kappung des Ehegattensplitting?“, in: KIRCHHOF u. a. (Hrsg.), VOGEL-Festschrift, 2000, S. 639-659

Söhn, Hartmut	„Neuordnung des Einkommensteuerrechts zur Beseitigung von Ungleichbehandlungen und zur Vereinfachung", ZRP 1988, S. 344-348
Söhn, Hartmut	„Sonderausgaben (§ 10 EStG) und Besteuerung nach der Leistungsfähigkeit", StuW 1985, S. 395-407
Söhn, Hartmut	„Steuerbarkeit von Unterhaltsersatzrenten", FR 1996, S. 81-91
Söhn, Hartmut	„Steuerliche Berücksichtigung der Minderung der Leistungsfähigkeit durch Kinder", in: KIRCHHOF/OFFERHAUS/SCHÖBERLE (Hrsg.), KLEIN-Festschrift, 1994, S. 421-435
Söhn, Hartmut	„Umweltsteuern und Finanzverfassung", in: BURMEISTER (Hrsg.), STERN-Festschrift, 1997, S. 587-602
Söhn, Hartmut	„Verfassungsrechtliche Aspekte der Besteuerung nach der subjektiven Leistungsfähigkeit im Einkommensteuerrecht: Zum persönlichen Existenzminimum", Fin. Arch. N. F. Bd. 46 (1988), S. 154-171
Söhn, Hartmut	„Verfassungsrechtliche Bindungen bei der Beschränkung der Abzugsfähigkeit von Vorsorgeaufwendungen durch Höchstbeträge", StuW 1990, S. 356-363
Söhn, Hartmut	„Werbungskosten wegen doppelter Haushaltsführung und allgemeiner Werbungskostenbegriff", StuW 1983, S. 193-205
Söhn, Hartmut (Hrsg.)	Die Abgrenzung der Betriebs- oder Berufssphäre von der Privatsphäre im Einkommensteuerrecht, DStJG Band 3, O. Schmidt, Köln 1980 [DStJG 3]
Spitaler, Armin	„Der Beschluß des Bundesverfassungsgerichtes zur Ehegattenbesteuerung", BB 1957, S. 268-270
Stadie, Holger	„Zur Einlage von Nutzungsrechten in das Betriebsvermögen", DB 1984, S. 578-582
Stadie, Holger	Die persönliche Zurechnung von Einkünften, Duncker und Humblot, Berlin 1983 [Zurechnung]

Steichen, Alain	„Die Markteinkommenstheorie: Ei des Kolumbus oder rechtswissenschaftlicher Rückschritt?", in: LANG (Hrsg.), TIPKE-Festschrift, 1995, S. 365-390
Stern, Klaus	Das Staatsrecht der Bundesrepublik Deutschland, Band I, 2. Auflage, Beck, München 1984 [Staatsrecht I^2]
Stern, Klaus	Das Staatsrecht der Bundesrepublik Deutschland, Band III/1, Beck, München 1988 [Staatsrecht III/1]
Stern, Klaus	Das Staatsrecht der Bundesrepublik Deutschland, Band III/2, Beck, München 1994 [Staatsrecht III/2]
Stiglitz, Joseph E. / Schönfelder, Bruno	Finanzwissenschaft, 2. Auflage (1. deutschsprachige Auflage), Oldenbourg, München/Wien 1989 [Finanzwissenschaft^2]
Stöcker, Ernst Erhard	„Die Kappung des Ehegattensplitting ist verfassungswidrig", BB 1999, S. 234-240
Stockinger, Roland	Einkommensteuerliche und bilanzielle Behandlung des Nießbrauchs an einzelnen Wirtschaftsgütern des Privat- und Betriebsvermögens - Ein Beitrag zum Problem der Übertragung von Einkunftsquellen, Diss. München 1978 [Nießbrauch]
Stolper, Wolfgang F. / Seidl, Christian (Hrsg.)	Joseph A. Schumpeter. Ausätze zur Wirtschaftspolitik, Mohr (Siebeck), Tübingen 1985 [Schumpeter-Aufsätze]
Stribrny, Jochen	Nießbrauch bei Einkünften aus Vermietung und Verpachtung. Zurechnung von Einkünften, Werbungskosten und Absetzungen für Abnutzung, Waxmann, Münster/New York 1990
Strickrodt, Georg u. a. (Hrsg.)	Handwörterbuch des Steuerrechts – unter Einschluß von Betriebswirtschaftlicher Steuerlehre, Finanzrecht, Finanzwissenschaft, 1. Band, 2. Auflage, Beck, München 1981 [HwSt I^2]
Strnad, Oliver	„Vererblichkeit des einkommensteuerlichen Verlustabzuges (§ 10 d EStG 1997)?", FR 1998, S. 935-937

Strutz, Georg — Die Absetzungen für Abnutzung nach dem Einkommensteuergesetz, 2. Auflage, Spaeth und Linde, Berlin 1924 [Absetzungen[2]]

Strutz, Georg — Kommentar zum Einkommensteuergesetz vom 10. Aug. 1925 nebst den Ausführungsbestimmungen, Band 1: Einleitung u. §§ 1-18, Band 2: §§ 19-117 u. Anhang, Liebmann, Berlin 1927 [EStG 1925]

Strutz, Georg (Hrsg.) — Handbuch des Reichssteuerrechts - Systematische Darstellung der Steuergesetze (einschl. Zollrecht) des Deutschen Reiches, 3. Auflage Spaeth und Linde, Berlin 1927 [Handbuch[3]]

Theis, Winfried — Der Erbe im Einkommensteuerrecht, O. Schmidt, Köln 1962 [Erbe]

Thiede, Sabine — Die verfassungsrechtliche und steuersystematische Untersuchung der Ehegattenbesteuerung und ihrer Alternativmodelle, Waxmann, Münster u. a. 1999 [Ehegattenbesteuerung]

Thiel, Rudolf — „Die neue Verordnung zur Änderung der Einkommensteuer-Durchführungsverordnung (EStDV 1965)", Inf 1966, S. 145-155

Tiedke, Klaus — Einkommensteuer- und Bilanzsteuerrecht, de Gruyter, Berlin / New York 1983

Tipke, Klaus — „Bezüge und Abzüge im Einkommensteuerrecht - Ein kritischer Beitrag zum Aufbau und zur Terminologie des Einkommensteuergesetzes", StuW 1990, S. 1-11

Tipke, Klaus — „Das Bundesverfassungsgericht zum Nettoprinzip - Zum BVerfG-Beschluß vom 7. 11. 1972", StuW 1974, S. 84-86

Tipke, Klaus — „Neuordnung der Familienbesteuerung", StbKongrRep 1983, S. 39-63

Tipke, Klaus — „Steuerrecht – Chaos, Konglomerat oder System?", StuW 1971, S. 2-17

Tipke, Klaus — „Steuerrecht und bürgerliches Recht", JuS 1970, S. 149-154

Tipke, Klaus	„Über Steuergerechtigkeit in Steuergesetzgebung, Steuerverwaltung und Steuergerichtsbarkeit - Vom politischen Schlagwort zum Rechtsbegriff und zur praktischen Anwendung", StuW 1990, S. 281-297
Tipke, Klaus	Die Steuerrechtsordnung, O. Schmidt, Köln; Band I: Wissenschaftsorganisatorische, systematische und grundrechtlich-rechtsstaatliche Grundlagen, 1. Auflage, 1993 [Steuerrechtsordnung I[1]]; 2. Auflage, 2000 [Steuerrechtsordnung I[2]] Band II: Steuerrechtfertigungstheorie, Anwendung auf alle Steuerarten, sachgerechtes Steuersystem, 1. Auflage, 1993 [Steuerrechtsordnung II] Band III: Föderative Steuerverteilung, Rechtsanwendung und Rechtsschutz, Gestalter der Steuerrechtsordnung, 1. Auflage, 1993 [Steuerrechtsordnung III]
Tipke, Klaus	Steuergerechtigkeit in Theorie und Praxis, O. Schmidt, Köln, 1981 [Steuergerechtigkeit]
Tipke, Klaus (Hrsg.)	Übertragung von Einkunftsquellen im Einkommensteuerrecht, 2. Auflage, DStJG Bd. 1, O. Schmidt, Köln 1979 [DStJG 1]
Tipke, Klaus / Kruse, Heinrich Wilhelm	Abgabenordnung. Finanzgerichtsordnung, Kommentar (Loseblatt), O. Schmidt, 86. Erg.-Lfg., Stand 1998 [AO]
Tipke, Klaus / Lang, Joachim	„Zur Reform der Familienbesteuerung", StuW 1984, S. 127-132
Tipke, Klaus / Lang, Joachim	Steuerrecht, 16. Auflage, O. Schmidt, Köln 1998 [Steuerrecht[16]]
Troll, Max	„Die Doppelbelastung eines Vermögenszuganges mit Erbschaftsteuer und Einkommensteuer", DStZ/A 1956, S. 333-336
Troll, Max	„Zum Abzug der Einkommensteuer bei der Veranlagung zur Erbschaftsteuer", DStZ/A 1957, S. 201-202
Trzaskalik, Christoph	„Nutzungsrechte im Einkommensteuerrecht", StuW 1983, S. 126-134

Trzaskalik, Christoph	„Personal gebundene Einkommensteuerpflicht und Gesamtrechtsnachfolge", StuW 1979, S. 97-112
Trzaskalik, Christoph	„Studien zu Drittaufwandsfragen", in: RAUPACH/ UELNER (Hrsg.), SCHMIDT-Festschrift, 1993, S. 51-73
Uelner, Adalbert	„Zur Konkretisierung des subjektiven Nettoprinzips im Einkommensteuerrecht", in: RAUPACH/UELNER (Hrsg.), SCHMIDT-Festschrift, 1993, S. 21-35
Uelner, Adalbert	„Zur Neukonzeption des einkommensteuerlichen Familienlastenausgleichs", DStZ 1995, S. 321-326
Vocke, Wilhelm	Die Abgaben, Auflagen und die Steuer vom Standpunkte der Geschichte und der Sittlichkeit, J. G. Cotta, Stuttgart 1887, Nachdruck 1970 [Abgaben, Auflagen und Steuer]
Vogel, Klaus	„Berücksichtigung von Unterhaltspflichten im Einkommensteuerrecht - Die Entscheidung des Bundesverfassungsgerichts vom 23. 11. 1976 und die Zukunft der Familienbesteuerung", DStR 1977, S. 31-41
Vogel, Klaus	„Besteuerung von Eheleuten und Verfassungsrecht", StuW 1999, S. 201-226
Vogel, Klaus	„Kindesunterhalt im Einkommensteuerrecht. Die Entwicklung der Rechtsprechung des Bundesverfassungsgerichts", in: KIRCHHOF/JAKOB/BEERMANN (Hrsg.), OFFERHAUS-Festschrift, 1999, S. 47-63
Vogel, Klaus	„Steuergerechtigkeit und soziale Gestaltung", DStZ/A 1975, S. 409-415
Vogel, Klaus	„Zwangsläufige Aufwendungen – besonders Unterhaltsaufwendungen – müssen realitätsgerecht abziehbar sein", StuW 1984, S. 197-203
Vollmer, Franziska	Das Ehegattensplitting - eine verfassungsrechtliche Untersuchung der Einkommensbesteuerung von Eheleuten, Nomos, Baden-Baden 1998 [Ehegattensplitting]

Vorwold, Gerhard	„Neuorientierung der Ehe- und Familienbesteuerung - Versuch einer zeitgemäßen Veränderung", FR 1992, S. 789-801
Wacke, Gerhard	„Verfassungsrecht und Steuerrecht - Das Finanz- und Steuerrecht als Bestandteil der Verfassungsordnung", StbJb 1966/67, S. 75-112
Wagenhals, Gerhard / Kraus, Margit	„Neuansätze des Familienlastenausgleichs – Empirische Untersuchung, Mikroökonometrische Analysen", in: HESSISCHES MINISTERIUM FÜR FRAUEN, ARBEIT UND SOZIALORDNUNG (Hrsg.), Aspekte III, 1998
Wagner, Adolph	Finanzwissenschaft, Band II, 2. Auflage, C. F. Winter, Leipzig 1890 [Finanzwissenschaft II²]
Walz, W. Rainer	„Die steuerrechtliche Herausforderung des Zivilrechts", ZHR 147 (1983), S. 281-312
Walz, W. Rainer	Steuergerechtigkeit und Rechtsanwendung. Grundlinien einer relativ autonomen Steuerrechtsdogmatik, v. Decker, Heidelberg / Hamburg 1980 [Steuergerechtigkeit]
Wasmer, Claudius	Die Zurechnung von Einkünften bei der unentgeltlichen Übertragung von Betriebsvermögen durch Erbfall und Schenkung, Deubner, Köln 1985 [Zurechnung]
Wassermeyer, Franz	„Der Nießbrauch im Einkommensteuerrecht", FR 1983, S. 157-164
Waterkamp, Afra	„Aktuelle Probleme im Bereich der Ehegattenveranlagung – Kein Splitting für Grenzgänger", StuW 1994, S. 312-322
Waterkamp, Afra	Ehegattenveranlagung und Freizügigkeit in der Europäischen Gemeinschaft, Heymanns, Köln u. a. 1993 [Ehegattenveranlagung]
Wätzig, Martin	„Gedanken zur Abschaffung oder Einschränkung des Ehegattensplitting", DB 1982, S. 1839-1842
Weber-Grellet, Heinrich	„Die Bedeutung der Rechtsnatur des Steuerrechts für dessen Anwendung und Auslegung", StuW 1993, S. 97-104

Weisensee, Carl — „Individualbesteuerung“, JR 1961, S. 85-91

Wendt, Rudolf — „Besteuerung und Eigentum”, NJW 1980, S. 2111-2118

Wendt, Rudolf — „Empfehlt es sich, das Einkommensteuerrecht zur Beseitigung von Ungleichbehandlungen und zur Vereinfachung neu zu ordnen?”, DöV 1988, S. 710-723

Wendt, Rudolf — „Familienbesteuerung und Grundgesetz”, in: LANG (Hrsg.), TIPKE-Festschrift, 1995, S. 47-69

Wieneke, Karl — Einkommensteuergesetz vom 16. 10. 1934 einschließlich der ergangenen Durchführungsverordnungen und Verwaltungserlasse, Heymanns, Berlin 1935 [EStG 1934]

Wismeth, Siegfried — Einlage von Nutzungen und Leistungen, insb. Vorteilszuwendungen zwischen Schwestergesellschaften bei nationalen und internatonelen Sachverhalten, Oldenbourg, München u. a. 1985 [Einlage]

Wissenschaftlicher Beirat beim Bundesministerium der Finanzen — „Gutachten zur Reform der direkten Steuern (Einkommensteuer, Körperschaftsteuer, Vermögensteuer und Erbschaftsteuer) in der Bundesrepublik Deutschland”, vom 11. 2. 1967, abgedruckt in: BUNDESMINISTERIUM DER FINANZEN (Hrsg.), Der Wissenschaftliche Beirat beim Bundesministerium der Finanzen - Entschließungen, Stellungnahmen und Gutachten 1949-1973, Mohr (Siebeck), Tübingen 1974, S. 326-400 [Gutachten zur Reform der direkten Steuern]

Wittmann, Rolf — „Besteuerung des Markteinkommens - Grundlinien einer freiheitsschonenden Besteuerung”, StuW 1993, S. 35-46

Wittmann, Rolf — Das Markteinkommen - einfachgesetzlicher Strukturbegriff und verfassungsdirigierter Anknüpfungsgegenstand der Einkommensteuer?, Wittmann, Augsburg 1992 [Markteinkommen]

Wolff, Hans / Bachof, Otto / Stober, Rolf	Verwaltungsrecht I, Ein Studienbuch, 10. Auflage, Beck, München 1994 [Verwaltungsrecht I[10]]
Wolff-Diepenbrock, Johannes	„Der Vorbehaltsnießbrauch in der neueren Rechtsprechung des BFH (I)", DStR 1983, S. 250-255
Wolff-Diepenbrock, Johannes	„Zur AfA-Berechtigung bei unentgeltlichem Nießbrauch – Die Urteile des BFH vom 28. Juli 1981", DStZ 1982, S. 331-339
Wolkersdorf, Lorenz	„Die Neuregelung der Ehegattenbesteuerung in der Bundesrepublik - Motive und Lösungsversuche", Fin. Arch. N. F. Bd. 18 (1957/58), S. 81-96
Wosnitza, Michael	„Die Besteuerung von Ehegatten und Familien - Zur ökonomischen Rechtfertigung eines Realsplittings", StuW 1996, S. 123-136
Zeidler, Wolfgang	„Ehe und Familie", in: BENDA/MAIHOFER/VOGEL (Hrsg.), HdbVerfR[1], 1983, S. 555-607
Zeidler, Wolfgang	„Verfassungsrechtliche Fragen zur Besteuerung von Familien und Alterseinkommen", StuW 1985, 1-9
Zitzlaff	„Übergang der Sonderausgaben auf den Erben", DStZ/A 1962, S. 366-367
Zuleeg, Manfred	„Verfassungsgarantie und sozialer Wandel - das Beispiel von Ehe und Familie", NVwZ 1986, S. 800-807

Peter Lang · Europäischer Verlag der Wissenschaften

Guido Hobert

Datenschutz und Datensicherheit im Internet

Interdependenz und Korrelation von rechtlichen Grundlagen und technischen Möglichkeiten
2., durchgesehene Auflage

Frankfurt/M., Berlin, Bern, Bruxelles, New York, Oxford, Wien, 2000. 302 S.
Europäische Hochschulschriften: Reihe 2, Rechtswissenschaft. Bd. 2501
ISBN 3-631-36130-0 · br. DM 98.–*

Unsere Zeit ist geprägt durch den alles beherrschenden Einfluß der digitalen Medien. Kommunikationsforscher sprechen vom Beginn einer neuen technischen Ära: dem Zeitalter der totalen Informations- und Kommunikationsgesellschaft. Diese wird jedoch in Zukunft nicht nur höchste Anforderungen an die multimedialen Technologien stellen, sondern auch neue Fragen im Bereich der Gesetzgebung und Rechtsprechung aufwerfen. In den Mittelpunkt des Interesses rücken in diesem Zusammenhang Schutz und Sicherheit der Datenübertragung. Die Arbeit beschäftigt sich mit dem Spannungsverhältnis von technischer Entwicklung (Datensicherheit) und normativen rechtlichen Vorgaben (Datenschutz). Ziel der Arbeit ist eine Gesamtdarstellung der aktuellen Problematik des Datenschutzes und der Datensicherheit im Internet. Eine Bewertung des vorhandenen Datenschutzes und der bestehenden Datensicherheit sowie ein Ausblick auf deren künftige Entwicklung bilden den Abschluß des Buches.

Aus dem Inhalt: Entstehung, Funktionsweise und Dienste des Internets · Daten und Risiken der Internet-Kommunikation · Technische und rechtliche Möglichkeiten der Gefahrenabwehr · Kryptographie, Digitale Signaturen, Electronic Commerce, Home Banking · Gesamtsituation und Bewertung von Datenschutz und Datensicherheit im Internet

Frankfurt/M · Berlin · Bern · Bruxelles · New York · Oxford · Wien
Auslieferung: Verlag Peter Lang AG
Jupiterstr. 15, CH-3000 Bern 15
Telefax (004131) 9402131

*inklusive Mehrwertsteuer
Preisänderungen vorbehalten

Homepage http://www.peterlang.de

Kolibri 360 GmbH
Ferdinand-Jühlke-Straße 7
99095 Erfurt, Deutschland
produktsicherheit@kolibri360.de

Druck:
CPI Druckdienstleistungen GmbH
im Auftrag der
Kolibri 360 GmbH
Ferdinand-Jühlke-Str. 7
99095 Erfurt